42일간/말씀이 이끄는 삶
The Word Driven Life

KB190006

이 소중한 책을

특별히 _____ 님께

드립니다.

42일간
말씀이 이끄는 삶
The Word Driven Life

최성열

나침반

성경의 교훈과 7가지 큰 주제

우리는 하나님의 자녀로 거듭난 존재이다.
이전 것은 지나갔고 새것이 된 존재이다.

무엇이 지나갔고 무엇이 새것이 되었을까?

먼저 신분적으로는 마귀의 자녀에서 하나님의 자녀로 변화되었다. 존재론적으로는 죽어 심판받을 수밖에 없는 존재였지만 영원한 삶을 상속받을 수 있게 되었다. 기능적으로는 죄의 노예로 무기력하게 살 수밖에 없는 인간이 하나님의 자녀가 되는 권세와 마귀의 능력을 제어하고 각종 능력을 드러내는 기능을 은사로 얻게 되었다.

하지만 우리 인간은 그것을 깨닫지 못한다. 교회에 출석하고 그리스도인이라고 자처하지만 여전히 옛사람을 벗어 버리지 못하고 살아가는 모습이 비일비재(非一非再)하다.

이런 연약한 우리를 아시고 하나님께서는 인생을 하나님의 자녀답게 살며 영원한 삶을 얻고 참 인간으로 살아가도록 사용설명서를 허락해 주셨다. 이것이 바로 성경이다.

"또 어려서부터 성경을 알았나니 성경은 능히 너로 하여금 그리스도 예수 안에 있는 믿음으로 말미암아 구원에 이르는 지혜가 있게 하느니라 모든 성경은 하나님의 감동으로 된 것으로 교훈과 책망과 바르게 함과 의로 교육하기에 유익하니 이는 하나님의 사람으로 온전하게 하며 모든 선한 일을 행할 능력을 갖추게 하려 함이라"(디모데후서 3:15-17)

말씀은 이렇게 창조의 목적을 이루도록 이끌 뿐 아니라 하나님의 뜻을 이루며 살도록 이끌고 있다. 특히 성경적 세계관을 가지고 산다는 것은 진정한 그리스도인으로 살아가는데 선택이 아니라 필수이다. 그 사람의 일생은 어떤 세계관을 가지고 살아가며 어떤 가치관을 가지고 살아가느냐에 따라 그 과정과 결과는 하늘과 땅 차이이다. 그러므로 그리스도인이라면 반드시 성경이 가르치는 세계관을 가지고 자신의 삶과 살아가는 세상을 바라보아야 한다. 그리고 성경이 가르치는 가치관을 자신의 가치관으로 삼아 지(知), 정(情), 의(意), 행(行)의 통합적 인생을 살아야 한다. 이것은 하나님께 영광이 될 뿐 아니라 지음 받은 피조물로서 인간답게 살 수 있는 유일한 방법이다.

그렇다면 성경 속의 방대한 교훈과 이야기 속에서 우리 인간에게 가장 필요한 본질들을 먼저 살펴볼 필요가 있지 않을까?

이 책은 방대한 성경의 교훈과 이야기 속에서 믿음, 기도, 예

배, 관계, 섬김, 사명, 말씀, 이렇게 일곱 가지의 큰 주제를 정했다. 이 주제들은 우리가 그리스도인으로 살아가는데 가장 기본적이고 본질적인 가치관을 알도록 돕는다.

이 책을 7주 동안 매일 읽으며 개인 스터디를 하고, 7일째는 함께 모여 소그룹으로 목회자의 지도를 받아 배우고 나누도록 한다. 총 42일 동안 개인적으로 또는 함께 스터디 한 후에 마지막 주일에는 마지막 점검을 통해 다시 한번 성경적 가치관의 형성을 돕도록 고안되어 있다.

교회의 지도자들은 성도가 매일 스스로 읽고 공부하도록 지도하며 일주일에 한 번 전체적인 내용을 정리하고 한 번 더 알려주므로 건강하고 바른 그리스도인의 기초를 가지도록 도와야 한다.

이 책은 매 주제마다 스스로 점수를 매겨 자신의 영적 상태를 진단할 수 있으며 그 외 상세한 내용은 사용설명서에 첨부하였다.

이 책은 세상의 모든 그리스도인이 성경적 가치관을 가지고 세상 속에서 빛과 소금으로 살아가기를 원하는 마음에서 만들어졌다. 말씀이 이끄는 삶을 살아가기를 소망하고 노력한다면 성령 하나님께서 우리의 연약함을 도우실 것이라고 믿는다. 그리고 말씀이 우리를 이끌어 하나님을 영화롭게 할 뿐 아니라 우리 자신의 인생도 복된 삶이 되도록 이끄실 것이다.

한 가지 밝혀 둘 것은 이 책은 신학 서적이기보다 성도들의 삶을 돕고자 기록한 신앙 서적이라는 것이다. 때문에 누구나 어렵지 않게 읽고 이해하도록 최선을 다하였다. 지극히 신앙의 상식이 통하는 내용들을 기록하고자 노력하였다.

오늘날 일부 교회와 그리스도인 중에는 상식이 통하지 않는 선택과 행동으로 교회의 거룩성을 해치고 세상의 조롱거리가 되기도 한다. 그러나 하나님은 초 상식적이시며 동시에 상식적인 분이시다. 하나님은 교회를 사랑하시는 동시에 죄인 된 세상도 사랑하신다. 그러므로 하나님은 성경을 그리스도인만의 소유물이 아니라 세상 속에서 상식적으로 통하는 소통의 도구로도 사용하신다고 나는 믿는다. 모든 그리스도인이 말씀이 이끄는 삶을 살면서 세상에 선한 영향력을 끼치는 존재가 되기를 원하면서 이 책을 시작한다.

부족한 나를 지도자로 인정하고 그동안 따라주었던 '그교회' 성도들의 기도와 격려가 이 책의 탄생을 도왔기에 감사드린다. 18명의 목자, 목녀, 목부들이 나의 후원자이며 동역자인 것에 감사한다. 나와 함께 교회 개척에 청춘을 헌신한 12명의 개척 멤버들이 이 내용의 주인공들이다.

엄마와 누나를 잃고도 꿋꿋하게 성장해 가는 아들 신현이는 내가 살아갈 동기와 힘을 제공하는 존재이기에 고마움을 전한다.

리더십 박사과정을 공부하는 바쁜 중에도 영문으로 출판할 수 있도록 번역을 도와준 강민희 집사님께 감사의 마음을 전한다.

또한 이 책이 세상에 출판되어 하나님께 쓰임 받도록 재정을 후원하신 토론토 서부장로교회 이성재 장로님께 마음 깊이 감사를 드린다.

전쟁 같은 삶에서 전우처럼 내 옆을 지키며 함께 견디고 기도해 준 형제들이 있다. 누나 최은아 집사, 여동생 최꽃님 집사, 함께 동역자가 된 막내 최대승 목사에게 고마움을 전한다.

내 삶과 사역에 많은 영감을 주고 주님의 부름을 받아 천국의 꽃이 된 아내 (고) 임미영과 진정한 예배자였던 딸 (고) 최예본에게 이 책을 헌정한다.

이 책을 대하는 모든 이들이 '말씀이 이끄는 삶'을 시작하고 이루도록 기도하는 마음으로 이 책을 시작한다.

– 최성열

그의 사역은 항상 '말씀' 중심이었고 '복음' 중심이었다!

　최성열 목사님으로부터 「42일간 말씀이 이끄는 삶」의 출판 소식을 듣고 너무나 기뻐 축하의 마음을 전한다. 그러나 추천 서를 부탁받았을 때는 고민이 되었다. 그동안 열정적으로 사역을 해온 최 목사님에게, 남미 땅끝에서 이민 목회를 하는 선교사가 아니어도 흔쾌히 추천서를 써주실 영향력 있고 이름이 알려진 목사님들과의 두터운 친분을 익히 알고 있기 때문이다.

　몇 번의 고사에도 굳이 오지의 선교사에게 추천서를 부탁하시는 최 목사님의 진심이 무엇인지 알기에 미리 보내준 원고를 인쇄하고 제본까지 해서 처음부터 끝까지 정독을 한 후 이 추천서를 적는다.

　최 목사님과는 중국 동북 지역에서 선교사와 선교 동원가로 처음 만났다.

　이후로 여러 차례 청년들을 인솔하여 선교지를 방문하였고 사역을 나누게 되었다. 그리고 20년 가까이 교제가 이어지고 있다. 이 기간 동안 청년 사역자로서 목사님의 모습, 12명의 청년들과 교회 개척을 위해 1년 동안 하나님의 뜻을 구하는 기도를 하는 모습, 잠실에 '그교회'를 개척하고 성장을 거듭하며 진접으로 이전하여 목회하는 모습을 계속 지켜볼 수 있었는데 언제나 그의 정체성은 '선교 동원가'임을 잃지 않았다.

그는 항상 청년들과 교회 구성원들을 훈련하고 복음 사역에 참여하도록 하였다. 존 로스 기념사업회에서 북한의 현대 표준어인 문화어로 성경을 보급하고자 했을 때, 온 교인들이 워드 작업과 교정, 인쇄까지 열정적으로 참여하여 쪽복음과 전서를 보급할 수 있었다. 그의 사역은 항상 '말씀' 중심이었고 '복음' 중심이었다. 이 책은 그동안 최 목사님의 사역의 핵심이 무엇이었는지를 잘 알 수 있게 하는 결정체이다.

이 책은 번영 신학과 기복 신앙의 흐름이 팽배한 현대 교회에 그리스도인의 정체성을 유지하며 세상을 살아가는 기본적인 주제들을 충실하게 다루고 있다. 튼튼한 신학적인 바탕 위에 그의 체험이 온전히 녹아들어 있으며 초신자들도 이해하기 쉽게 쓰였다.

이 책을 통하여 많은 그리스도인들이 믿음의 기초를 세우고, 나아가 복음 전도의 사명을 발견하고 세상으로 나가는 역사가 일어나기를 소망한다.

― 유은수(존 로스 기념사업회 대표 / 재 아르헨티나 충현교회 담임목사)

매주 6일 동안 개인 묵상을 하고, 매주일 지도자와 소그룹 스터디를 진행하면 총 7주간 42가지의 주제를 공부하게 된다. 마지막 주일은 전체 복습과 마지막 테스트로 진행되어 42일간의 여정으로 꾸며져 있다.

매일 개인 묵상을 시작하기 전, 책에서 안내하는 간단한 개인 기도 시간이 있다. 안내에 따라 예배 후 각 주제를 읽고 묵상을 진행하면 훨씬 큰 은혜를 받을 수 있다고 확신한다.

1. 스터디 시간과 장소 결정하기

하루 중 30분 정도 이 책의 내용에 집중할 시간을 정하고 장소를 정한다. 하루 30분, 누구에게도 방해받지 않을 조용한 장소가 있다면 가장 좋을 것이다. 이 시간에는 어느 누구의 방해도 받지 않도록 가족이나 지인들에게 미리 양해를 구하는 것이 지혜롭다.

2. 세팅 리포트 작성하기

시간과 장소가 정해졌다면 책 세팅 리포트에 그 장소와 시간을 기록하고 40일 동안 기도할 제목 세 가지도 함께 기록한다. 또한 이 공부를 시작하면서 원하는 목표와 시작하는 각오를 기록하자. 이 작업은 원하고 바라는 대로 이끄시는 성령님의 도우심이 있다는 것을 알게 해주는 증표이기도 하다.

3. 개인 스터디 진행 방법(총 소요시간 30분)

● **기도하기**(소요시간 3분) / 오늘도 성령님께서 깨닫게 하시도록 도움을 요청하는 시간이다. 이 주제를 공부할 때 나의 잘못된 신앙과 인격이 바로 교정되며 깨닫게 된 내용이 삶에 큰 도움과 지혜가 되도록 구한다. 그리고 시작할 때 작정한 세 가지 기도 제목을 주님께 아뢰며 올려드린다.

● **성경 본문 읽기**(소요시간 2분) / 매주 제공하는 전제 대표 성경 본문과 매일 제공되는 소 주제 성경 본문을 천천히 정독하며 읽는다. 대표 성경 본문은 일주일에 여섯 번 읽게 된다. 이것은 암송 구절이기도 하다.

● **주제 내용 읽기**(소요시간 17분) / 매일 제공되는 주제 내용을 천천히, 중요한 부분에는 밑줄을 긋고, 필요할 때는 책에 메모를 하면서 정독한다.

● **내용 일기 작성하기**(소요시간 5분) / 내용을 읽을 때 새롭게 깨닫게 된 부분을 기록하고 또 내가 알고 있는 것 중에 다시 확인된 것을 기록한다. 그리고 질문이 생기면 지도자에게 질문

할 것을 기록한다.

● **마지막 기도**(소요시간 3분) / 오늘 깨닫게 된 내용이 자신의 삶의 가치관이 되고 유익이 되도록 기도하며 모든 공부를 마친다.

4. 그룹스터디 진행 방법(총 소요시간 1시간 30분)

● **함께 경배와 찬양드리기**(10분) / 주제에 관련된 찬양을 함께 부르며 오늘 모임에 하나님께서 함께하시기를 간구한다. 인도하는 지도자와 함께하는 성도들을 위해서도 중보한다. 이때 각자 정한 세 가지의 기도 제목을 하나님께 올려드리는 시간도 함께 가진다.

● **암송 구절 확인하기**(5분) / 작은 메모지에 암송한 구절을 적어 제출하면 시간을 단축할 수 있다. 소그룹일 때는 한 명씩 돌아가며 암송하는 것이 효과적일 것이다.

● **복습 강의**(40분) / 지도자는 한 주간 전제 주제에 대해 정리하며 평신도들이 좀 더 알아야 할 중요한 부분들을 다시 복습시키고 좀 더 깊은 내용들을 언급하며 전제 주제를 짚어 주는 강의 시간을 갖는다.

● **개인 나누기**(20분) / 두세 사람이 짝을 지어 앉아 한 주간 새롭게 깨달은 것을 서로 나누는 시간을 갖는다. 또한 스스로 진단한 그 주간의 점수를 책 마지막 장의 도표에 체크한다.

● **질의응답**(10분) / 한 주간 개인 공부 시간에 갖게 된 질문을 나누는 시간이다. 모두 나누면 좋겠지만 두세 사람이 대표로

질문하고 지도자는 적절한 답을 주는 방식을 취한다.

● **마지막 기도(5분)** / 한 주간 대표 주제를 통해 깨닫게 된 내용이 자신의 삶과 믿음에 도움이 되도록 기도한다. 또한 새롭게 시작되는 한 주간의 개인 스터디를 주님께 의탁하며 기도한다.

5. 진단 점수 매기기

● 매일 그 주제를 읽고 자신의 점수는 어느 정도인지 체크하도록 한다.

● 매주 10점 만점 중에 스스로의 점수는 어느 정도인지 체크하고 6일이 지난 주일에 그것을 모두 합하여 60점 만점에 몇 점인지 체크한다.

● 이 책의 마지막 장에 있는 진단 도표에 매주 체크한 후 7주가 지나면 도표에 기록된 점을 연결해 자신의 영적 상태가 어떤 도형을 그리고 있는지 살핀다. 도형을 통해 어느 영역이 취약한지 알게 되면 그 영역을 보완하기 위해 좀 더 노력한다. 그룹 스터디를 인도하는 자는 매주 빠짐없이 진단 점수를 체크하도록 감독하는 것이 좋다.

● **진단 점수 상태**

1-3점(위험) / 4-5점(위기) / 6-7점(분발) / 8-10(건강)

6. 기타 진행 설명

● **'42일간 말씀이 이끄는 삶'을 진행할 때는** 그룹 스터디 시간은 각 교회마다 형편에 맞게 조정할 수 있으며 12명이 넘지 않는 소그룹으로 진행하거나, 참여하고자 하는 인원이 많을 때는 기수별로 묶어 다른 일정으로 진행할 것을 추천한다.

● **7주간의 모든 프로그램이 끝나면** 수료식과 함께 수료증을 나누어 주는 것도 성도들을 격려하는 좋은 방법이 될 것이다.

'42일간 말씀이 이끄는 삶' 스터디는 평생에 단 한 번으로 되는 것이 아닌 만큼 수료한 사람이라도 3년에 한 번은 앙코르 스터디에 참여하는 것을 권면하고, 세 번 이상 수료한 자들에게는 소그룹을 진행하는 지도자 자격을 주어 다른 차원의 성장과 교회에 유익이 되도록 하는 것도 추천한다.

목차

주제 1   믿음이 이끄는 삶

주제 2   기도가 이끄는 삶

주제 5   섬김이 이끄는 삶

주제 6   사명이 이끄는 삶

주제 7 말씀이 이끄는 삶

세팅 리포트

● **나의 개인 스터디 시간 /**   시   분부터

● **나의 개인 스터디 장소**

● **나의 기도 제목**

(7주, 42일 동안 하나님께 기도할 제목을 기록해 보세요.)

1. _____

2. _____

3. _____

● **나의 목표와 각오**

(이 스터디를 시작하면서 목표나 각오를 기록해 봅시다.)

_____

_____

_____

_____

_____

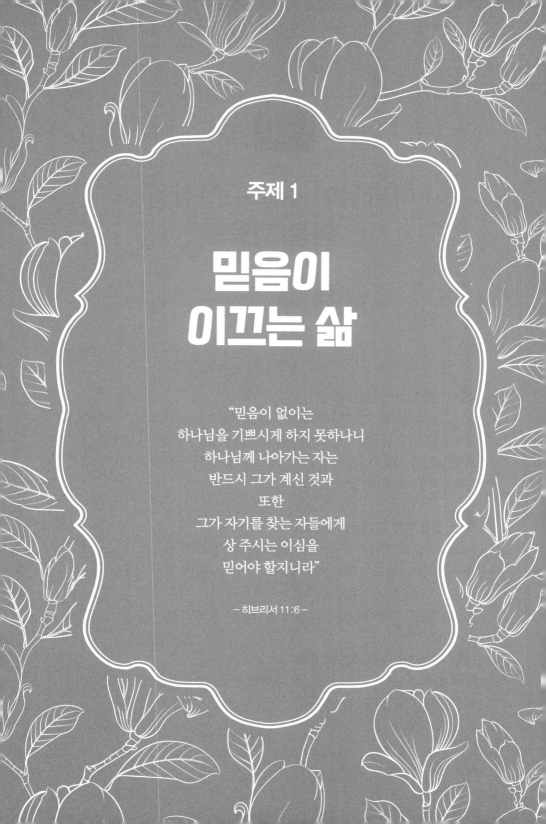

주제 1

믿음이
이끄는 삶

"믿음이 없이는
하나님을 기쁘시게 하지 못하나니
하나님께 나아가는 자는
반드시 그가 계신 것과
또한
그가 자기를 찾는 자들에게
상 주시는 이심을
믿어야 할지니라"

– 히브리서 11:6 –

하나님이 창조주이심을
믿는 믿음

 기도하기(소요시간 3분)

오늘도 성령님께서 깨닫게 하시도록 도움을 요청하는 시간이다. 이 주제를 공부할 때 나의 잘못된 신앙과 인격이 바로 교정되며 깨닫게 된 내용이 삶에 큰 도움과 지혜가 되도록 구한다. 그리고 시작할 때 작정한 세 가지 기도 제목을 주님께 아뢰며 올려드린다.

✝ **성경 본문 읽기**(소요시간 2분)

● 대표 본문 : "믿음이 없이는 하나님을 기쁘시게 하지 못하나니 하나님께 나아가는 자는 반드시 그가 계신 것과 또한 그가 자기를 찾는 자들에게 상 주시는 이심을 믿어야 할지니라"(히브리서 11:6)

● 오늘 본문 : "태초에 하나님이 천지를 창조하시니라"(창세기 1:1)

 주제 내용 읽기(소요시간 17분)

매일 제공되는 주제 내용을 천천히, 중요한 부분에는 밑줄을 긋고, 필요할 때 책에 메모를 하면서 정독한다.

📖 내용 일기 작성하기(소요시간 5분)와 마지막 기도(소요시간 3분)

매일 제공되는 내용의 끝에는 내용 일기와 자신의 상태를 체크하는 표가 있다. 매일 기록하도록 한다.

세상에 존재하는 모든 물건은 누군가 목적을 가지고 설계하고 제작한 것이다. 우리는 이 물건을 목적에 맞게 사용한다. 물건은 복잡하고 정교할수록 가치가 오르고, 희소성이 인정되면 값으로 매길 수 없을 정도가 되기도 한다.

이렇게 생명이 없는 물건도 그 목적을 갖고 탄생한다. 그런데 일부 과학자들은 인간을 목적도 없이, 자연 발생으로 탄생한 결과물이라고 주장한다. 이는 인간의 존엄성을 본질부터 흔드는 일이다. 무기화합물에서 유기화합물로, 유기화합물에서 단세포 생명체로, 그 후 다양한 환경에서 다양한 종으로 분리되어 진화를 거듭해 결국 인간이 되었다는 주장은 확률적으로 따져도 이해하기 힘든 수준이다. 이는 마치 수 억 개의 비행기 부품을 광장에 흩어놓고 어떤 환경 속에서 수 천만 년이 지난 후에 하늘을 나는 비행기로 조립될 확률보다 낮다고 생각한다.

인간뿐 아니라 우주에 존재하는 모든 생명체와 우주 안에 가득 차 있는 모든 만물들은 치밀하게 설계되어 제작되었다. 모든 만물의 기본이 되는 원자 크기의 세상으로 들어가면 너무도 신비하고 정교한 물리적 특성들로 가득 차 있다. 어쩌다가 우연히 생기거나 발생했다고 믿는 것이 더 어려울 지경이다. 양자물리학의 관점에서 보면 우주 만물의 메커니즘은 전지전능한 어떤 존재의 설계와 운행과 섭리가 아니고서는 결코 있을 수 없음을 도리어 증명하고 있다.

우리가 크리스천이거나 크리스천이 되고자 한다면 신앙의 가장 기초는 하나님께서 천지를 창조하셨다는 것을 믿는 것에서부터 출발해야 한다.

"태초에 하나님이 천지를 창조하시니라"(창세기 1:1)

이것이 흔들리면 믿음의 대상이신 하나님의 존재 자체가 믿어지지 않기 때문에 그 위에 쌓아 올린 모든 믿음이 흔들린다.

신앙생활을 하다 보면 "하나님이 존재한다는 것을 증명해 보라"라고 요구하는 사람들을 만난다. 하지만 우리는 신앙을 하는 사람들이지 과학을 하려고 모인 사람들이 결코 아니다. 과학은 증명하는 것이지만 신앙은 고백하는 것이다. 알게 되면 믿어지는 것이 아니라 믿으면 알게 되는 신비 속에 있는 사람들이다.

이것은 마치 부모님이 나의 진짜 부모님인지 한 번도 과학적으로 증명받아 본 적이 없지만 우리는 부모님을 부모님이라 믿으며 살고 있는 것과 같다. 유전자 검사를 한다 해도 결과지를 해독할 만한 능력이 우리에겐 없다. 그리고 우리가 태어날 당시의 부모님 얼굴을 기억하는 사람은 아무도 없다. 우리는 일종의 신앙처럼 부모님이 우리의 실제 부모님임을 고백한다. 이것이 하나님을 향한 신앙에도 동일하다.

"하나님이 존재하는지 증명해 보라"라고 요구하는 사람들에게 변증적으로 설명할 다양한 방법들이 있다.

기본적으로 신앙은 증명된 사실을 보고 믿는 것이 아니다. 설명이 부족하고 이해가 부족해도 우리가 마음으로 "하나님이 살아 계신다"라고 고백하면서 신앙이 시작된다. 이후 여러 가지 사건을 통해, 들은 말씀과 읽은 말씀을 통해 그리고 삶의 체험들을 통해 깨닫게 되는 것이다. 그러므로 신앙은 증명하는 것이 아니라 고백하는 것이다.

우리는 과학을 하려 하지 말고 신앙을 시작해야 한다.

특히 인간은 우연히 만들어진 존재가 결코 아니다. 하나님께서 자신의 형상대로 우리 인간을 창조하셨다.

"하나님이 자기 형상 곧 하나님의 형상대로 사람을 창조하시되 남자와 여자를 창조하시고"(창세기 1:27)

이 사실을 하나님께서 직접 밝히고 계신다. 인간은 창조주이신 하나님께서 자신의 형상대로 지으신 특별한 피조물이다. 하나님의 형상대로 지음 받았다는 의미는 하나님과 닮았다는 것을 의미한다. 이는 생긴 것이 닮았다는 의미를 초월하는 훨씬 더 포괄적인 의미를 담고 있다. 하나님의 성품, 하나님의 능력, 하나님의 모양, 하나님의 기능, 하나님의 관계성 등이다.

하나님께서는 인간을 하나님보다 조금 못하게 창조하셨다.

"그를 하나님보다 조금 못하게 하시고 영화와 존귀로 관을 씌우셨나이
다"(시편 8:5)

하나님께서는 다윗의 고백을 통해 우리가 얼마나 대단하게
창조되었는지를 알려주신다.

확률적으로 계산하면 아버지 몸에서 사정된 약 1억5천만
~2억 마리의 정자 중의 한 마리가 어머니 몸의 난자와 수정해
우리가 태어난 것이다. 이 얼마나 놀라운 일인가?

우리는 우연히 또는 이유없이 이 땅에 존재하는 것이 결코
아니다. 치밀한 계획과 고도의 목적을 가지신 하나님께서 부
모님의 몸을 통해 우리를 이 땅에 보내신 것이다. 그러므로 우
리 모두는 하나님으로부터 부모님을 통해 존재한다. 부모님으
로부터가 아니다. 하나님으로 부터다.

성경은 세상 모든 만물이 예외 없이 하나님으로 말미암았
다고 선언하고 있다.

"만물이 그에게서 창조되되 하늘과 땅에서 보이는 것들과 보이지 않는
것들과 혹은 왕권들이나 주권들이나 통치자들이나 권세들이나 만물이
다 그로 말미암고 그를 위하여 창조되었고"(골로새서 1:16)

이것을 고백하는 것이 신앙이다.

이처럼 특별한 목적을 가지신 하나님께서 인간을 설계하고

창조하셨다. 그리고 세상에 보내주셨으니 모두가 얼마나 귀한 존재로 이 땅에서 살고 있는지 깨달아야 한다.

인종, 학벌, 재산, 건강, 능력 등에 상관없이 존재론적으로 우리 모두는 존귀한 하나님의 형상을 닮은 존재들인 것이다. 그래서 인간은 누구나 그 존엄성이 공평해야 하고 평등해야 한다. 교회 안에서 가진 것과 배운 것으로 또 다른 어떤 것들로 차별하는 것은 이런 하나님의 창조 목적을 위반하는 것이다. 하나님의 창조주 되심을 부인하는 불신의 결과라는 뜻이다.

그렇다면 하나님은 이 세상을 어떻게 창조하셨을까?

태초에 말씀으로 세상을 창조하셨다고 말씀하고 계신다. 어떤 재료를 가지고, 다른 방법으로가 아니라 오직 말씀(로고스)으로 세상을 지으셨다.

"태초에 말씀이 계시니라 이 말씀이 하나님과 함께 계셨으니 이 말씀은 곧 하나님이시니라 그가 태초에 하나님과 함께 계셨고 만물이 그로 말미암아 지은 바 되었으니 지은 것이 하나도 그가 없이는 된 것이 없느니라"(요한복음 1:1-3)

말씀 곧 로고스이신 예수 그리스도께서 태초에 하나님 아버지와 함께 창조에 참여하셨음을 기록하고 있다. 성부 아버지, 성자 예수, 성령 하나님 곧 삼위일체 되시는 하나님께서 인간을 포함한 모든 만물(파스)을 창조하셨음을 의미한다.

히브리서 기자 역시 우리가 살아가는 집도 건축가가 있기에 존재하듯이 세상의 모든 만물을 지으신 이는 하나님이심을 고백하고 있다.

"집마다 지은 이가 있으니 만물을 지으신 이는 하나님이시라"(히브리서 3:4)

계속 반복되고 있는 '만물'은 헬라어로 '파스'라고 하는데 인간을 포함한 모든 것을 가리키는 단어이다. 말씀(로고스)으로 창조된 이 세상 만물은 또한 타락 후에도 말씀으로 재창조되어야만 회복될 수 있다.

이후에 다시 다루겠지만 우리는 말씀(로고스)을 통해 새롭게 지어지고 옛사람은 죽고 새사람으로 거듭날 수 있게 된다.

"그런즉 누구든지 그리스도 안에 있으면 새로운 피조물이라 이전 것은 지나갔으니 보라 새 것이 되었도다"(고린도후서 5:17)

아직도 우리 자신과 세상 만물이 우연히 생겼다고 믿고 있는가? 주위의 모든 물건들을 유심히 살펴보라. 그것들 중에 유연히 생겨난 물건이 하나라도 있다면 더 이상 하나님께서 창조주이심을 믿으라고 말할 수 없다. 그러나 모든 물건들이 설계자가 있고 목적에 의해 만들어졌다고 생각한다면 이 글을 읽는 당신도 누군가가 특별한 목적을 갖고 설계하고 창조한 것이 아닌가? 우리가 물건보다 못한 존재라면 어떻게 우리 자신을 사랑하며 다른 사람들을 사랑할 수 있겠는가?

모든 기독교 신앙은 하나님께서 창조주이심을 믿는 믿음으로부터 시작된다. 이것이 고백된다면 우리의 부모님이나 자녀들, 형제들이 얼마나 존귀한 존재인지, 모든 인간이 얼마나 존귀한 존재인지, 함부로 무시하거나 차별할 수 없는 존재임을 깨닫게 된다.

또한 이 세상에 존재하는 만물들이 얼마나 귀하겠는가? 이것에서부터 창조 질서, 보존 관리가 시작되는 것이다. 하나님께서 우리에게 복을 주시며 하신 말씀은 우리가 알고 있는 정복이나 다스림과는 거리가 먼 것임을 알아야 한다.

"하나님이 그들에게 복을 주시며 하나님이 그들에게 이르시되 생육하고 번성하여 땅에 충만하라, 땅을 정복하라, 바다의 물고기와 하늘의 새와 땅에 움직이는 모든 생물을 다스리라 하시니라"(창세기 1:28)

이 말씀은 하나님의 형상으로 지음 받은 인간이, 창조주가 하나님이심을 고백하고 그의 모든 피조물을 어떻게 관리하고 보존해야 하는지를 알려주시는 복된 명령이다. 기후 위기 시대를 살아가는 모든 그리스도인이 창조 신앙과 더불어 창조 질서 회복과 보존에 얼마나 앞장서야 하는지도 깨닫게 되는 대목이다. 하나님은 세상 만물과 여러분 자신과 모든 인간을 창조하신 창조주이시다.

우리는 이제 하나님께 고백해야 한다.
모두 마음을 집중하고 진심을 다해
기도하는 마음으로 고백해 보라.

"하나님은 창조주이십니다."

"하나님은 나를 창조하셨습니다."

"세상 만물을 창조하시고 운행하시고 섭리하시는
하나님이십니다."

"창조주 하나님을 믿는 믿음에서 떠나지 않도록
나를 이끌어 주옵소서."

내용 일기
1. 새롭게 깨닫게 된 것은 무엇인가?
2. 그동안 알고 있는 것 중에 다시 확인된 내용은 무엇인가?
3. 그룹 스터디 시간에 지도자에게 질문이 있다면 기록해 보라.
4. 오늘 깨닫게 된 것이 믿음이 되도록 기도하라. 그리고 내일을 위해 기도하라.
5. 진단 점수 기록하기 　　이번 주제를 읽고 자신의 점수는 10점 만점에 몇 점인가? (　　　점)

1–3점(위험)			4–5점(위기)		6–7점(분발)		8–10점(건강)		
1	2	3	4	5	6	7	8	9	10

하나님께서
나를 사랑하신다는 것을
믿는 믿음

 기도하기(소요시간 3분)

오늘도 성령님께서 깨닫게 하시도록 도움을 요청하는 시간이다. 이 주제를 공부할 때 나의 잘못된 신앙과 인격이 바로 교정되며 깨닫게 된 내용이 삶에 큰 도움과 지혜가 되도록 구한다. 그리고 시작할 때 작정한 세 가지 기도 제목을 주님께 아뢰며 올려드린다.

성경 본문 읽기(소요시간 2분)

● 대표 본문 : "믿음이 없이는 하나님을 기쁘시게 하지 못하나니 하나님께 나아가는 자는 반드시 그가 계신 것과 또한 그가 자기를 찾는 자들에게 상 주시는 이심을 믿어야 할지니라"(히브리서 11:6)

● 오늘 본문 : "하나님의 사랑이 우리에게 이렇게 나타난 바 되었으니 하나님이 자기의 독생자를 세상에 보내심은 그로 말미암아 우리를 살리려 하심이라 사랑은 여기 있으니 우리가 하나님을 사랑한 것이 아니요 하나님이 우리를 사랑하사 우리 죄를 속하기 위하여 화목 제물로 그 아들을 보내셨음이라"(요한일서 4:9-10)

주제 내용 읽기(소요시간 17분)
매일 제공되는 주제 내용을 천천히, 중요한 부분에는 밑줄을 긋고, 필요할 때 책에 메모를 하면서 정독한다.

내용 일기 작성하기(소요시간 5분)**와 마지막 기도**(소요시간 3분)
매일 제공되는 내용의 끝에는 내용 일기와 자신의 상태를 체크하는 표가 있다. 매일 기록하도록 한다.

매년 자살자의 수가 늘어가고 있다.

이 문제는 어느 나라나 마찬가지로 심각한 사회적인 문제다. 사람들이 스스로 목숨을 끊는 이유는 다양하다. 중요한 공통점이 있다면 스스로 사랑받지 못한다고 느끼는 것이다.

자살자의 90% 이상은 우울증을 앓다가 생을 마감한다고 한다. 여러 번의 자살 충동을 느끼는 과정에서 자신을 의미 있게 말해주고 알아주는 사람을 찾는다고 한다. 그렇게 자신을 공감하고 사랑해 주는 사람을 찾다가 단 한 사람이라도 있다고 생각되면 자살을 포기한다고 한다.

어쩌면 교회는 이 한 사람이 되어 주어야 하는 것이 아닐까?

자살자가 늘어나는 사회적인 문제를 교회가 모두 해결할 수는 없다. 그러나 자살자들이 공통으로 느낀다는 사랑받지 못한다는 느낌을 교회가 풀어줄 수는 있지 않을까? 자살 충동을 느끼지 않는 사람들도 가끔은 '나를 사랑하는 존재가 있을까?'라는 생각을 하는 것이 사실이다.

"하나님께서 당신을 사랑하십니다."

"당신은 사랑받기 위해 태어난 사람입니다."

이런 말을 듣거나 책에서 읽었을 때 '혹시 나 같은 사람을 진짜 사랑하실까?'라는 의심이 들 때가 있다. 왜냐하면 누구보다 우리 자신이 자신의 죄된 습관이나 부족함을 잘 알기 때문이다. 이런 생각이 들 때면 "나는 사랑받을 자격이 없어"라는 깊은 자책과 낮은 자존감이 우리를 괴롭힌다.

어릴 적 수많은 거짓말을 했거나 과자를 훔쳐 먹었거나 부모님의 돈을 훔쳐 본 경험이 있다면 더 할 것이다. 자라면서 거짓말이 습관이 되고, 도가 지나친 도둑질을 했거나, 배우자를 속이는 일에 간음까지 범했다면 더욱더 그런 생각이 들것이다.

하지만 하나님의 사랑은 우리가 만들어 둔 사회적 규범이나 도덕적인 모든 문제를 뛰어넘는 사랑이시지 극복하지 못하는 사랑이 아니시다. 하나님은 우리가 죄인 되었을 때부터 사랑하신 하나님이시다.

"우리가 아직 죄인 되었을 때에 그리스도께서 우리를 위하여 죽으심으로 하나님께서 우리에 대한 자기의 사랑을 확증하셨느니라"(로마서 5:8)

지금 당장의 우리 상태와 상관없이 하나님은 우리를 사랑하신다는 분명한 말씀을 이미 우리에게 주셨다.

그렇다고 해서 우리의 모든 죄를 정당화하자는 것은 결코 아니다. 인간의 사랑은 자격을 따질 때가 많다. 능력이 있고 예쁘고 잘 생겼을 때 사랑을 하거나 받는 경우가 많다. 하지만 하나님께서는 우리가 죄인 되었을 때 즉, 자격이 갖추어지지 않았을 때 최고의 사랑을 하셨다.

우리가 테러범들의 인질로 잡혔다고 가정해 보자.

테러범에게 연락이 왔다. 다른 사람을 인질로 내어주면 우리를 풀어 주겠다고 한다. 누가 나대신 인질이 될 수 있을까? 목숨을 잃을 수 있는 상황에서 나대신 인질이 되어 준다면 그 사람은 나를 사랑하는 사람이 분명하다. 사랑하지 않는다면 선뜻 나서기가 힘들 것이다. 특히 우리 자신이 형편없는 삶을 살다가 인질이 되었다면 더 고민될 것이다. '그런 인간을 살려 봤자 유익이 되겠는가?'라는 고민을 할 수도 있다.

하지만 하나님은 죄의 인질로 죽을 수밖에 없는 우리를 대신하여 자신의 하나밖에 없는 아들 예수를 인질로 보내셨다. 우리가 의인이거나 믿음이 좋거나 꼭 필요한 주요 인물이기 때문에 그런 것이 아니었다. 죽을 수밖에 없는 죄인일 때 그런 놀라운 사랑을 감행하셨다. 그래서 사도 바울을 통해 "그리스도의 사랑에서 누구도 끊을 수 없다"라고 고백하고 있다.

"누가 우리를 그리스도의 사랑에서 끊으리요"(로마서 8:35a)

독생자 예수가 우리를 대신하여 재물이 되셔서 죽으신 것이 사실이라면 이런 고백을 당연히 할 수 있을 것이다. 이 엄청난 사랑 앞에서 누가 그것이 사랑이 아니라고 할 수 있겠는가? 마귀는 우리 마음에 이 사실을 믿지 못하도록 끊임없이 방해한다. "너 수준을 보아라. 너 같은 인간을 하나님이 진짜 사랑하실까?"라고 속삭이는 것이 그들의 사역이다. 그러나 우리는 하나님의 사랑으로 모든 것을 넉넉히 이길 수 있다.

"그러나 이 모든 일에 우리를 사랑하시는 이로 말미암아 우리가 넉넉히 이기느니라"(로마서 8:37)

뿐만 아니라 "이 세상 그 어떤 것도 어떤 존재도 하나님의 사랑에서 우리를 끊을 수 없다"라고 선언하고 있다.

"내가 확신하노니 사망이나 생명이나 천사들이나 권세자들이나 현재 일이나 장래 일이나 능력이나 높음이나 깊음이나 다른 어떤 피조물이라도 우리를 우리 주 그리스도 예수 안에 있는 하나님의 사랑에서 끊을 수 없으리라"(로마서 8:38-39)

그 어떤 것도 나를 사랑하시는 하나님의 사랑을 왜곡하거나 속이거나 아니라고 말할 수 없다는 것이다. 결국 신앙생활은 이것을 믿는 믿음의 싸움이다.

어릴 적 우리 사 남매는 아버지 세 명, 어머니 세 명의 환경을 경험했다. 부모님의 이혼과 재혼의 연속으로 힘든 생활을 보냈다. 나는 그런 상황에서 가장 먼저 '하나님이 나를 사랑하신다면 내가 왜 이런 부모님을 만나 상처받고 고생하며 살아야 하는가?'라는 의문이 들었다. 그리고 '나는 사랑받을 수 없는 사람이야'라는 생각이 꼬리를 물고 따라다녔다.

평범한 가정에서 부모님의 온전한 사랑을 받기는커녕 부모님으로 인해 슬픔이 늘 떠나지 않았다. 사건 사고가 끊이지 않았다. 매일 술판이 벌어졌고 이틀이 멀다 하고 싸움이 벌어져 칼부림까지 일어나는 불행이 일상이었다. 그런 상황에서 어떻게 하나님이 나를 사랑하신다고 믿을 수 있겠는가?

그래서인지 나는 늘 우울증이 있었다. 지금에야 알게 되었지만 그때 나에게는 공황장애 증상도 있었다. 숨이 쉬어지지 않아 자다가 벌떡 일어나는 일이 다반사고 음식물이 목구멍으로 잘 넘어가지 않는 식이장애까지 있었지만 아무에게도 말할 수 없었고 말할 사람도 없었다.

어느 정도의 시간이 지난 후, 이런 상황은 인간의 죄성으로 인한 결과이지 하나님께서 나를 사랑하지 않기에 벌어진 일이 아니라는 것을 깨달았다. 도저히 하나님의 사랑을 믿을 수도 없고 하나님을 사랑할 수도 없는 힘든 시기에 하나님은 나에게 말씀하셨다. 그 말씀은 내가 하나님을 사랑한 것이 아니라 하나님께서 먼저 나를 사랑하셔서 독생자를 아낌없이 주신 거라는 것이었다.

"하나님의 사랑이 우리에게 이렇게 나타난 바 되었으니 하나님이 자기의 독생자를 세상에 보내심은 그로 말미암아 우리를 살리려 하심이라 사랑은 여기 있으니 우리가 하나님을 사랑한 것이 아니요 하나님이 우리를 사랑하사 우리 죄를 속하기 위하여 화목 제물로 그 아들을 보내셨음이라"(요한일서 4:9-10)

우리가 하나님을 사랑하지 않아도 하나님께서 먼저 우리를 사랑하셨다는 것이다. 그것도 독생자까지 희생하면서 사랑하셨다는 것이다. 세상에 이런 사랑이 있을까? 결코 찾아볼 수 없는 사랑이다.

성경은 증언하고 있다.
"하나님은 사랑이심이라"(요한일서 4:8b)
하나님은 사랑 그 자체이시다. 다른 말로는 하나님의 사랑을 설명할 수가 없다. '하나님 자체가 사랑이시다'라는 것보다 더 명확하고 확실한 표현이 있겠는가? 큰 사랑을 가진 어떤 존재가 아닌, 사랑 그 자체라는 것이다.

마귀는 이런 사실을 오해하게 한다. 부모님을 통해, 친구들을 통해, 또는 환경을 통해 우리가 그 사랑에서 멀어져 있다고 주장한다. "그 놀라운 사랑의 대상이 될 수 없다"라고 거짓 말한다. 우리는 이것에 속으면 안 된다.

다시 말하지만 신앙은 이것의 싸움이다. 우리가 어떤 상태에 있든, 어떤 환경에 있든 하나님의 사랑은 변함이 없다. 하나님의 인자하심은 하늘 꼭대기까지 이르는 사랑이다.
"주의 인자하심이 하늘보다 높으시며 주의 진실은 궁창에까지 이르나이다"(시편 108:4)
'인자'는 히브리어로 '헤세드'인데 그것은 하나님의 사랑을 의미한다. 하나님의 사랑은 하늘보다 높고, 변함없는 그 사랑은 하늘 꼭대기까지 이른다는 고백이다.

어린 시절 불행한 환경 속에서 하나님께서 나를 사랑하신다는 것을 내가 믿은 것이 결코 아니다. 내가 믿도록 하나님께서 은혜를 베푸신 것이다. 우리가 이 사실을 믿으려고 소원하면 하나님께서는 은혜를 베푸신다. 이 사실이 의심되지 않고 믿어지기 시작한다. 이제 어떤 상황 속에서도 이 사실에 대해 의심하지 않는다. 결국 하나님께서 나를 사랑하신다는 사실을 믿는 믿음은 내가 노력만 한다고 생기는 것이 아니다. 하나님께서 믿음을 주셔야 한다. 그렇다면 우리가 할 일은 이 믿음을 달라고 기도하는 것이다.

하나님이 나를 사랑하신다고 믿는 믿음이 생기면 자살할 일이 없어질 뿐 아니라 어떤 상황에서도 이길 수 있는 힘이 생긴다. 그 사랑에 감격하다 보면 삶에도 변화가 일어나기 시작한다. 하나님의 나라와 그 의를 구하게 되고 교회를 위해 헌신하게 된다. 누군가의 강요가 아닌 자발적인 봉사와 헌신이 가능하게 된다. 왜냐면 내가 받은 사랑이 너무나 크다는 걸 깨달았기 때문이다. 그리고 그 사랑이 어떤 상태, 어떤 상황에서도 나를 향하고 있다고 믿어지기 때문이다. 그러므로 헌신은 이미 받은 사랑에 대한 반응이지 사랑받기 위해 하는 것이 결코 아니다. 이 글을 읽고 있는 당신을 지금 이 순간에도 하나님은 사랑하신다.

이제 따라 해보자.
양손을 가슴에 모으고 작은 소리로 고백해 보라.

"하나님이 나를 사랑하시니 감사합니다."

"내가 죄인 되었을 때도 사랑해 주시니 감사합니다."

"이 사랑을 떠나지 않도록 도와주시고

이 사랑의 감격 속에서 살아가도록 인도해 주소서."

내용 일기

1. 새롭게 깨닫게 된 것은 무엇인가?

2. 그동안 알고 있는 것 중에 다시 확인된 내용은 무엇인가?

3. 그룹 스터디 시간에 지도자에게 질문이 있다면 기록해 보라.

4. 오늘 깨닫게 된 것이 믿음이 되도록 기도하라. 그리고 내일을 위해 기도하라.

5. 진단 점수 기록하기

　이번 주제를 읽고 자신의 점수는 10점 만점에 몇 점인가? (　　점)

1–3점(위험)			4–5점(위기)		6–7점(분발)		8–10점(건강)		
1	2	3	4	5	6	7	8	9	10

3일차 수요일

예수 그리스도가
나의 구세주 되심을
믿는 믿음

 기도하기(소요시간 3분)

오늘도 성령님께서 깨닫게 하시도록 도움을 요청하는 시간이다. 이 주제를 공부할 때 나의 잘못된 신앙과 인격이 바로 교정되며 깨닫게 된 내용이 삶에 큰 도움과 지혜가 되도록 구한다. 그리고 시작할 때 작정한 세 가지 기도 제목을 주님께 아뢰며 올려드린다.

 성경 본문 읽기(소요시간 2분)

● 대표 본문 : "믿음이 없이는 하나님을 기쁘시게 하지 못하나니 하나님께 나아가는 자는 반드시 그가 계신 것과 또한 그가 자기를 찾는 자들에게 상 주시는 이심을 믿어야 할지니라"(히브리서 11:6)

● 오늘 본문 : "영접하는 자 곧 그 이름을 믿는 자들에게는 하나님의 자녀가 되는 권세를 주셨으니"(요한복음 1:12)

 주제 내용 읽기(소요시간 17분)

매일 제공되는 주제 내용을 천천히, 중요한 부분에는 밑줄을 긋고, 필요할

때 책에 메모를 하면서 정독한다.

매일 제공되는 내용의 끝에는 내용 일기와 자신의 상태를 체크하는 표가
있다. 매일 기록하도록 한다.

　교회 용어 사전에서 '구세주'라는 말은 '세상(인류)을 죄악과
죽음에서 구원하시는 주로서 예수 그리스도를 일컫는 말'이라
고 설명한다.
　앞에서 다루었듯이 하나님은 사랑이시다. 그 사랑의 표현으
로 독생자 예수를 우리의 죄를 위해 내어주셨다. 사람의 몸으
로 세상에 오신 예수님은 나를 위해 대신 벌을 받으시고 나의
죄를 용서받을 수 있는 길을 열어주셨다.

　가장 유명한 성경 구절이자 성경의 핵심 구절인 요한복음 3
장 16절은 다음과 같이 고백하고 있다.
　"하나님이 세상을 이처럼 사랑하사 독생자를 주셨으니 이는 그를 믿
　는 자마다 멸망하지 않고 영생을 얻게 하려 하심이라"

　또한 모든 사람들은 죄를 범했다고 성경은 분명히 말씀하
신다.
　"모든 사람이 죄를 범하였으매 하나님의 영광에 이르지 못하더니"

　(로마서 3:23)

또한 한 사람의 의인도 존재하지 않는다고 기록하고 있다.

"기록된 바 의인은 없나니 하나도 없으며"(로마서 3:10)

현대인은 "당신은 죄인입니다"라는 말을 불쾌하게 생각한다. 나름대로 법 없이도 살아왔다고 자부하는 사람은 더욱더 자존심 상해한다. 하지만 성경에서는 우리 인간을 죄인이라고 한다. 이것은 법률적이고 윤리적인 것을 넘어서는 본질적인 표현이다.

성경의 창세기 이야기로 가보자. 하나님께서 아담과 하와를 창조하시고는 "에덴동산 중앙에 있는, 선악을 알게 하는 나무의 열매를 먹지 말라"라고 말씀하셨다.

"선악을 알게 하는 나무의 열매는 먹지 말라 네가 먹는 날에는 반드시 죽으리라 하시니라"(창세기 2:17)

많은 사람들이 질문한다.

"왜 하나님은 선악과를 만들어 놓으셨나요? 만들지 않았다면 우리가 먹지도 않았을 텐데…."

선악과의 창조 목적은 신학적으로 여러 가지 해석이 있다. 분명한 것은 모두 인간을 위한 창조물이라고 생각한다는 것이다. 창조주이신 하나님과 피조물인 인간은 본질적으로 다른 존재이다. 하지만 하나님께서 인간을 얼마나 위대하게 지으셨든지 하나님보다는 조금 못하게 지으셨다고 고백하고 있다.

"그를 하나님보다 조금 못하게 하시고 영화와 존귀로 관을 씌우셨나이다"(시편 8:5)

　창조주와 피조물의 차이가 겉으로는 잘 구분되지 않을 정도였다. 하지만 피조물인 인간이 전혀 다른 존재인 하나님이 되고자 한다면 인간은 반드시 죽을 수밖에 없는 연약한 존재였다. 하나님은 창조주와 피조물의 경계를 알려주므로 인간이 인간답게 살 수 있도록 장치를 고안하셨다. 말씀하는 자와 그 말씀에 순종해야 할 존재라는 것을 알도록 하셨다. 그러나 자유의지까지 허락받은 인간은 결국 피조물이 아닌 다른 존재, 곧 신이 되고자 했다. 그 욕심이 하나님 앞에 죄가 되었고 결국 말씀대로 죽을 수밖에 없는 비참함에 이르게 된 것이다.
　"욕심이 잉태한즉 죄를 낳고 죄가 장성한즉 사망을 낳느니라"(야고보서 1:15)

　사단의 유혹에 이끌려 이런 비참함에 빠져 숨어 버린 인간을 하나님이 찾아오셨다.
　"여호와 하나님이 아담을 부르시며 그에게 이르시되 네가 어디 있느냐"(창세기 3:9)
　하나님은 "아담아, 어디 있느냐?"라고 찾으셨다. 전지전능하신 하나님께서 아담이 숨어 있는 장소를 몰라 부르셨겠는가? 하나님의 물음은 "하나님이 창조하신 피조물인 인간 아담은 어디 가고 신이 되고자 하는 탐욕으로 가득 찬 아담만 존재하는구나"라는 탄식과 함께 죄의 본질을 깨닫게 하는 물음이었다.

그 후 인간은 에덴동산에서 쫓겨나 척박하고 고달픈 인생을 살게 되었고 그 비참함은 죽을 수밖에 없는 존재로서 죽음의 문제를 야기했다.

"죄의 삯은 사망이요"(로마서 6:23a)

그때부터 인간은 가인의 살인과 바벨탑 사건의 교만, 결국 노아 시대의 홍수 심판까지 초래하는 근원이 되었다.

그렇다면 창세기의 인간 타락의 사건이 오늘을 살아가는 나에게 무슨 상관이 있는가? 유감스럽게도 이 원죄는 계속 유전되어 왔다. 빛에서 멀어지면 어둠이 득세를 하듯이 빛 되신 하나님으로부터 멀어진 인간 사회는 어둠이 지배하는 저주 아래 놓이게 되었다. 오늘날에도 인간 사회는 어둠으로 가득하다. 살인과 폭력과 전쟁으로 하루가 멀다 하고 비참한 소식으로 가득하다.

문제는 죽음이다. 모든 인간은 백 년을 넘게 살려고 노력한다. 온갖 의료기술과 과학으로 오래 살아보려고 한다. 어떤 사람들은 "수백 년 후에 다시 살려 달라"라며 수십억의 돈을 지불하고 냉동인간이 되었다. 하지만 죽음의 문제를 극복한 사람은 인류 역사상 아무도 없다. 그래서 인간은 죽음에 대한 본질적인 공포와 두려움을 가지고 있다. 무의식 속에서 가장 본질적인 공포로 자리하고 있기도 하다.

나의 아버지는 강한 분이셨다.

자수성가를 하셨고 정치에 입문한 뒤에는 지역에서 권세를 누리며 살았다. 그리고 잘 배운 분이었다. 연세대 법대를 졸업하고 동국대학교 대학원에서 정치외교학을 공부하신 인재였다. 아버지는 겉으로는 불자였지만 속으로는 내세를 믿지 않는 현실주의자였다. 간혹 죽음의 문제를 이야기하면 "죽으면 다 끝이고 아무것도 없다"라고 늘 주장하셨다.

하지만 57세라는 젊은 나이에 폐암에 걸리셨고 결국 죽음의 문제에 봉착하게 되었다. 항암치료를 받던 아버지는 어느 여름날 내가 혼자 자고 있는 방에 들어오셨다. 항암치료로 머리카락이 많이 빠진 모습의 아버지는 "예수님을 믿고 싶다"라고 말씀하셨다.

그때 나는 신학을 공부하는 전도사였다.

이날은 내가 수년간 기도한 기도 제목이 응답되는 날이기도 했다. 더운 여름밤 팬티 바람으로 자고 있던 나는 일어나 양복으로 갈아입고 아버지에게 예수님의 복음을 전했다. 내 앞에 어린아이처럼 꿇어앉아 예수님을 믿겠다고 영접 기도하던 아버지의 모습이 아직도 생생하다.

나는 아버지 머리에 손을 얹어 영접 기도를 따라 하게 했고 그때부터 아버지는 내가 전도사로 사역하던 작은 교회에 매주 출석하며 예수님을 믿게 되었다. 그러던 어느 주일 저녁 형제들이 가정예배를 드리는 중에 아버지는 하나님의 부름을 받으셨다.

나는 아버지가 살아계실 때 천국에 관한 이야기를 간혹 해 드렸다. 죽음은 과정일 뿐이며 예수 그리스도를 믿는 성도들은 영생을 얻어 천국에서 산다고 말씀드렸다. 아버지는 돈과 여자와 명예를 얻고 살았으나 죽음에 대해서는 두려웠던 것이다. 폐암 말기 환자인 아버지가 자신을 위해 할 수 있는 최고의 일은 죽음의 문제를 해결하는 것이었다.

인간이라면 누구나 나의 아버지와 다르지 않다고 생각한다. 언제 죽을지 모르는 존재인 인간은 죽음에 대해 만성적인 두려움을 갖고 있다. 그 때문에 죽음의 문제가 해결되면 인간은 자유하게 된다.

"진리를 알지니 진리가 너희를 자유롭게 하리라"(요한복음 8:32)

그렇다면 이 죽음의 문제는 어떻게 해결하는가?

해답은 바로 예수 그리스도시다.

"그러므로 한 사람으로 말미암아 죄가 세상에 들어오고 죄로 말미암아 사망이 들어왔나니 이와 같이 모든 사람이 죄를 지었으므로 사망이 모든 사람에게 이르렀느니라"(로마서 5:12)

"그런즉 한 범죄로 많은 사람이 정죄에 이른 것 같이 한 의로운 행위로 말미암아 많은 사람이 의롭다 하심을 받아 생명에 이르렀느니라 한 사람이 순종하지 아니함으로 많은 사람이 죄인 된 것 같이 한 사람이 순종하심으로 많은 사람이 의인이 되리라"(로마서 5:18-19)

아담으로부터 시작된 죄와 사망에서 모든 인간은 자유로울

수 없다. 아담의 후손인 우리 인간은 유전법칙을 따라 죽을 수밖에 없는 본성(motal nature)을 이어 받았다. 그러나 해결 방법이 있다.

"아담 안에서 모든 사람이 죽은 것 같이 그리스도 안에서 모든 사람이 삶을 얻으리라"(고린도전서 15:22)

예수 그리스도는 우리의 죄 문제 즉 사망의 문제를 해결하기 위해 대신 죽으시는 길을 택하셨다. 그리고 십자가 위에서 우리의 죄를 모두 뒤집어쓰시고 대신 죽으셨다.

"율법을 따라 거의 모든 물건이 피로써 정결하게 되나니 피 흘림이 없은즉 사함이 없느니라"(히브리서 9:22)

그래서 예수님은 우리를 위해 피 흘려 죽으신 것이다.

"염소와 송아지의 피로 하지 아니하고 오직 자기의 피로 영원한 속죄를 이루사 단번에 성소에 들어가셨느니라"(히브리서 9:12)

문제는 '예수님이 십자가에서 피 흘리심이 나와 무슨 상관이 있는가?'라는 것이다. 바울은 실라와 전도 사역을 하다가 감옥에 갇히고 말았다. 하지만 감옥에서 찬송가 기도를 드릴 때 감옥의 문이 열렸다. 그때 그것을 지켜본 간수들이 "어떻게 해야 구원을 얻을 수 있느냐?"라고 질문했다. 그러자 바울은 분명하지만 짧게 대답했다.

"이르되 주 예수를 믿으라 그리하면 너와 네 집이 구원을 받으리라 하고"(사도행전 16:31)

사도 요한을 통해서도 하나님은 말씀하신다.

"영접하는 자 곧 그 이름을 믿는 자들에게는 하나님의 자녀가 되는 권세를 주셨으니"(요한복음 1:12)

이처럼 우리를 위해 죽으시고 부활하신 예수 그리스도를 믿게 되면 죽음의 문제가 해결된다. 영원한 생명의 소유자가 된다. 그리고 하나님 나라에서 하나님의 자녀가 되는 권세도 누리게 된다. 2000여 년 전 예수님의 피 흘리심은 시간과 공간을 초월하여 나의 죄를 사하시는 능력이 되는 것이다.

이제 문제는 이 예수 그리스도를 나의 죄를 대신하여 죽으시고 나를 구원하신 구세주이심을 믿는 것이다. 이 믿음은 기둥과 같은 것이다. 창조주가 하나님이심을 믿은 것이 신앙의 기초라면 예수님이 나의 구세주이심을 믿는 믿음은 기둥인 것이다. 기둥이 든든해야 벽도 쌓고 지붕도 올릴 수 있기 때문이다.

이제 예수 그리스도가 나의 구세주 되심이 믿어지는가?
만약 아직도 믿어지지 않는다면 작은 소리로 고백해 보라.
신비하게 믿어지는 은혜가 있을 것이다.
"예수님, 나의 구세주이심을 받아들입니다."
"예수님께서 나의 그리스도이심을 믿습니다.
이 사실을 믿는 믿음을 주옵소서."

내용 일기

1. 새롭게 깨닫게 된 것은 무엇인가?

2. 그동안 알고 있는 것 중에 다시 확인된 내용은 무엇인가?

3. 그룹 스터디 시간에 지도자에게 질문이 있다면 기록해 보라.

4. 오늘 깨닫게 된 것이 믿음이 되도록 기도하라. 그리고 내일을 위해 기도하라.

5. 진단 점수 기록하기

   이번 주제를 읽고 자신의 점수는 10점 만점에 몇 점인가? (점)

1–3점(위험)			4–5점(위기)		6–7점(분발)		8–10점(건강)		
1	2	3	4	5	6	7	8	9	10

성령님께서
나와 교통하심을 믿는 믿음

 기도하기(소요시간 3분)

오늘도 성령님께서 깨닫게 하시도록 도움을 요청하는 시간이다. 이 주제를 공부할 때 나의 잘못된 신앙과 인격이 바로 교정되며 깨닫게 된 내용이 삶에 큰 도움과 지혜가 되도록 구한다. 그리고 시작할 때 작정한 세 가지 기도 제목을 주님께 아뢰며 올려드린다

 성경 본문 읽기(소요시간 2분)

● 대표 본문 : "믿음이 없이는 하나님을 기쁘시게 하지 못하나니 하나님께 나아가는 자는 반드시 그가 계신 것과 또한 그가 자기를 찾는 자들에게 상 주시는 이심을 믿어야 할지니라"(히브리서 11:6)

● 오늘 본문 : "보혜사 곧 아버지께서 내 이름으로 보내실 성령 그가 너희에게 모든 것을 가르치고 내가 너희에게 말한 모든 것을 생각나게 하리라" (요한복음 14:26)

 주제 내용 읽기(소요시간 17분)

매일 제공되는 주제 내용을 천천히, 중요한 부분에는 밑줄을 긋고, 필요할 때 책에 메모를 하면서 정독한다.

매일 제공되는 내용의 끝에는 내용 일기와 자신의 상태를 체크하는 표가 있다. 매일 기록하도록 한다.

먼저 우리는 성령님이 누구신지 알아야 한다.

성령님은 태초부터 계신 분이다.

"태초에 하나님이 천지를 창조하시니라 땅이 혼돈하고 공허하며 흑암이 깊음 위에 있고 하나님의 영은 수면 위에 운행하시니라"(창세기 1:1-2)

성령님은 하나님의 영을 의미한다. 또한 육신이 말씀이 되어 오신 예수 그리스도와 창조주 하나님과 함께 삼위일체의 하나님이시다. 창조에 참여하시고 우리로 하나님의 자녀가 되도록 믿음을 부어주시는 분이다.

"무릇 하나님의 영으로 인도함을 받는 사람은 곧 하나님의 아들이라"

(로마서 8:14)

그를 '보혜사'라고 부른다. 보혜사는 상담사(Counselor)이시며 동시에 위로자(Comforter)이시다. 성도들을 위한 중보자(Mediator)이시며 동시에 돕는 자(Helper)로 사역하시는 분이다. 이런 성령님이 성도들과 영원히 동행하신다.

"내가 아버지께 구하겠으니 그가 또 다른 보혜사를 너희에게 주사 영원토록 너희와 함께 있게 하리니"(요한복음 14:16)

이런 성령님과 무관하게 신앙을 할 수 있는가? 결코 있을 수 없는 일이다. 우리 모두는 성령님의 도우심으로 하나님을

아빠 아버지라고 부를 수 있게 되었기 때문이다

"너희가 아들이므로 하나님이 그 아들의 영을 우리 마음 가운데 보내
사 아빠 아버지라 부르게 하셨느니라"(갈라디아서 4:6)

그러므로 하나님을 아버지라고 진심으로 믿고 고백하는 모
든 이들은 성령님을 경험한 것이다.

그러나 우리가 보통 알고 있는 성령 충만과는 다른 문제이
다. 성령 충만에 관해 너무 많은 표현과 강조를 하는 경향이
있다. 이것은 큰 오해를 가지게 한다.

성령의 능력이나 은사가 나타나지 않는 사람들은 성령과 상
관없는 것처럼 생각하기도 한다. 그리고 믿음이 연약하여 교
회 안에서 제 역할을 할 수 없다고 스스로 판단하기도 한다.

하지만 결코 아니다. 하나님을 아빠 아버지라고 고백하는
모든 그리스도인은 이미 성령을 받았고 그 성령의 힘으로 한
번도 뵌 적 없는 하나님을 바로 옆에서 함께 살고 있는 육신
의 부모처럼 아빠라고 부를 수 있는 것이다. 우리 모두는 성령
님 안에서 신앙을 가졌고 성령님을 통해 그 믿음을 유지하고
있다. 이것은 마치 우리가 의식하지 못할 때도 심장이 뛰고 호
흡하는 것과 같다.

성령님은 은밀하게 우리와 동행하시지만 필요에 따라 우리
를 통해 그 능력을 드러내기도 하신다. 결국 하나님 나라의 백
성들이 예수의 제자로 살기 원한다면 성령님과 동행하는 것
은 선택이 아니라 필수인 것이다.

우리는 매주 또는 더 자주 예배를 드리는 삶을 살고 있다. 이런 예배의 삶도 성령님 없이는 결코 온전한 예배를 드릴 수 없다. 성령 안에서만 온전한 예배를 드릴 수 있는 것이다.

"하나님은 영이시니 예배하는 자가 영과 진리로 예배할지니라"(요한복음 4:24)

요한복음에서는 "영과 진리로 예배 하라"라고 말씀하신다. 이것은 '성령 안에서(In Spirit), 예수 안에서(In Truth) 예배하라'는 의미이다. 성령님이 빠지고 예수님이 빠진 예배는 인본적인 종교문화 행사에 불과하다.

기도생활도 예외가 될 수 없다.

우리는 기도할 때 무엇을 어떻게 기도해야 할지 모를 때가 많다. 그래서 멍 때리고 있거나 꼬리를 물고 등장하는 생각들로 기도 자체가 불가능할 때를 종종 경험한다. 이런 우리의 상태를 성령님은 모두 알고 계신다. 그래서 성령님은 우리를 대신하여 하나님의 뜻을 구하는 기도를 해주신다.

"이와 같이 성령도 우리의 연약함을 도우시나니 우리는 마땅히 기도할 바를 알지 못하나 오직 성령이 말할 수 없는 탄식으로 우리를 위하여 친히 간구하시느니라"(로마서 8:26)

뿐만 아니라 하나님과 교제하는 것과 시급하고 중요한 소원을 하나님께 긴급하게 도움을 요청하는 것조차 성령님의 도우심을 받아야 한다.

"모든 기도와 간구를 하되 항상 성령 안에서 기도하고 이를 위하여 깨

어 구하기를 항상 힘쓰며 여러 성도를 위하여 구하라"(에베소서 6:18)

일상생활 속에서도 하나님의 자녀답게 살 수 있도록 우리를 도우시는 분이 성령님이시다. 사도 바울은 에베소 교회에 편지를 보내면서 "술 취하지 말고 성령 충만을 받으라"라고 권면하고 있다. 에베소서 5장과 6장을 읽어 보면 잘 기록되어 있다. 이것은 우리의 신앙생활과, 가정생활과, 직장생활과, 나아가서 영적인 전쟁에서도 반드시 필요한 것이라고 말하고 있다. 부부간에 어떻게 존경하고 사랑해야 하는지, 자녀들에게 어떤 부모가 되어야 하는지, 종과 상전 사이의 관계 설정을 어떻게 해야 하는지를 잘 설명하고 있다. 그뿐만 아니라 마귀와의 영적 전쟁에서도 성령 충만 없이는 진정한 승리가 불가능하다. 왜냐면 우리가 싸우는 대상은 우리가 생각하는 그 이상의 존재들이기 때문이다.

"우리의 씨름은 혈과 육을 상대하는 것이 아니요 통치자들과 권세들과 이 어둠의 세상 주관자들과 하늘에 있는 악의 영들을 상대함이라"(에베소서 6:12)

나는 20세부터 교회를 섬기는 전도사 생활을 시작했다.

기독교 신앙을 반대하시는 아버지 때문에 신학교를 가는 것조차 쉽지 않았다. 고등학교를 졸업하고 5개월 후부터 생활비를 마련하기 위해 교회 전도사 생활을 시작했다. 교회를 처음 다니고 예수님을 영접한지 3년도 안된 시기였다. 성경을 일독해 본적도 없고 기도생활이나 봉사 생활도 변변하게 해본 적이 없는 그야말로 초보였다.

목사님이 시키는 일을 열심히 했다. 그때 섬기던 시골 교회는 작은 마을 입구에 있었다. 그 마을에는 귀신들린 여자가 산다는 소문이 자자했다. 흉악한 귀신이 들려, 보는 사람들이 모두 피해 다닌다고 했다.

어느 주일 오후 예배를 드리고 본당에 앉아 피아노를 치며 찬양을 하고 있었다. 피아노 위에 올려진 작은 거울에 웬 여자가 슬리퍼를 손에 들고 내가 앉아 있는 방향으로 걸어오고 있었다. 그런데 거울로 본 여자는 분명 정상적인 얼굴이 아니었다. 그때 '이 여자가 소문으로 들었던 귀신 들린 여자'임을 알 수 있었다. 나는 떨렸다. 여러 번 망설이다가 처음으로 귀신을 대적하게 된 것이다.

"나사렛 예수 이름으로 명령한다. 그 여자에게서 나가라."

무척 떨렸지만 목사님들께 주워들은 대로 해보았다.

그러나 아무 일도 일어나지 않았다. 그 여자는 도리어 기분 나쁜 미소와 목소리로 "전도사가 이런 것도 하나 못하네. 히히히~"라며 나를 조롱하고는 교회에서 나가버렸다.

그 여자는 내가 전도사임을 어떻게 알았을까?

귀신이 곡할 노릇이었다. 그때부터 나는 두려움과 수치심에 떨며 수개월을 고통당했다. 그 시골 교회에서 사역하는 동안 그 여자를 피해 다녔다. 그때 나는 스물한 살이었다. 목사님을 흉내 내거나 주문처럼 소리친다고 해서 귀신을 쫓아낼 수 없음을 뼈저리게 경험한 사건이었다.

그 후 나는 성령의 도우심을 구하게 되었고 성령님의 도우심으로 영적 전쟁에서 승리하도록 기도하기 시작했다. 시간이 흘러 여러 사역지에서 귀신 들린 사람들을 만나게 되었고 그때마다 귀신이 떠나가는 역사를 경험하게 되었다. 이처럼 철저하게 능력이 없던 어린 사역자도 성령님의 도우심을 받게 되면 귀신이 떨며 그 자리를 떠나게 되는 것이다. 이것은 목회자에 국한된 이야기가 결코 아니다. 모든 성도들이 이에 해당된다.

우리의 성장과 하나님 나라의 사명을 감당하는데도 성령님의 도우심이 절대적이다. 예수님의 제자로서 복음을 전하는 것도 나의 힘과 능력 그리고 내가 가진 달란트로 감당할 수 없다. 성령을 받아야 권능을 받게 되고 그 권능으로 그 일도 순종할 수 있는 것이다.

"오직 성령이 너희에게 임하시면 너희가 권능을 받고 예루살렘과 온 유대와 사마리아와 땅 끝까지 이르러 내 증인이 되리라 하시니라"(사도행전 1:8)

성령님이 임하시면 우리는 전도할 때도 가장 합당한 말을 전할 수 있게 되며 지혜롭게 복음의 씨를 뿌릴 수 있게 된다. 자신의 말주변으로 영혼을 구원할 수 있는 것이 결코 아니다.

"마땅히 할 말을 성령이 곧 그때에 너희에게 가르치시리라 하시니라"

(누가복음 12:12)

그리고 우리의 삶 가운데서 필요한 도구들을 성령님께서 허락해 주신다. 이것은 자신을 자랑하거나 과시하기 위해 주시는 것이 결코 아니다. 교회를 세우시고 덕을 행하게 하기 위해 주시는 것으로 우리는 이것을 '은사'라고 부른다.

"방언을 말하는 자는 자기의 덕을 세우고 예언하는 자는 교회의 덕을 세우나니"(고린도전서 14:4)

은사를 통해 자신을 바르게 세울 뿐 아니라 사람을 돕고 교회를 세우며 예수의 복음을 전하는 도구로 사용하라고 주시는 것이다. 간혹 몰지각한 교인들 중에는 은사가 특권인 양 그 은사로 갑질을 하거나 믿음을 과시하는 도구로 사용하기도 한다. 이것은 결코 성령으로부터 오는 것이 아니다. 왜냐하면 목적에 합당하게 사용하지 않을 시 성령님은 은사를 폐하기도 하시기 때문이다. 또한 삶속에서 은사를 통해 성령의 열매를 맺게 하신다. 이것은 인간이 이 땅에서 그리스도를 닮아야 하는 중요한 목적이기 때문이다. 성령의 열매를 삶속에서 맺고 살 때 우리를 통해 하나님께서 영광을 받으시고 우리의 삶도 풍성해진다.

"오직 성령의 열매는 사랑과 희락과 화평과 오래 참음과 자비와 양선과 충성과 온유와 절제니 이같은 것을 금지할 법이 없느니라"(갈라디아서 5:22-23)

이제 분명해졌다. 우리의 일상생활뿐 아니라 신앙생활에서도 성령님의 역할은 한두 가지가 아니다. 성령님 없이는 거의 불가능할 정도다. 그러므로 우리는 성령님을 구하고 성령님과 교통하는 삶을 살아가야 한다. 이런 성령님과 상관없이 신앙생활을 한다는 것은 있을 수 없는 일이며 있었어도 안 되는 일이다. 그래서 마음을 열고 나의 생각과 감정과 의지를 다스리도록 요청해야만 한다. 이것이 우리의 삶 속에서도, 교회생활에서도 하나님의 자녀답게 살아갈 수 있는 지름길이다. 우리에게 맡겨 주신 크고 작은 일을 순종하고 감당할 수 있는 능력도 성령으로부터 오는 것이다. 그러므로 무엇보다 성령님이 우리와 교통하시도록 믿고 구하라. 그러면 성령님은 우리를 거절하지 않으시고 오셔서 우리의 모든 것을 도와주신다.

"볼지어다 내가 문밖에 서서 두드리노니 누구든지 내 음성을 듣고 문을 열면 내가 그에게로 들어가 그와 더불어 먹고 그는 나와 더불어 먹으리라"(요한계시록 3:20)

이런 성령님을 하나님 아버지께 구하는 것이야말로 가장 지혜로운 성도의 일일 것이다.

"너희가 악할지라도 좋은 것을 자식에게 줄 줄 알거든 하물며 너희 하늘 아버지께서 구하는 자에게 성령을 주시지 않겠느냐 하시니라"

(누가복음 11:13)

이제 우리는 조용히 가슴에 손을 올린 다음
마음으로 구해보자.
"성령님, 내 마음을 엽니다. 오셔서 내 마음에 좌정해 주옵소서."
"성령님, 내 삶과 믿음을 도우시고 늘 성령님과 교통하는 사람이
  되도록 이끌어 주옵소서."

"주 예수 그리스도의 은혜와 하나님의 사랑과 성령의 교통하심이 너희 무리와 (나와) 함께 있을지어다"(고린도후서 13:13)

내용 일기
1. 새롭게 깨닫게 된 것은 무엇인가?
2. 그동안 알고 있는 것 중에 다시 확인된 내용은 무엇인가?
3. 그룹 스터디 시간에 지도자에게 질문이 있다면 기록해 보라.
4. 오늘 깨닫게 된 것이 믿음이 되도록 기도하라. 그리고 내일을 위해 기도하라.
5. 진단 점수 기록하기 　　이번 주제를 읽고 자신의 점수는 10점 만점에 몇 점인가? (　　　점)

1–3점(위험)			4–5점(위기)		6–7점(분발)		8–10점(건강)		
1	2	3	4	5	6	7	8	9	10

천국과 지옥이
있다는 것을 믿는 믿음

 기도하기(소요시간 3분)

오늘도 성령님께서 깨닫게 하시도록 도움을 요청하는 시간이다. 이 주제를 공부할 때 나의 잘못된 신앙과 인격이 바로 교정되며 깨닫게 된 내용이 삶에 큰 도움과 지혜가 되도록 구한다. 그리고 시작할 때 작정한 세 가지 기도 제목을 주님께 아뢰며 올려드린다.

 성경 본문 읽기(소요시간 2분)

● 대표 본문 : "믿음이 없이는 하나님을 기쁘시게 하지 못하나니 하나님께 나아가는 자는 반드시 그가 계신 것과 또한 그가 자기를 찾는 자들에게 상 주시는 이심을 믿어야 할지니라"(히브리서 11:6)

● 오늘 본문 : "한번 죽는 것은 사람에게 정해진 것이요 그 후에는 심판이 있으리니"(히브리서 9:27)

 주제 내용 읽기(소요시간 17분)

매일 제공되는 주제 내용을 천천히, 중요한 부분에는 밑줄을 긋고, 필요할 때 책에 메모를 하면서 정독한다.

매일 제공되는 내용의 끝에는 내용 일기와 자신의 상태를 체크하는 표가 있다. 매일 기록하도록 한다.

"과연 천국과 지옥이 존재하는가?"

많은 사람들이 이렇게 질문한다.

이 질문에 어떤 답을 가지고 있는가?

'존재한다'라고 생각하는가? 아니면 '존재하지 않는다'라고 생각하는가?

이 질문에 앞서 우리는 한 가지 짚고 넘어갈 것이 있다.

하나님이 살아계신다는 것을 온전히 믿는다면 '천국과 지옥도 존재한다'라고 믿을 것이다. 만약 하나님의 존재를 믿지 않거나 성경이 하나님의 말씀임을 믿을 수 없다면 '천국과 지옥은 없다'라고 생각할 것이다.

천국과 지옥의 문제는 동서고금을 막론하고 거론되고 있고 인류와 늘 함께해 온 질문이다. 다양한 설명과 해석으로 전해지고 있지만 분명한 것은 인간인 우리는 모두 다 죽을 수밖에 없는 존재라는 것이다.

"한번 죽는 것은 사람에게 정해진 것이요 그 후에는 심판이 있으리니"

(히브리서 9:27)

우리가 죽는다면 그 후에는 어떻게 되는 것인가?

어떤 사람은 "죽은 후에는 아무것도 없고 이 땅의 삶이 끝이다"라고 주장한다. 어쩌면 죽음 후의 세상이 두렵기 때문에 인정하고 싶지 않은 것이 아닐까? 내세에 대한 이야기는 늘 우리 인생의 무의식 속에서 큰 숙제로 남겨져 있다. 천국과 지옥을 이야기하려면 죽음 후에 내세가 존재한다는 것이 믿어져야만 한다. "이 땅에서 살다가 죽으면 모든 것이 끝난다"라고 생각한다면 더 이상 이 주제를 다룰 필요가 없다. 그래서 본격적으로 다루기 전에 기도하면서 깨닫게 하신 이야기를 하나 소개하고자 한다.

우리는 태어나기 전에 생물학적으로 아버지 몸의 정자와 어머니 몸의 난자로 존재했다. 이렇게 단세포 존재로 세상에 존재하고 있을 때 정자와 난자들에게 말했다.

"얘들아, 너희는 이것으로 끝이 아니란다. 더 멋진 세상에서 전혀 다른 생명체로 살게 될 거야."

하지만 정자와 난자는 정색을 하며 말했다.

"정자의 생명은 길면 5일 밖에 안돼요. 난자는 더 짧아요. 그 시간이 지나고 나면 다 소멸되고 사라져 버려요."

그렇게 실망하며 말하는 정자, 난자에게 다시 설명했다.

"'수정'이라는 과정을 거치면 너희는 새로운 생명을 얻게 되는 거야."

하지만 그들은 이것을 믿지 않았다. 그리고 수정이라는 과정을 통해 어머니 배속에 자라고 있는 태아를 만났다. 그리고 그를 축복하며 말했다.

"태아야, 너희는 수정을 통해 새로운 생명이 되었구나. 축하한다."

그리고 진지하게 말해 주었다.

"너는 이곳에서 영원히 살 수 없단다. 시간이 되면 전혀 다른 세상에서 전혀 다른 인생을 살게 될거야."

태아는 손가락을 빨며 이렇게 말했다.

"아저씨, 나는 이곳이 좋아요. 너무나 편하고 좋은걸요. 다른 세상, 다른 존재는 필요 없어요."

그리고 그곳에서 영원히 살 것처럼 곤히 잠들어 버렸다. 잠들어 가는 태아를 향해 큰소리로 말해주었다.

"때가 되면 너는 출산하게 될 거야. 세상에 나오면 해와 달, 별도 있고 온갖 동물과 식물이 너를 반겨줄 거야. 그리고 너의 아빠, 엄마를 직접 만날 수 있단다."

태아는 여전히 들으려 하지 않고 믿으려 하지 않았다. 시간이 지나고 출산을 경험한 아기가 무럭무럭 자라 어른이 되었다. 그에게 말해 주었다.

"이보세요. 인간은 죽을 수밖에 없답니다. 죽고 난 후에는 영원한 지옥과 천국이 있답니다."

그가 자신의 경험과 지식을 동원해 말했다.

"예끼, 이보시오. 죽고 나면 다 끝이지 천국과 지옥이 어디 있겠소. 나는 못 믿겠소."

나는 안타까워 더 힘주어 말했다.

"인간은 죽음이라는 사건을 통해 어떤 사람은 천국에 가며,

어떤 사람은 지옥의 심판을 받게 됩니다. 영원한 생명을 얻기 위해서는 예수님을 믿으세요."

하지만 중년의 그 사람은 이렇게 말하며 유유히 사라졌다.

"화성에 사람을 보내는 세상에 무슨 신이 있다고 하오. 비키시오. 돈 벌러 가야지."

그리고 몇십 년 후 그 사람은 늙어서 죽든지 사고로 죽든지 병으로 죽었을 것이다. 그리고 그가 맞이한 곳은 어디일까?

정자와 난자는 늦어도 며칠 안에 수정을 해야 태아가 된다. 태아가 된 생명은 어머니 배속에서 10개월을 산다. 그리고 반드시 출산을 통해서 태어날 수 있다. 출산한 아이는 이 세상에서 길면 100년의 인생을 산다. 그리고 반드시 죽어 영생을 맞이한다. 이것은 믿거나 말거나가 아니라 사실이다. 사람들은 그 과정을 겪어왔고 그 과정을 보고 있으면서 죽음 이후만큼은 믿으려 하지 않는다. 안 믿는 게 더 이상한 것 아닌가? 수정, 출산, 죽음은 인간이 반드시 겪는 과정이며 각 과정 후에는 언제나 다른 존재로서 다른 삶이 있어왔다. 죽음 후에도 마찬가지다.

성경은 인간이 반드시 죽고 죽음 후에는 심판이 있다고 밝히고 있다.

"한번 죽는 것은 사람에게 정해진 것이요 그 후에는 심판이 있으리니"

(히브리서 9:27)

또한 예수님께서도 친히 꺼지지 않는 불에 관한 이야기를
하고 계신다.

"만일 네 손이 너를 범죄 하게 하거든 찍어버리라 장애인으로 영생에
들어가는 것이 두 손을 가지고 지옥 곧 꺼지지 않는 불에 들어가는 것
보다 나으니라"(마가복음 9:43)

뿐만 아니라 성경에는 여러 종류의 지옥에 관해 이야기하고
있다. 구약성경에는 '스올'이라고 표현하고 있다.

"이는 주께서 내 영혼을 스올에 버리지 아니하시며…"(시편 16:10a)

신약성경에는 '음부'라는 말로 표현되고 있다.

"이는 내 영혼을 음부에 버리지 아니하시며…"(사도행전 2:27a)

'스올'과 '음부'는 죽음 후에 누구든지 가야 하는 곳으로 묘
사되고 있다.

중요한 것은 인간은 죽는 것이 끝이 아니라 죽어서 가는 곳
이 반드시 있다는 것을 의미한다. 그리고 범죄 한 천사들을
심판하신다는 내용을 전하면서 지옥(타르타루스)를 이야기한다.

"하나님이 범죄 한 천사들을 용서하지 아니하시고 지옥에 던져 어두운
구덩이에 두어 심판 때까지 지키게 하셨으며"(베드로후서 2:4)

성경에서 가장 자주 언급한 지옥에 관한 표현은 '게엔나'이
다. 이 단어는 성경에 11번이나 등장한다. 지옥에 관한 표현은
복음서를 통해 예수님께서 직접 표현하신 것임에 주목할 필
요가 있다. 왜냐하면 그분은 심판주로 오셔서 우리 모두를 심

판하실 분이기 때문이다.

"마땅히 두려워할 자를 내가 너희에게 보이리니 곧 죽인 후에 또한 지옥에 던져 넣는 권세 있는 그를 두려워하라 내가 참으로 너희에게 이르노니 그를 두려워하라"(누가복음 12:5)

또한 서기관들과 바리새인들을 꾸짖으시면서 지옥에 관한 언급을 분명히 하고 계신다.

"뱀들아 독사의 새끼들아 너희가 어떻게 지옥의 판결을 피하겠느냐"

(마태복음 23:33)

이처럼 죽음 후에는 반드시 지옥이 우리를 기다리고 있다. 예수님께서 재림하실 때 예수 그리스도를 믿지 않는 악한 자들을 반드시 마귀와 그 사자들을 위해 예비된 지옥에 함께 들여보내겠다고 말씀하신다.

"또 왼편에 있는 자들에게 이르시되 저주를 받은 자들아 나를 떠나 마귀와 그 사자들을 위하여 예비된 영원한 불에 들어가라"(마태복음 25:41)

그러면 예수 그리스도를 믿는 자들은 어떻게 되는가?

하나님의 나라는 하나님께서 통치하시는 시간과 모든 공간을 총체적으로 일컫는 말이다. 죽기 전 이 땅의 삶도 하나님의 나라가 되는 것이다. 죽음 후의 모든 곳도 하나님의 나라가 되는 것이다. 하나님의 나라는 장소의 개념보다 상태의 개념이 더 가깝다.

"또 여기 있다 저기 있다고도 못하리니 하나님의 나라는 너희 안에 있

느니라"(누가복음 17:21)

하지만 우리는 죽음 후의 문제를 다루고 있기 때문에 천국이라는 다소 진부한 표현을 사용하고 있다. 그럴 만한 이유가 나에게는 있다.

나는 아버지를 먼저 보냈고 아내를 먼저 보냈으며 딸도 먼저 보냈다. 아내는 47세의 나이에 암으로 세상을 떠났다. 딸은 엄마가 하나님의 부름을 받은 지 7개월 후 심장마비로 하나님의 부름을 받았다. 그때 딸의 나이는 22세였다.

나는 목사이며 수없이 부활 신앙과 천국 소망을 설교한 사람이다. 사랑하는 두 사람을 먼저 떠나보낼 때는 앞이 캄캄하고 손과 발에 피가 통하지 않고 하늘이 무너지는 기분이었다. 30초에 한 번씩 한숨이 지배했고 잠들거나 먹을 수도 없었다.

어느 날 잠들지 못하고 침대에 누워있는데 가위눌리듯이 몸이 굳더니 비몽사몽간에 환상을 보게되었다. 사랑하는 아내와 딸이 너무나 아름다운 꽃밭에서 활짝 웃으며 서있는 모습을 보았다. 그 후 내 입에서 나온 첫 마디는 "하나님이 행하신 모든 일은 선하십니다"였다.

원망과 슬픔으로 가득 차 있던 나는 천국의 모습을 조각으로라도 보게 되었다. 그 후 슬픔이 사라지고 천국에 대한 소망으로 가득하게 되었다. 천국은 진짜 존재하는 것임이 확실하게 믿어졌다.

성경에서 말하는 천국이 눈물도 사망도 슬픔도 우는 것도 아픈 것도 없는 곳이라면 먼저 간 아내와 딸은 얼마나 좋을까?

"모든 눈물을 그 눈에서 닦아 주시니 다시는 사망이 없고 애통하는 것이나 곡하는 것이나 아픈 것이 다시 있지 아니하리니 처음 것들이 다 지나갔음이러라"(요한계시록 21:4)

슬퍼할 일이 아니라 감사하고 기뻐해야 할 일이 아니겠는가? 경치가 아름다운 스위스나 북유럽의 여행지에 갔다 해도 좋아할 일인데 하물며 아름다운 천국에 먼저 부르심을 받았다면 잠시 동안의 헤어짐은 극복하고도 남을 일이다.

성경에는 천국에 대한 여러 가지 설명들이 있지만 그곳은 어떤 말이나 설명으로 담을 수 없는 전혀 다른 차원일 것이다.

예수 그리스도를 믿는 우리에게 죽음은 과정에 불과하다. 마치 정자, 난자의 수정이 과정이듯이, 태아의 출산이 과정이듯이, 죽음은 전혀 다른 영화로운 몸을 입고 전혀 다른 차원의 삶으로 들어가는 관문에 불과하다.

"육의 몸으로 심고 신령한 몸으로 다시 살아나나니 육의 몸이 있은즉 또 영의 몸도 있느니라"(고린도전서 15:44)

사람들은 "죽은 후에 무슨 부활이 있습니까?"라고 반문하지만 죽은 후에 영화로운 몸으로의 부활이 없다면 예수님의 부활도 헛것이 되고 마는 것이다.

"만일 죽은 자의 부활이 없으면 그리스도도 다시 살아나지 못하셨으리라"(고린도전서 15:13)

뿐만 아니라 모든 믿음이 헛것이 되고 마는 것이다.

"그리스도께서 만일 다시 살아나지 못하셨으면 우리가 전파하는 것도 헛것이요 또 너희 믿음도 헛것이며"(고린도전서 15:14)

자! 이제 죽은 후에 천국과 지옥이 있다고 믿어지는가?

천국으로 들어갈 수 있겠는가?

죽음 후에 우리 모두가 갈 곳, 바로 천국을 소망해 보기 바란다. 나는 부활이 기대되고 천국이 기대된다. 아울러 주님이 부르실 그날이 기대된다. 왜냐면 사랑하는 사람들이 기다리고 있기 때문이다. 그리고 얼굴과 얼굴을 맞대고 우리 주님을 볼 수 있기 때문이다.

"우리가 지금은 거울로 보는 것 같이 희미하나 그때에는 얼굴과 얼굴을 대하여 볼 것이요 지금은 내가 부분적으로 아나 그때에는 주께서 나를 아신 것 같이 내가 온전히 알리라"(고린도전서 13:12)

이제 가슴에 손을 모으고
조용히 이 글을 기도 삼아 올려 드려보라.
"하나님, 천국과 지옥이 있음을 믿습니다."
"비록 이 땅에 살고 있으나 늘 천국을 소망하며 살아가도록
믿음을 주옵소서."
"지옥 백성이 아니라 천국의 백성으로 살도록

나를 믿음 가운데로 이끄소서."

내용 일기
1. 새롭게 깨닫게 된 것은 무엇인가?
2. 그동안 알고 있는 것 중에 다시 확인된 내용은 무엇인가?
3. 그룹 스터디 시간에 지도자에게 질문이 있다면 기록해 보라.
4. 오늘 깨닫게 된 것이 믿음이 되도록 기도하라. 그리고 내일을 위해 기도하라.
5. 진단 점수 기록하기 　　이번 주제를 읽고 자신의 점수는 10점 만점에 몇 점인가? (　　점)

1–3점(위험)			4–5점(위기)		6–7점(분발)		8–10점(건강)		
1	2	3	4	5	6	7	8	9	10

6일차 토요일

성경이 하나님 말씀임을 믿는 믿음

 기도하기(소요시간 3분)

오늘도 성령님께서 깨닫게 하시도록 도움을 요청하는 시간이다. 이 주제를 공부할 때 나의 잘못된 신앙과 인격이 바로 교정되며 깨닫게 된 내용이 삶에 큰 도움과 지혜가 되도록 구한다. 그리고 시작할 때 작정한 세 가지 기도제목을 주님께 아뢰며 올려드린다

 성경 본문 읽기(소요시간 2분)

● 대표 본문 : "믿음이 없이는 하나님을 기쁘시게 하지 못하나니 하나님께 나아가는 자는 반드시 그가 계신 것과 또한 그가 자기를 찾는 자들에게 상 주시는 이심을 믿어야 할지니라"(히브리서 11:6)

● 오늘 본문 : "먼저 알 것은 성경의 모든 예언은 사사로이 풀 것이 아니니 예언은 언제든지 사람의 뜻으로 낸 것이 아니요 오직 성령의 감동하심을 받은 사람들이 하나님께 받아 말한 것이라"(베드로후서 1:20-21)

 주제 내용 읽기(소요시간 17분)

매일 제공되는 주제 내용을 천천히, 중요한 부분에는 밑줄을 긋고, 필요할 때 책에 메모를 하면서 정독한다.

매일 제공되는 내용의 끝에는 내용 일기와 자신의 상태를 체크하는 표가 있다. 매일 기록하도록 한다.

모든 종교는 자신들만의 경전(Canon)을 가지고 있다. 하지만 성경은 완전히 다른 차원의 책이다. 특히 성경은 고대 문서로서 통일성을 가지고 있다. B.C. 1500년 경부터 A.D. 100년까지 약 1600년에 걸쳐 기록되고 완성되었지만 이야기하고 있는 주제가 통일성을 갖추고 있다. 총 66권의 책이 40명이 넘는 사람들에 의해 다른 시대, 다른 지역, 다른 신분으로 기록한 것인데도 말이다.

이순신 장군의 「난중일기」를 예로 들어 보자.

1592년 임진왜란이 일어난 다음 달인 5월 1일부터 전사하기 전 달인 1598년 10월 7일까지 기록된 일기 형식의 글이다. 400년이 훌쩍 지난 오늘날 누군가가 「난중일기」를 읽어 본 적도 없고 이순신 장군을 알지도 못하지만 자신이 쓴 일기가 「난중일기」의 내용과 이어지거나 주제가 일맥상통하거나, 말하고자 하는 내용이 깊은 연관성이 있을 확률이 얼마나 될까? 하물며 1600년에 걸쳐 각기 다른 시대, 각기 다른 지역, 각기 다른 신분의 사람들이 기록한 성경이 철저하게 내용의 통일성을 가질 확률은 거의 없는 것이다.

하지만 성경은 구약은 하나님의 공의를, 신약은 하나님의 사랑을 줄기차게 이야기하고 있다. 그뿐만 아니라 구약은 오실 메시아를, 신약은 오신 메시아와 다시 오실 메시아에 관한 이야기들로 가득하다. 이것은 성경 66권이 각기 다른 시대, 다른 사람에 의해 기록되었다고 생각할 수 없을 정도다. 마치 한 사람이 1600년을 살면서 기록한 것처럼 소름 끼치도록 정확하다.

이것만 보아도 성경은 사람이 기록했다기보다 시간과 장소를 초월하시는 하나님께서 사람의 손을 빌려 기록하신 하나님의 말씀이 분명하다.

"먼저 알 것은 성경의 모든 예언은 사사로이 풀 것이 아니니 예언은 언제든지 사람의 뜻으로 낸 것이 아니요 오직 성령의 감동하심을 받은 사람들이 하나님께 받아 말한 것임이라"(베드로후서 1:20-21)

그러기에 성경은 21세기를 살아가는 이 시대에도 가장 많은 사람들에게 가장 많이 읽히는 책인 것이다. 그리고 기네스북에 등재되어 있는 것처럼 가장 많이 팔리는 책이다. 또한 문화예술계에서 가장 많이 인용하고 가장 많이 표현되고 있는 책이기도 하다. 성경은 수많은 경전 중에서 유일하게 인류의 시작과 끝을 이야기하고 있다. 하나님께서도 스스로 시작과 끝이라고 말씀하시기도 한다.

"이스라엘의 왕인 여호와, 이스라엘의 구원자인 만군의 여호와가 이같이 말하노라 나는 처음이요 나는 마지막이라 나 외에 다른 신이 없느니라"(이사야 44:6)

성경은 창세기에서 인류의 시작을 이야기하고 있으며 요한계시록에서 세상의 마지막을 이야기하고 있다.

"내가 시초부터 종말을 알리며 아직 이루지 아니한 일을 옛적부터 보이고 이르기를 나의 뜻이 설 것이니 내가 나의 모든 기뻐하는 것을 이루리라 하였노라"(이사야 46:10)

성경은 하나님의 예언과 예언의 성취의 내용으로 가득하다. 이것은 책 속에서뿐 아니라 세계사를 통해 현실 역사에서도 그대로 이루어졌으며 앞으로도 그대로 이루어질 것이다.

뿐만 아니라 성경은 과학적이다. 현대 시대에서 밝혀진 과학적 사실들이 수천 년 전에 이미 성경을 통해 밝힌 것들이 많다.

예를 들어 보자. 지구가 우주 공간에 떠 있다는 사실을 인류는 언제 알게 되었는가? 불과 얼마 되지 않는다. 하지만 성경은 3500년 전에 기록된 욥기에서 이미 이야기하고 있다.

"그는 북쪽을 허공에 펴시며 땅을 아무것도 없는 곳에 매다시며"(욥기 26:7)

또한 지구가 둥글다는 것을 알게 된 것은 1522년이다. 포르투칼의 탐험가 마젤란이 빅토리아호를 타고 세계 일주를 하고 올 때까지 몰랐던 사실이다. 하지만 B.C. 2000년에 기록된 이사야서 40장 22절에는 이미 땅이 둥글다고 밝히고 있다.

영어 성경 NIV 버전에는 **'둥근 땅**(the circle of the earth)'이라고 기록하고 있다. 그뿐만 아니라 지구 내부에 뜨거운 불이 있다는 사실도 밝히고 있다.

"음식은 땅으로부터 나오나 그 밑은 불처럼 변하였도다"(욥기 28:5)

그 외에도 인간의 과학이 발달하기 전 창조주이신 하나님은 우주와 지구의 비밀들을 많은 곳에서 이미 말씀하셨다.

성경은 하나님의 지혜로 가득 차 있다.

동서고금 어디에서도 찾을 수 없는 지혜가 가득하다. 그뿐만 아니라 말씀 자체가 하나님이시기 때문에 그 말씀으로 사람을 변화시킨다.

"태초에 말씀이 계시니라 이 말씀이 하나님과 함께 계셨으니 이 말씀은 곧 하나님이시니라"(요한복음 1:1)

성경 말씀으로 변화된 그 사람을 통해 가정이 변화되고 사회가 변화되며, 인류의 역사가 바뀐다. 죽은 경전이 아니라 살아 있는 능력 그 자체인 것이다.

"하나님의 말씀은 살아 있고 활력이 있어 좌우에 날선 어떤 검보다도 예리하여 혼과 영과 및 관절과 골수를 찔러 쪼개기까지 하며 또 마음의 생각과 뜻을 판단하나니"(히브리서 4:12)

나는 고등학교 1학년 때 처음 교회를 나가게 되었고 그 해 여름수련회 때 인격적으로 예수 그리스도를 영접하였다. 그전까지만 해도 성경이 무엇인지 알지 못했고 읽어 본 적도 없었다. 예수님을 믿고 보니 너무나 행복하고 좋았다. 하지만 우리 집은 불교 집안이었기에 예수를 믿는 사람이 아무도 없었다. 어느 날 기도 중에 가족 구원에 대한 소원이 생겨 기도하기 시작했다. 그러던 어느 주일 설교 시간에 목사님께서 사도행전 16장 31절 본문으로 설교를 하셨다. "주 예수를 믿어라 그리하면 너와 내 집이 구원을 받으리라"라는 말씀이었다. 가슴이 뜨거워지더니 우리 가족이 모두 예수 그리스도를 믿게 될 거라는 알 수 없는 확신이 차고 넘쳤다.

그때만 해도 아버지는 경주 불국사의 신도 이사를 지내시고 어머니는 소광사라는 절의 보살이었다. 2남 2녀인 우리 남매들은 나 이외에 교회를 다니는 사람이 없었다. 하지만 하나님이 주신 말씀대로 믿고 기도했더니 아버지는 돌아가시기 전에 예수님을 영접하셨고 어머니도 교회를 출석하셨으며 누나와 여동생은 집사 직분을 받고 열심히 신앙생활을 하고 남동생은 선교사와 목사가 되어 나와 함께 사역하고 있다.

이것이 우연이겠는가?

성경에 기록된 말씀은 능력이다.

이것을 믿고 구하면 비록 나의 힘은 연약하지만 말씀대로 역사가 이루어진다. 대대로 이어 오던 제사를 폐하고 하나님을 예배하는 추도 예배로 바뀌었으며 한 세대가 지나가기도 전에 사도행전 16장 31절의 말씀이 이루어졌다.

"이르되 주 예수를 믿으라 그리하면 너와 네 집이 구원을 받으리라 하고"

우리 온 가족은 예수 그리스도를 믿게 되었고 믿음의 가정이 되었다. 하지만 이것은 빙산의 일각에 불과하다. 하나님의 말씀은 정말 살아 있다. 성경 말씀은 한 인간을 온전한 하나님의 자녀로 이끌어 주시는 등불이요 빛이다.

"주의 말씀은 내 발에 등이요 내 길에 빛이니이다"(시편 119:105)

성경을 통해 예수님을 알게 되고 성경을 통해 구원에 이르게 된다. 성경은 우리의 가치관을 정돈하고 참 인간답게 살도록 도울 뿐 아니라 하나님의 뜻을 이루며 살아갈 수 있도록 능력을 갖추도록 역사하신다.

"또 어려서부터 성경을 알았나니 성경은 능히 너로 하여금 그리스도 예수 안에 있는 믿음으로 말미암아 구원에 이르는 지혜가 있게 하느니라 모든 성경은 하나님의 감동으로 된 것으로 교훈과 책망과 바르게 함과 의로 교육하기에 유익하니 이는 하나님의 사람으로 온전하게 하며 모든 선한 일을 행할 능력을 갖추게 하려 함이라"(디모데후서 3:15-17)

그러므로 성경을 읽지 않고, 성경을 배우지 않고 온전한 신앙생활을 한다는 것은 불가능하다.

성경을 살아 계신 하나님의 말씀으로 믿고 있다면 읽지 않을 수 없다. 배우지 않을 수 없다. 그리고 이 말씀대로 순종하고자 하게 된다.

종교개혁 시대의 가장 큰 혁신은 사제들만 독점하고 있던 어려운 성경을 읽기 쉬운 독일어로 번역하여 성도들에게 배포한 것이다. 하지만 오늘날 성경책은 흔해빠진, 가치 없는 책이 되기도 한다. 성도들의 집집마다 몇 권의 성경책이 있고 오늘날에는 성경 앱(app)이 개발되어 손쉽게 핸드폰으로 읽고 볼 수 있기 때문이다. 그러나 일상에서 성경을 가까이하는 사람은 많아 보이지 않는다.

일주일에 한 번 목사님의 설교 본문이 신앙생활의 전부라면 불행한 일이다. 성경은 읽어야 한다. 그리고 들어야 한다. 그리고 지켜야 한다. 이것이 복된 것이기 때문이다.

"이 예언의 말씀을 읽는 자와 듣는 자와 그 가운데에 기록한 것을 지키는 자는 복이 있나니 때가 가까움이라"(요한계시록 1:3)

만약 우리의 통장에 100억 원이라는 거금이 저금되어 있다고 치자. 하지만 일주일에 한 번 배급을 타듯이 받은 음식으로 끼니를 때운다면 얼마나 어리석은가? 먹고 싶을 때, 필요할 때, 통장과 연결된 카드나 현금을 사용할 수 있는 데 말이다.

성경도 이와 같다. 성경은 100억 원 이상의 가치를 지니고 있다. 하지만 그것을 믿지도 않고 보지도 않으며 배우지도 않는다면 얼마나 어리석은 일인가? 일주일에 한 번 목사님을 통해 주시는 말씀조차도 집중해서 듣거나 삶에 적용하려 들지 않는다면 믿음을 가졌다고 말할 수 있겠는가? 이런 것이 삶에서 믿음의 능력이 드러나지 않는 가장 큰 이유 중에 하나일 것이다.

이제, 성경이 하나님의 말씀이며 내 삶의 능력이며
우리를 온전케 하는 지혜임을 믿어보라.
이제, 그동안 했던 것처럼 가슴에 손을 얹고
조용히 기도해 보라.

"하나님, 그동안 성경을 멀리했던 것을 회개합니다.
용서해 주세요."
"이제부터라도 성경이 살아계신 하나님의 말씀이라는 것을
믿게 해주세요."
"이제부터 성경을 읽고 듣고 지키는 자가 되도록
나를 이끌어 주옵소서."

내용 일기

1. 새롭게 깨닫게 된 것은 무엇인가?

2. 그동안 알고 있는 것 중에 다시 확인된 내용은 무엇인가?

3. 그룹 스터디 시간에 지도자에게 질문이 있다면 기록해 보라.

4. 오늘 깨닫게 된 것이 믿음이 되도록 기도하라. 그리고 내일을 위해 기도하라.

5. 진단 점수 기록하기

   이번 주제를 읽고 자신의 점수는 10점 만점에 몇 점인가? (점)

1–3점(위험)			4–5점(위기)		6–7점(분발)		8–10점(건강)		
1	2	3	4	5	6	7	8	9	10

주일 그룹 스터디(Group Study)

1. 함께 경배와 찬양드리기(10분)

매주 제공되는 주제 찬양을 함께 부르며 오늘 모임에 하나님께서 함께해 주시기를 간구한다. 인도하는 지도자와 함께 하는 성도들을 위해서도 중보한다. 이 시간에 각자 정해둔 세 가지의 기도 제목을 하나님께 올려드리는 시간도 함께 가진다.

2. 암송 구절 확인하기(5분)

작은 메모지에 암송한 구절을 적어 제출하도록 하면 시간을 단축할 수 있다. 하지만 소그룹일 때는 한 명씩 돌아가며 암송해 보도록 하는 것이 효과적일 것이다.

3. 복습 강의(40분)

지도자는 한 주간 전체 주제에 대해 정리하며 평신도들이 좀 더 알아야 할 중요한 부분들을 다시 복습시키고 좀 더 깊은 내용들을 언급하며 전체 주제를 짚어 주는 강의 시간을 가진다.

4. 개인 나누기(20분)

두세 사람이 짝을 지어 앉고 한 주간 새롭게 깨닫게 된 것을 서로 나누어 보도록 시간을 준다. 그리고 자신의 진단 점수를

나누고 이 책 마지막 페이지에 있는 진단 도표에 점수를 기록
한다.

5. 질의응답(10분)

한 주간 개인 공부시간에 갖게 된 질문을 나누는 시간을 갖
는다. 모두 나누면 좋겠지만 두세 사람이 대표로 질문하고 지
도자는 적절한 답을 주는 방식을 취한다.

6. 마지막 기도(5분)

한 주간 대표 주제를 통해 깨닫게 된 내용이 자신의 삶과 믿
음에 도움이 되도록 기도하며 또 시작되는 한 주간의 개인 스
터디를 주님께 의탁하며 기도하는 시간이다.

제1부 / 믿음이 이끄는 삶(히브리서 11:6)

1. 하나님이 창조주이심을 믿는 믿음(창세기 1:1)

● 우리 신앙의 가장 기초가 되는 신앙은 무엇인가?

　　(창조주를 믿는 믿음)

● 과학은 (증명)하는 것이지만 신앙은 (고백)하는 것이다.

● 우리 인간은 누구를 닮게 창조되었나?

　　"하나님이 자기(형상) 곧(하나님) 형상대로 사람을 창조하시
　　고 남자와 여자를 창조하시고"(창세기 1:27)

● 인간을 차별하는 것은 (하나님의 창조 목적)을 위반하는 것이
　　며 또한 (창조를 불신)하는 결과이다.

● 하나님은 태초에 무엇으로 세상을 창조하셨는가?

　　(말씀 / 창세기 1:1, 요한복음 1:1-3)

● 하나님의 형상으로 지음 받은 인간은 세상을 어떤 자세로
　　대해야 하는가?

　　(창조 질서 회복, 보존, 관리)

2. 하나님께서 나를 사랑하신다는 것을 믿는 믿음

　　(요한일서 4:9-10)

● 하나님은 언제부터 우리를 사랑하셨는가?

- "우리가 아직 (죄인) 되었을 때에 그리스도께서 우리를 위하여 죽으심으로 하나님께서 우리에 대한 자기의 (사랑)을 확증하셨느니라"(로마서 5:8)

- 마귀는 우리 마음에 무엇을 의심하도록 방해하는가?(하나님의 사랑)

  "내가 확신하노니 사망이나 생명이나 천사들이나 권세들이나 현재 일이니 장래 일이나 능력이나 높음이나 깊음이나 다른 어떤 피조물이라도 우리를 우리 주 그리스도 예수 안에 있는 (하나님의 사랑)에서 끊을 수 없으리라"(로마서 8:38-39)

- 하나님의 사랑은 다른 말로 표현할 수 없다. 그래서 무엇이라고 표현하는가?(하나님은 사랑이심이라 / 요한일서 4:8)

- 신앙생활은 하나님의 (사랑)에 감격해 하는 것이다.

- 헌신은 이미 받은 (사랑)에 대한 반응이지, (사랑)받기 위해서 하는 것이 아니다.

3. 예수 그리스도가 나의 구세주 되심을 믿는 믿음

(요한복음 1:12)

- 요한복음 3:16을 다 같이 암송해 보라.

- 우리 모두는 하나님 앞에서 (죄인)이다.

- "모든 사람이 (죄)를 범하였으며 하나님의 영광에 이르지 못하더니"(로마서 3:23)

- 결국 죄는 인간에게 무엇을 안겨주었나?(사망 / 야고보서 1:15)

- 죽음의 문제를 해결할 수 있는 유일한 길은 무엇인가?

(예수 그리스도 /고린도전서 15:22)

● 예수 그리스도를 믿게 되면 일어나는 일은 무엇인가?

(하나님의 자녀가 된다 / 요한복음 1:12), (구원을 받는다 / 사도행전 16:31),

(영생을 얻는다 / 요한복음 3:16)

● 창조주를 믿는 것이 신앙의 기초라면 예수님을 나의 (구세
주)로 믿는 믿음은 신앙의 (기둥)이다.

4. 성령님께서 나와 교통하심을 믿는 믿음(요한복음 14:26)

● 성령님은 (삼위일체) 하나님이시다.

● 성령님의 다른 이름은 무엇인가?(보혜사 / 요한복음 14:16)

● 성령님의 주된 사역은 무엇인가?(상담 사역, 위로 사역, 중보 사역,

구원 사역, 돕는 사역)

● "너희가 아들이므로 하나님이 그 (아들의 영)을 우리 마음 가
운데 보내사 (아빠, 아버지)라 부르게 하셨느니라"

(갈라디아서 4:6)

● 당신은 성령을 받았는가? 그 이유는 무엇인가?

(하나님을 아빠, 아버지라 고백하기 때문 / 갈라디아서 4:6)

● 예배와 기도생활에 누구의 도움이 필요한가?

(성령님 / 요한복음 4:23, 로마서 8:26)

● "술 취하지 말라 이는 방탕한 것이니 오직 (성령)으로 (충만함)
을 받으라"(에베소서 5:18)

● 성령 충만할 때 우리는 어떤 유익이 있는가?

(마귀를 이기고 성령의 열매를 맺으며 주의 뜻을 이룰 수 있다)

- 성령의 은사는 무엇을 위해 우리에게 허락하시나?

  (교회를 섬기며 덕을 세우도록 / 고린도전서 14:4)

- "너희가 악할지라도 좋은 것을 자식에게 줄 줄 알거든 하물며 너희 하늘 아버지께서 구하는 자에게 (성령)을 주시지 않겠느냐 하시니라"(누가복음 11:13)

5. 천국과 지옥이 있다는 것을 믿는 믿음(히브리서 9:27)

- 인간은 반드시 (죽는다).(히브리서 9:27)

- 성경에서 밝히고 있는 대표적인 지옥의 표현들은 무엇인가?

  (구약=스올(시편 16:10), 신약=음부(사도행전 2:27))

- 가장 많이 등장하는 지옥에 관한 표현은 무엇인가?(게엔나)

- "마땅히 두려워할 자를 내가 너희에게 보이리니 곧 죽은 후에 또한 (지옥)에 던져 넣는 권세 있는 그를 두려워하라 내가 참으로 너희에게 이르노니 그를 두려워하라"(누가복음 12:5)

- 하나님의 나라는 (시간)과 (공간)을 총체적으로 일컫는 말이다.

- 하나님의 나라는 장소의 개념보다 (상태)의 개념에 더 가깝다(누가복음 17:20-21)

- 천국은 어떤 곳인가?

  "모든 눈물을 그 눈에서 씻기시매 다시 (사망)이 없고 애통하는 것이나 곡하는 것이나 (아픈) 것이 다시 있지 아니하리

라 처음 것들이 다 지나갔음이러라"(요한계시록 21:4)

● 우리는 죽으면 (신령한) 몸으로 부활한다.(고린도전서 15:44)

6. 성경이 하나님의 말씀임을 믿는 믿음(베드로후서 1:20-21)

● 성경이 기록된 기간은 얼마 동안인가?

  (B.C. 1500년-A.D. 100년동안으로 약 1600년간)

● 성경은 누가 기록한 책인가?

  (사람이 하나님의 말을 받아 기록하였다)(베드로후서 1:20-21)

● "하나님의 말씀은 (살아 있고) 활력이 있어 좌우에 날선 어떤 검보다 예리하여 (혼)과 (영)과 및 (관절)과 (골수)를 찔러 쪼개기까지 하며 또 마음의 생각과 뜻을 판단하나니"

  (히브리서 4:12)

● 성경은 한 인간을 온전한 하나님의 자녀로 이끌어 주는 (등불)이요 (빛)이다.(시편 119:105)

● 우리는 성경을 통해 (예수님)을 알게 되고 (구원)에 이르게 되며 (하나님의 뜻)을 이루도록 능력을 갖추게 된다.

  (디모데후서 3:15-17)

● 우리는 성경을 어떻게 대하여야 하는가?

  (읽고, 듣고, 지키는 것 / 요한계시록 1:3)

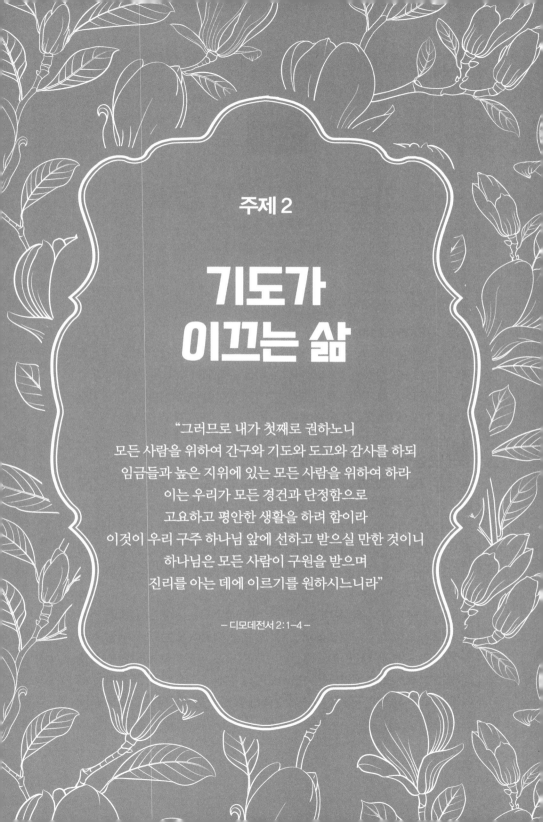

주제 2

기도가
이끄는 삶

"그러므로 내가 첫째로 권하노니
모든 사람을 위하여 간구와 기도와 도고와 감사를 하되
임금들과 높은 지위에 있는 모든 사람을 위하여 하라
이는 우리가 모든 경건과 단정함으로
고요하고 평안한 생활을 하려 함이라
이것이 우리 구주 하나님 앞에 선하고 받으실 만한 것이니
하나님은 모든 사람이 구원을 받으며
진리를 아는 데에 이르기를 원하시느니라"

– 디모데전서 2:1-4 –

기도의 중요성과 능력

 기도하기(소요시간 3분)

오늘도 성령님께서 깨닫게 하시도록 도움을 요청하는 시간이다. 이 주제를 공부할 때 나의 잘못된 신앙과 인격이 바로 교정되며 깨닫게 된 내용이 삶에 큰 도움과 지혜가 되도록 구한다. 그리고 시작할 때 작정한 세 가지 기도 제목을 주님께 아뢰며 올려드린다.

✝ 성경 본문 읽기(소요시간 2분)

● 암송 구절 : "그러므로 내가 첫째로 권하노니 모든 사람을 위하여 간구와 기도와 도고와 감사를 하되 임금들과 높은 지위에 있는 모든 사람을 위하여 하라 이는 우리가 모든 경건과 단정함으로 고요하고 평안한 생활을 하려 함이라 이것이 우리 구주 하나님 앞에 선하고 받으실 만한 것이니 하나님은 모든 사람이 구원을 받으며 진리를 아는 데에 이르기를 원하시느니라"(디모데전서 2:1-4)

● 오늘 본문 : "그러므로 내가 첫째로 권하노니 모든 사람을 위하여 간구와 기도와 도고와 감사를 하되 임금들과 높은 지위에 있는 모든 사람을 위하여 하라 이는 우리가 모든 경건과 단정함으로 고요하고 평안한 생활을 하려 함이라 이것이 우리 구주 하나님 앞에 선하고 받으실 만한 것이니 하나님은 모든 사람이 구원을 받으며 진리를 아는 데에 이르기를 원하시느니

라"(디모데전서 2:1-4)

 주제 내용 읽기(소요시간 17분)

매일 제공되는 주제 내용을 천천히, 중요한 부분에는 밑줄을 긋고, 필요할 때 책에 메모를 하면서 정독한다.

 내용 일기 작성하기(소요시간 5분)**와 마지막 기도**(소요시간 3분)

매일 제공되는 내용의 끝에는 내용 일기와 자신의 상태를 체크하는 표가 있다. 매일 기록하도록 한다.

사도행전 19장에는 에베소 지역에서 전도 활동을 하던 바울과 디모데에 관한 이야기가 기록되어 있다. 우상 숭배와 타락한 이방 문화가 가득한 에베소에서 사도 바울은 그 영적인 아들 디모데와 함께 갖은 고생을 하며 에베소 교회를 세웠다. 훗날 바울은 로마 감옥에 갇혔다가 풀렸났고 그는 다시 마게도냐로 선교여행을 떠났다. 그 당시 디모데는 에베소 교회를 담임하며 목회를 하고 있었다.

에베소 교회는 금욕주의자들, 성적으로 문란한 이교도들, 율법주의자들의 수많은 공격을 받고 있는 끔찍한 상황이었다. 한 마디로 목회하기 참 힘든 시기에 목회하기 힘든 장소에 있었던 디모데에게 사도 바울은 하나님의 마음을 담아 편지를 보낸다. 이 편지가 디모데전서이다. 교회 외부에서 또한 교회 내부에서 계속되는 어려움이 디모데의 사역을 힘들게 하고 있었다. 사도 바울은 배운 말씀을 따라 선한 싸움을 싸워 승리할 것을 선포하면서 디모데를 격려한다.

"아들 디모데야 내가 네게 이 교훈으로써 명하노니 전에 너를 지도한 예언을 따라 그것으로 선한 싸움을 싸우며"(디모데전서 1:18)

아들 같은 디모데에게 가장 먼저 권하는 것이 있었다.

'첫째로 권하노니'라며 시작하는 2장에서는 '첫째'라는 의미의 헬라어인 '프로톤 판톤'이 등장한다. 이 말은 시간적으로 우선이라기보다 중요도에서 우선이라는 의미이다.

'권하노니'라는 헬라어는 '파라칼레오'이다. 이것은 해도 되고 안 해도 되는 선택의 문제라기보다 '요구하다'라는 명령에 가깝다. 앞으로 이야기하고자 하는 것이 얼마나 중요하며 시급한 문제인지를 밝히는 것이다. 그것은 다름 아닌 '기도'이다. 신앙적으로, 특히 위기 상황에서 가장 중요한 우선순위는 '기도'라는 것을 강조한 것이다.

그러면 누구를 위하여 기도하는 것일까?

'모든 사람을 위하여'라는 표현으로 인종, 국적, 지위, 소유, 젠더, 나이, 사상, 종교에 상관없이 기도의 대상은 모든 사람이다. 기도에는 차별이 없다. 예수님은 원수를 위해서도 기도하라고 가르치신다.

"나는 너희에게 이르노니 너희 원수를 사랑하며 너희를 박해하는 자를 위하여 기도하라"(마태복음 5:44)

또한 "임금들과 높은 지위에 있는 모든 사람을 위하여 하라"라고 하면서 그 당시 핍박자의 우두머리였던 로마의 네로 황제도 기도의 대상에 포함시켰다.

"내 코가 석자인데 누구를 위해 기도하라는 것입니까?"라고 항변할 수도 있다. 하지만 기도의 원리는, 기도는 다른 사람을 위해서 하지만 그것은 곧 나를 위한 것이다.

"이는 우리가 모든 경건과 단정함으로 고요하고 평안한 생활을 하려 함이라"(디모데전서 2:2b)

이것은 하나님을 향한 예배와 신앙적인 헌신이 가능하도록 역사하는 것이다. 외부의 방해와 내부의 혼란 속에서도 샬롬을 유지하는 방법이기 때문이다. 기도를 통해 가능하다고 알려주고 있다.

사도 바울은 기도에도 여러 가지 종류가 있음을 디모데에게 가르치고 있다.

간구(데에시스) / **기도**(프로슈케) / **도고**(엔튝시스) / **감사**(유카리스티아)**이다.**

● '간구(데에시스)'는 반드시 해야 한다는 간절함과 긴박한 상황에서 특별한 성취를 위한 탄원을 의미한다. 우리가 가장 자주 드리는 기도의 형태를 말한다.

● '기도(프로슈케)'는 방향을 나타내는 전치사 '프로스'를 포함하고 있는 단어로서 하나님을 향한 모든 경건한 아룀을 의미한다. 이것은 앞장에서 설명한 대로 하나님과의 교제에 가깝다. 사실 이것이 기도의 본질이기도 하다.

● '도고(엔튝시스)'는 '청원하다, 중재하다'라는 의미로서 다른 사람을 위한 중보기도를 뜻한다. 다음에 다루겠지만 중보

기도를 통해 하나님의 거룩한 사역에 동참할 수 있는 권세 있는 기도이다.

● '감사(유카리스티아)'는 좋은 것을 주는 것, 하나님께 우리가 얼마나 빚지고 있는지를 기억하는 자들의 기도라고 설명할 수 있다. 하나님께로부터 모든 것이 비롯되어 우리가 살아갈 수 있다. 이것을 깨닫고 감사의 고백을 올려드리며 이것에 합당한 대가를 지불하며 살아가는 성도들의 기도이다.

아들 같은 디모데에게 사도 바울은 기도의 필요성과 중요성을 조목조목 이야기하고 있다. 이것은 그 당시 에베소 교회 성도들에게만 필요한 것이 결코 아니다. 우리는 코로나19로 펜데믹을 경험하고 있다. 교회가 위축되고 성도는 예배로 모일 수가 없다. 사람들은 신앙에서 이탈하고 세상의 잣대는 더욱 거세지고 있다. 신앙뿐 아니라 관계가 파괴되어 가고 경제적인 어려움도 과중되고 있다. 이런 시기에 우리에게 가장 중요한 것은 바로 기도이다. 기도생활이야말로 하나님의 성품과 일치되는 것이다. 그래서 하나님은 선하고 받을 만한 것이라고 말씀하신다.

"이것이 우리 구주 하나님 앞에 선하고 받으실 만한 것이니"(디모데전서 2:3)

운전면허증이 있어도 운전을 못하는 이유는 딱 두 가지다. 첫째 운전할 차가 없거나 둘째 해본 적이 없기 때문이다. 차는 믿음을 의미하며 경험은 훈련을 의미한다. 기도할 수 없는 사람들도 마찬가지다. 믿음이 없거나 기도 훈련이 되지 않았기 때문에 못하는 것이다.

일상을 살아가면서 운전할 수 있다는 것이 얼마나 편리하고 중요한 것인지 경험을 통해 알게 된다. 기도생활의 능력은 경험해 본 사람이라면 모두 안다. 기도를 안 하는 것이 이상할 지경이다.

나는 2007년 여름쯤 교회 개척에 대한 부르심을 받았다. 마음껏 선교하고 싶은 단순한 소원에서 교회 개척이라는 엄청난 사명이 생긴 것이다.

당시는 부산에서 사역하다 서울로 올라온 지 4년이 지나고 있었고 가진 것은 빚 2000만 원이 전부였다. 아는 사람도, 도와줄 사람도 없는 상태에서 섬기고 있던 청년부에서 함께 개척할 사람들을 놓고 기도하기 시작했다.

공교롭게도 12명의 청년들이 함께 할 것을 결정했다. 나는 함께 할 사람들의 이름을 적어 교회 당회에 허락을 받고 개척을 준비하게 되었다. 그러나 우리는 가난한 청년들이었고 예배당을 얻을 돈이나 준비가 전혀 되지 않았기 때문에 앞이 캄캄했다.

우리가 할 수 있는 것은 하나님께 기도하는 일이 전부였다. 매달 개척 준비 기도모임을 하기 시작했고 모일 때마다 함께 꿈을 꾸며 하나님께서 모든 것을 예비해 주실 것을 믿고 기도했다.

어느 날 하나님은 나에게 개척 장소를 알려 주셨는데 기도할 때마다 서울 잠실 롯데월드가 떠올랐다. 나는 하나님의 뜻으로 받고 잠실 롯데월드 주변을 돌며 기도하기 시작했다.

그곳은 너무나 비싼 지역이었다. 그 당시 30평 정도의 상가는 전세금 1억 원에 월세가 500만 원 정도였다. 청년들과 나에게는 감히 감당할 수 없는 금액이었다. 하지만 우리는 모여 기도했고 하나님의 역사가 있을 줄 믿었다.

그러던 어느 날 잠실에 있는 큰 아파트 단지에 들러 기도하며 돌아보는데 아파트 단지 중앙에 초등학교가 위치해 있었다. 나는 성령님의 이끌림으로 다짜고짜 교장실로 찾아가 교장선생님을 만나 학교 강당을 교회로 빌려 달라고 부탁했다. 교장 선생님은 내일 다시 와보라고 하며 나를 돌려보냈다. 나는 기다리면서 하나님께 기도할 뿐이었다.

다음날 다시 찾은 학교에서 교장선생님은 열쇠 꾸러미를 들고 직접 대강당, 소강당을 보여주었다. 현대식 공연장처럼 꾸며진 소강당은 200석 정도 되는 교회 같은 곳이었다. 그런데 이곳을 한 달에 20만 원만 내고 사용하라는 것이었다. 알고 보니 교장선생님은 안수집사님이셨고 교장선생님의 아내는 군포에서 교회를 섬기는 목사님이셨다.

졸지에 200석짜리 예배당이 생긴 것이다. 우리는 1년 전만 해도 한 치 앞도 보지 못하고 기도할 뿐이었지만 하나님은 다 계획이 있었던 것이었다. 그 초등학교 행정실장님의 가정이 1

호 전도 대상이었는데 우리 교회에 출석하면서 교인이 되었고 그 후 학교를 교회처럼 사용할 수 있도록 배려해 주셨다.

기도하는 사람이나 공동체는 언제나 하나님의 신실하심을 보게 된다. 그 후 아파트 상가에 비어있는 교회가 있어 보증금 없이 월세만 내고 들어가게 되었다. 상가는 본당으로, 학교 강당은 교육관으로 사용하면서 드디어 2008년 4월 20일 개척 예배를 드렸다. 이것이 지금 섬기는 '그교회'의 시작이다. 첫 달부터 월세 500만 원을 훌쩍 넘는 헌금이 모였고 하나님께서 허락하신 그교회가 은혜로 시작되었던 것이다.

기도는 역사를 만든다. 기도는 간증을 만들어 낸다.
"의인의 간구는 역사하는 힘이 큼이니라"(야고보서 5:16b)
간구, 기도, 도고, 감사는 하나님이 받으실 만한 것이다.
그리고 우리 자신을 위해 너무나 필요한 사역이다.

이제 기도하는 사람이 되고 싶은가?
그렇다면 가슴에 손을 얹고 기도해 보라.
"하나님, 나도 기도의 사람 되게 하소서."
"간구와 기도와 도고와 감사의 기도를 하는
믿음의 사람이 되게 하소서."
"내 삶에도 기도의 응답과 능력을 체험하도록 역사하시고
간증이 늘어가게 하소서."

내용 일기

1. 새롭게 깨닫게 된 것은 무엇인가?

2. 그동안 알고 있는 것 중에 다시 확인된 내용은 무엇인가?

3. 그룹 스터디 시간에 지도자에게 질문이 있다면 기록해 보라.

4. 오늘 깨닫게 된 것이 믿음이 되도록 기도하라. 그리고 내일을 위해 기도하라.

5. 진단 점수 기록하기

　　이번 주제를 읽고 자신의 점수는 10점 만점에 몇 점인가? (　　　점)

1–3점(위험)			4–5점(위기)		6–7점(분발)		8–10점(건강)		
1	2	3	4	5	6	7	8	9	10

기도는 주님과의 교제이다

 기도하기(소요시간 3분)

오늘도 성령님께서 깨닫게 하시도록 도움을 요청하는 시간이다. 이 주제를 공부할 때 나의 잘못된 신앙과 인격이 바로 교정되며 깨닫게 된 내용이 삶에 큰 도움과 지혜가 되도록 구한다. 그리고 시작할 때 작정한 세 가지 기도 제목을 주님께 아뢰며 올려드린다.

 성경 본문 읽기(소요시간 2분)

● 암송 구절 : "그러므로 내가 첫째로 권하노니 모든 사람을 위하여 간구와 기도와 도고와 감사를 하되 임금들과 높은 지위에 있는 모든 사람을 위하여 하라 이는 우리가 모든 경건과 단정함으로 고요하고 평안한 생활을 하려 함이라 이것이 우리 구주 하나님 앞에 선하고 받으실 만한 것이니 하나님은 모든 사람이 구원을 받으며 진리를 아는 데에 이르기를 원하시느니라"(디모데전서 2:1-4)

● 오늘 본문 : "내가 여호와께 바라는 한 가지 일 그것을 구하리니 곧 내가 내 평생에 여호와의 집에 살면서 여호와의 아름다움을 바라보며 그의 성전에서 사모하는 그것이라"(시편 27:4)

주제 내용 읽기(소요시간 17분)
매일 제공되는 주제 내용을 천천히, 중요한 부분에는 밑줄을 긋고, 필요할
때 책에 메모를 하면서 정독한다.

내용 일기 작성하기(소요시간 5분)**와 마지막 기도**(소요시간 3분)
매일 제공되는 내용의 끝에는 내용 일기와 자신의 상태를 체크하는 표가
있다. 매일 기록하도록 한다.

모든 종교는 기도라는 형식을 가지고 있다. 어떤 종교는 주
문을 반복해서 외우거나 자신들의 기도문을 소리 내서 암송
하는 기도를 한다. 사실 자신들이 믿는 신을 알아가거나 친밀
하게 교제하는 기도는 찾아보기 힘들다. 대부분의 기도는 자
신들의 필요를 구하는 내용들이다. 이것을 '기복신앙(祈福信仰)'
이라 한다. 늘 '복(福)만 비는 신앙'을 말하는 것이다. 사실 기독
교는 기복(祈福)적인 신앙을 가르치지 않는다. 하나님은 우리
에게 있어야 하는 것이 무엇인지 구하지 않아도 다 아시기 때
문이다.

"그러므로 그들을 본받지 말라 구하기 전에 너희에게 있어야 할 것을
하나님 너희 아버지께서 아시느니라"(마태복음 6:8)

그렇다고 구하는 기도가 필요 없다는 것은 아니다. 우리는
연약하고 살다 보면 도움이 필요할 때가 많다. 또한 긴급한 사
건 사고 속에서 하나님께 부르짖지 않을 수 없다. 하지만 우리
는 기도의 본질을 알고 있어야 한다. 기도는 내가 필요한 것을

하나님께 요구하기 전에 하나님이 필요로 하는 것을 묻고 구하는 것이다.

"그런즉 너희는 먼저 그의 나라와 그의 의를 구하라"(마태복음 6:33a)

그래서 기도는 소원을 아뢰는 것이기 전에 하나님과 친밀한 교제의 시간을 갖는 것이다.

예수님께서 새벽에 또는 밤이 새도록 하나님 아버지께 기도하신 장면이 성경에 잘 기록되어 있다. 예수님이 하나님이신데 무슨 소원이 그렇게 많으면 아버지 하나님께 밤낮 기도를 하셨을까? 그리고 공생애를 시작하시기 전에는 광야에서 40일 동안이나 금식으로 기도하셨다고 기록되어 있다.

"사십 일을 밤낮으로 금식하신 후에 주리신지라"(마태복음 4:2)

예수님이 40일 동안 아버지 하나님께 필요한 것만 구했다고 생각하는가? 만약 필요한 것을 구하는 기도를 드렸다면 길어도 반나절이면 다 구하지 않았을까? 광야 40일 금식 기도뿐 아니라 잡히시기 전 겟세마네 동산에서의 기도까지 예수님의 기도는 아버지 하나님의 뜻을 묻고 아버지의 마음을 알아가는 교제의 시간을 가지신 것이다. 예수님은 무엇을 선택하고 판단하실 때에도 하나님 아버지와 함께하기 때문에 자신의 판단이 참되다고 주장하셨다.

"만일 내가 판단하여도 내 판단이 참되니 이는 내가 혼자 있는 것이 아니요 나를 보내신 이가 나와 함께 계심이라"(요한복음 8:16)

예수님께서도 기도생활의 대부분은 아버지와 깊이 교제하시는 것이었다. 사도 요한조차도 훗날 성도들에게 하나님 아버지와 아들 예수님과의 사귐에 대해 강조하고 있다.

"우리가 보고 들은 바를 너희에게도 전함은 너희로 우리와 사귐이 있게 하려 함이니 우리의 사귐은 아버지와 그의 아들 예수 그리스도와 더불어 누림이라"(요한일서 1:3)

기도는 성령님이 도우시는 것으로 하나님과 그 아들 예수 그리스도와 교제하는 것이라면 기도는 삼위일체 하나님과 교제하는 것이 된다.

우리가 연인을 사귈 때 자주 만나고 이야기하는 목적이 무엇인가? 서로 알아가기 위함이고 알아가면서 사랑이 깊어지기 위함이다. 신앙생활은 곧 기도생활이라고 해도 과언이 아니다. 삼위일체 하나님을 알아가는 교제의 과정이 곧 신앙이고 영생으로 나아가는 길이다.

"영생은 곧 유일하신 참 하나님과 그가 보내신 자 예수 그리스도를 아는 것이니이다"(요한복음 17:3)

유치한 이야기이지만 우리는 소개팅을 하면 제일 먼저 이름을 묻고 취미나 좋아하는 색깔, 좋아하는 음식이 무엇인지를 묻는다. 이 작고 사소한 앎으로부터 사랑은 시작된다.

그렇다면 연인으로 만나 이름도 모르고 좋아하는 것이 무엇인지, 싫은 것은 무엇인지도 모른다면 두 사람은 연인이라고 할 수 있겠는가? 그리고 그 관계가 깊어질 수 있겠는가? 그렇지 않을 것이다. 그래서 우리는 서로를 알아가기 위해 자주 만나고 이야기를 나누고 함께 여행도 하며 서로를 알아가려고 노력한다. 기도는 바로 이런 여정이어야 한다.

하나님께서 어린 사무엘을 부르셨다. 하지만 사무엘은 아직 어렸고 여호와를 알지 못하였다. 그래서 그 부르심이 여호와 하나님의 부름인지 몰라 엘리 제사장에게 달려갔다.

"사무엘이 아직 여호와를 알지 못하고 여호와의 말씀도 아직 그에게 나타나지 아니한 때라"(사무엘상 3:7)

세 번씩이나 사무엘을 불렀는데도 알아차리지 못했다. 이것은 아직 하나님과 교제가 없었기 때문이었다. 네 번째로 하나님께서 사무엘을 부르셨다. 그때 엘리 제사장이 시키는 대로 겨우 일어나 하나님을 대면하게 된다.

"여호와께서 임하여 서서 전과 같이 사무엘아 사무엘아 부르시는지라 사무엘이 이르되 말씀하옵소서 주의 종이 듣겠나이다 하니"(사무엘상 3:10)

이때부터 사무엘은 여호와 하나님과 깊은 교제가 시작되었고 가장 위대한 마지막 사사로, 위대한 선지자로 쓰임 받기 시작했다. 우리는 아직 어린 사무엘처럼 여호와를 알지 못한다. 하지만 계속 그런 상태에 머물러 있을 수는 없다. 수 십 년 교회를 출석하고 직분을 받아 교회에 중요한 위치에 있다 하더라도 하나님과 교제인 기도생활이 없는 사람은 하나님께 온전히 쓰임 받을 수 없다.

다윗은 어려운 시기마다 하나님과 교제하는 것을 등한시

하지 않았다. 다윗이 우리보다 나은 것이 무엇인가? 지식으로 따지면 우리는 지금 다윗 시대의 그 누구보다 많은 정보를 가지고 있고 사용하고 있다. 다윗은 살인자이며 동시에 간음을 범한 파렴치한이었다. 그럼에도 불구하고 하나님은 다윗을 '내 마음에 합한 자'라고 말씀하셨다.

> "다윗을 왕으로 세우시고 증언하여 이르시되 내가 이새의 아들 다윗을 만나니 내 마음에 맞는 사람이라 내 뜻을 다 이루리라 하시더니"
>
> (사도행전 13:22)

다윗은 항상 하나님을 모시고 하나님 좌편에서 동행하는 교제의 삶을 살았다.

> "내가 여호와를 항상 내 앞에 모심이여 그가 나의 오른쪽에 계시므로 내가 흔들리지 아니하리로다"(시편 16:8)

기도는 하나님을 모시고 동행하는 여정이다.

그렇다면 우리는 어떻게 하나님과 교제할 수 있는가? 가장 먼저 기도생활은 선택이 아니라 필수임을 깨달아야 한다. 내가 필요할 때마다 기도하는 것은 기도생활이라고 할 수 없다. 이런 형태의 기도는 다른 종교에서도 얼마든지 찾아볼 수 있다. 사무엘은 기도를 쉬는 것은 죄라고 말했다. 그것은 아마도 하나님의 마음이었을 것이다.

> "나는 너희를 위하여 기도하기를 쉬는 죄를 여호와 앞에 결단코 범하지 아니하고 선하고 의로운 길을 너희에게 가르칠 것인즉"(사무엘상 12:23)

그러므로 하나님과의 교제는 기도를 반드시 실행할 것이라고 작정함에서부터 시작해야 한다.

나는 20세부터 교회 사역을 했다. 새벽 기도회를 다녔고 금요철야 기도에 참석했다. 그 외에도 각종 기도회들이 많았다. 그때나 지금이나 교회 사역은 기도 사역이었다. 하지만 교회에서 하는 기도 시간 외에는 기도생활을 하고자 한 적이 없다. 왜냐하면 충분하다고 생각했기 때문이다. 하지만 이것이 얼마나 큰 오해였는지 깨닫게 되었다.

아내와 연애를 시작하면서 나는 그런 열정이 어디서부터 나오는지 모를 지경이었다. 하루 종일 함께 있다가 집으로 돌아가면 몰래 집 전화기를 방으로 들고 와 밤이 깊도록 대화를 하였다. 아무리 도파민이라는 호르몬의 작용이라고 해도 아내와의 만남 시간이 늘 부족하다고 느꼈다.
하지만 주님과의 교제는 정해진 시간 외에는 결코 만나고 싶지도, 만날 필요도 느끼지 못하며 살았다. 부끄러운 이야기지만 5분 정도 기도하면 더 이상 기도할 거리가 없었다. 교회에서 기도회를 인도할 때도 마찬가지였고 새벽기도회에 나아가 기도할 때는 더 힘들고 지루했다. 주님과의 연애는 실패였다.

그러던 어느 날 밤 12시만 되면 염불을 외우며 기도하는 새어머니의 기도 소리에 가위눌리기 시작했다. 염불 소리는 들리는데 손가락도 까딱할 수 없었다. 아무리 용을 써보아도 눈알도 굴릴 수 없는 지경이었다. 누군가 내 몸을 완전히 제압하고 괴롭혔다.

그때 내가 할 수 있는 유일한 것은 하나님을 찾는 것이었다. 완전히 제압된 상태에서 나는 기도했다.

"하나님 아버지 잘못했습니다. 그동안 기도하지 못했습니다. 전도사이면서도 기도하는 흉내만 내고 기도생활하는 척 살았습니다. 회개합니다."

그동안 기도하지 못하고 살았던 나의 부족함을 회개하기 시작했고 그러다가 벌떡 일어나는 일이 계속되었다. 그러면서 하나님은 평소에 하나님을 찾고 부르며 기도하는 시간을 시작하도록 나를 인도하셨다. 하지만 이것으로는 충분하지 않았다. 왜냐면 이런 기도생활은 10분을 넘기기가 쉽지 않았다.

도대체 하나님과 교제하는 기도는 어떻게 해야 하는 걸까?

이제야 깨달은 것이지만 기도는 말씀을 붙들고 하는 것이다. 하나님은 하나님의 마음과 목소리를 글로 우리에게 이미 주셨다. 이것이 성경이다. 우리는 이것을 계시(啓示)라고 부른다.

알다시피 구약과 신약은 '옛 언약(Old Testament)'과 '새 언약(New Testament)'이다. 약속의 말씀을 잡고 하나님의 말씀을 듣고자 하는 것이다. 우선 주일날 목사님을 통해 하나님께 받은 말씀을 다시 읽어가며 주님이 나에게 무엇을 말씀하시는 지를 듣는 시간을 갖는다. 그리고 평소에 읽는 성경 본문을 기도하는 마음으로 묵상하며 사무엘처럼 주께 나아가라.

"말씀하옵소서 주의 종이 듣겠나이다 하니"(사무엘상 3:10b)

그러면 하나님께서는 당신의 뜻과 계획을 깨닫게 하시고 우리의 생각과 마음속에 알도록 인도하실 것이다. 어떤 선택을 앞에 두고 무엇을 선택해야 할지 분명한 확신을 주신다. 어떤 사건이 벌어졌다면 우리의 마음과 생각을 평안 가운데로 이끌어 주신다.

"아무것도 염려하지 말고 다만 모든 일에 기도와 간구로, 너희 구할 것을 감사함으로 하나님께 아뢰라 그리하면 모든 지각에 뛰어난 하나님의 평강이 그리스도 예수 안에서 너희 마음과 생각을 지키시리라"(빌립보서 4:6-7)

명상하시는 분들을 가만히 보면 그 자리에 앉아서 한 시간씩 명상을 한다. 종교가 없거나 다른 종교를 가진 분들도 이렇게 한다. 나는 명상이란 기독교 신앙을 가진 사람들에게 필요하다고 생각한다. 한 가지, 명상이라는 단어보다 침묵 기도라고 부르면 좋을 것 같다.

옛날 수도사들은 이런 기도를 관상기도라고 했다. 하나님의 얼굴을 구하고 모든 것의 근원이 되시는 하나님을 마음 깊이 받아들이는 것이다. 그리고 주님을 사랑하는 마음으로 감사와 경찬을 올려드리는 기도이다. 다윗은 그런 기도의 삶을 살았다.

"내가 여호와께 바라는 한 가지 일 그것을 구하리니 곧 내가 내 평생에

여호와의 집에 살면서 여호와의 아름다움을 바라보며 그의 성전에서 사모하는 그것이라"(시편 27:4)

우리가 바쁠수록 조용한 장소와 시간을 정하고 하나님의 얼굴을 구하며 그의 아름다움을 높여드리고 하나님의 뜻과 마음을 듣고자 잠잠히 머물러 있을 수 있다면 하나님과 분명히 친밀해질 것이다. 우리가 구하는 기도 제목들을 내려놓고 이렇게 하나님을 알아가고자, 하나님과 친밀해지고자 시간을 가져 보라. 반드시 이전과는 다른 신앙이 시작될 것이며 이전과는 다른 삶이 시작될 것이다.

이제 단 5분 만이라도 조용히 눈을 감고 깊이 호흡하며
하나님만을 묵상하고 상상해 보라.
그리고 이렇게 마음으로 기도하라.
"하나님, 감사합니다. 하나님과 더 깊어지기를 소망합니다."
"바쁜 일상 중에 하나님과 연애할 수 있는 시간을 갖도록
나를 도와주세요."
"이렇게 만나고자 소원할 때마다 하나님 나를 만나주시고
말씀해 주옵소서."

내용 일기

1. 새롭게 깨닫게 된 것은 무엇인가?

2. 그동안 알고 있는 것 중에 다시 확인된 내용은 무엇인가?

3. 그룹 스터디 시간에 지도자에게 질문이 있다면 기록해 보라.

4. 오늘 깨닫게 된 것이 믿음이 되도록 기도하라. 그리고 내일을 위해 기도하라.

5. 진단 점수 기록하기

   이번 주제를 읽고 자신의 점수는 10점 만점에 몇 점인가? (점)

1–3점(위험)			4–5점(위기)		6–7점(분발)		8–10점(건강)		
1	2	3	4	5	6	7	8	9	10

기도는 반드시 응답된다

 기도하기(소요시간 3분)

오늘도 성령님께서 깨닫게 하시도록 도움을 요청하는 시간이다. 이 주제를 공부할 때 나의 잘못된 신앙과 인격이 바로 교정되며 깨닫게 된 내용이 삶에 큰 도움과 지혜가 되도록 구한다. 그리고 시작할 때 작정한 세 가지 기도 제목을 주님께 아뢰며 올려드린다.

 성경 본문 읽기(소요시간 2분)

● 암송 구절 : "그러므로 내가 첫째로 권하노니 모든 사람을 위하여 간구와 기도와 도고와 감사를 하되 임금들과 높은 지위에 있는 모든 사람을 위하여 하라 이는 우리가 모든 경건과 단정함으로 고요하고 평안한 생활을 하려 함이라 이것이 우리 구주 하나님 앞에 선하고 받으실 만한 것이니 하나님은 모든 사람이 구원을 받으며 진리를 아는 데에 이르기를 원하시느니라"(디모데전서 2:1-4)

● 오늘 본문 : "그러므로 내가 너희에게 말하노니 무엇이든지 기도하고 구하는 것은 받은 줄로 믿으라 그리하면 너희에게 그대로 되리라"(마가복음 11:24)

주제 내용 읽기(소요시간 17분)

매일 제공되는 주제 내용을 천천히, 중요한 부분에는 밑줄을 긋고, 필요할 때 책에 메모를 하면서 정독한다.

 내용 일기 작성하기(소요시간 5분)**와 마지막 기도**(소요시간 3분)

매일 제공되는 내용의 끝에는 내용 일기와 자신의 상태를 체크하는 표가 있다. 매일 기록하도록 한다.

우리의 삶은 뜻대로 되지 않는다.

한 치 앞을 알지 못하는 불안한 삶을 살아가는 것이 현실이다. 하루가 멀다 하고 들려오는 사건 사고 소식이 이제 우리의 일상이 된 것 같은 두려움도 있다. 아무리 많이 배우고 많이 가져도 바람 잘날 없는 인생이 대다수이다. 평범하게 살아가는 것 자체가 어려울 지경이다.

스트레스성 질병은 더 많이 늘어가고 세 명 중 한 명은 암에 걸리는 시대를 살고 있다. 그렇기 때문에 우리는 더더욱 주님을 의지하게 된다. 삶이라는 것이 우리의 힘과 능력만으로는 감당할 수 없을 때가 많기 때문이다. 그래서 주님은 우리에게 "맡기고 의지하라"라고 말씀하신다.

"네 길을 여호와께 맡기라 그를 의지하면 그가 이루시고"(시편 37:5)

그러나 성도들 중에는 그럼에도 불구하고 기도생활 자체를 하지 않는 사람들이 많다. 그 이유 중에는 "기도해봤자 무슨 도움이 되겠느냐"라는 것도 포함되어 있다. 물론 하나님의 살아계심을 믿는 믿음 자체가 없기 때문이기도 하지만 기도의 능력을 알지 못하기 때문이기도 하다. 또 기도하는 성도들조차도 응답받을 것을 불신할 때가 많다. 그러나 하나님께서는 우리의 기도에 반드시 응답하신다.

하나님의 기도 응답은 네 가지로 온다고들 한다.

- 들어주마(YES!).
- 안된다(NO!).
- 기다려라(WAIT!).
- 다른 것으로 주마(ANOTHER!).

이 네 가지 중 어떤 것이라도 우리에게는 가장 좋은 것이다. 왜냐면 하나님은 가장 좋은 것을 우리에게 주신다고 약속하셨기 때문이다.

"너희가 악한 자라도 좋은 것으로 자식에게 줄 줄 알거든 하물며 하늘에 계신 너희 아버지께서 구하는 자에게 좋은 것으로 주시지 않겠느냐"(마태복음 7:11)

문제는 기도가 반드시 응답될 것이라는 확신을 가져야 한다는 것이다. 그것은 주님이 수차례 강조하신 믿음이다.

"그러므로 내가 너희에게 말하노니 무엇이든지 기도하고 구하는 것은 받은 줄로 믿으라 그리하면 너희에게 그대로 되리라"(마가복음 11:24)

기도하고 구하는 것을 받을 줄로 믿는 믿음이 있는 사람이 기도의 은혜를 누리게 된다. 연약한 우리를 가장 많이 방해하는 것은 바로 '의심'이다 의심을 가지고 기도하면 주께서 주시는 은혜를 결코 얻을 수 없다.

"오직 믿음으로 구하고 조금도 의심하지 말라 의심하는 자는 마치 바람에 밀려 요동하는 바다 물결 같으니 이런 사람은 무엇이든지 주께 얻기를 생각하지 말라"(야고보서 1:6-7)

1988년 1월 2일 아버지와 어머니는 결국 이혼 서류에 도장을 찍으셨다. 외할머니와 이모가 함께 있던 방에서는 흐느끼는 울음소리와 아버지의 담배 연기만이 가득했다. 그때 나는 고등학교 졸업을 앞두고 있었다. 나는 슬픔을 뒤로하고 하나님께 마음으로 기도했다.

"주여! 어머니, 아버지가 예수님을 믿고 다시 합칠 수 있도록 역사해 주세요."

그리고 나는 담대하게 그 방에 있는 사람들에게 말했다.

"이혼을 통해 하나님을 믿고 다시 아버지, 어머니가 만나게 될 것입니다."

그때 외할머니는 내 등을 손바닥으로 치면서 울부짖었다.

"이놈아, 너는 아직 어려서 모른다. 몰라."

하지만 그날 저녁 기도를 일기처럼 기록해 두었다. 그 기도문에는 '이혼이라는 동굴을 통과하여 두 분이 예수님을 믿게 되고 다시 우리 가정이 회복될 줄 믿습니다'라고 기록되어 있다.

시간이 흘러 아버지는 새어머니를 맞이하셨고 어머니도 새아버지를 만나 각각의 가정을 이루고 살게 되었다. 하지만 나는 결코 포기하지 않았다. 말씀대로 조금도 의심하지 않고 기도하였다. 아버지는 새어머니와 헤어진 후 다른 새어머니를 맞이하셨고 어머니도 새아버지와 헤어지고 또 다른 새아버지를 맞이하셨다. 졸지에 아버지 셋, 어머니 셋을 경험하며 살게 되었다.

그러나 나는 한 번도 의심하지 않았다. 때가 되면 아버지, 어머니 모두 예수님을 믿게 되고 하나님 안에서 화해하여 다시 합칠 것을 믿었다.

아버지와 어머니는 이혼 후 11년이 지나서 우여곡절 끝에 예수님을 영접하고 다시 합치게 되었다. 비록 아버지가 병을 얻어 누워 있을 때의 일이지만 행복하게 잘 살다가 지옥에 가는 것보다 백 배 천 배는 나은 일이었다.

이 사건이 일어나기 전까지는 서로 만나기는커녕 욕하고 저주하는 사이였다. 하지만 하나님은 우리 형제들의 기도와 나의 기도를 외면하지 않고 들어주셨다.

이처럼 불가능하게 보이는 일도 기도하면 반드시 응답해 주시는 분이 하나님이시다. 기도하는 11년 동안 우리 가정은 많은 것이 변화되었다. 특히 나는 기도의 사람으로 훈련되어 있었다. 키에르케고르의 "기도는 하나님이 아니라 기도하는 사람을 변화시킨다"라는 말이 딱 들어맞았다.

기도할 때 가장 중요한 것은 '믿고 구하는 것'이다.
우리가 상상하는 대로, 구하는 대로 해주실 것을 믿고 구하는 것이다. 많은 사람들이 시급한 기도조차도 믿지 않고, 구하지 않고, 별 기대감 없이, 소망 없이, 기도의 행위만 할 때가 많다. 하나님께서 어떤 방식으로 응답해 주시든지 반드시 응답해 주실 것이며 나에게 가장 좋은 방법으로 응답해 주실 것을 믿어야 한다. 이런 믿음 없이 기도하면 우리는 반드시 낙망하게 된다. 그리고 "기도도 별 소용이 없다"라고 마귀에게 속게 된다.

"예수께서 그들에게 항상 기도하고 낙심하지 말아야 할 것을 비유로 말씀하여"(누가복음 18:1)

하나님은 오래 참지 않으시고 부르짖는 자들의 소리를 듣고 한 치의 오차도 없이 응답해 주시는 분이다.

"하물며 하나님께서 그 밤낮 부르짖는 택하신 자들의 원한을 풀어 주지 아니하시겠느냐 그들에게 오래 참으시겠느냐"(누가복음 18:7)

그러나 기도해도 응답되지 않는 것도 있다는 사실을 꼭 기억해야 한다. 이유는 여러 가지겠지만 위에서 밝힌 것처럼 의심하며 구하는 것은 응답되지 않는다. 그리고 또 하나는 정욕으로 잘못 구하는 기도 역시 응답되지 않는다.

"구하여도 받지 못함은 정욕으로 쓰려고 잘못 구하기 때문이라"(야고보서 4:3)

우리는 구하는 기도의 면면을 살펴볼 필요가 있다. 간절히 구하지만 원하는 것이 우리를 죄에 빠지게 한다든지 다른 사람에게 피해를 입힌다든지 우리 정욕을 위해 사용하려는 목적일 수 있다. 목적이 선하지 못한 기도 제목을 우리는 감추려 하지만 하나님께는 결코 감출 수 없다. 어린아이가 위험한 칼을 부모님에게 달라고 하면 줄 부모가 없을 것이다. 또한 담배나 마약을 원할 때 부모가 그것을 줄리 만무하다.

하물며 선하신 아버지 하나님께서 우리를 사랑하시는데 우리에게 유익하지 않는 것을 구할 때 그것을 응답으로 주실 리가 없다 그러므로 응답되지 않는 기도의 숨은 목적을 잘 살피며 기도해야 한다.

마지막으로 기도 응답이 되지 않을 때는 우리가 주님 안에 거하는 삶을 살고 있는지 점검해 보아야 한다.

"너희가 내 안에 거하고 내 말이 너희 안에 거하면 무엇이든지 원하는 대로 구하라 그리하면 이루리라"(요한복음 15:7)

우리가 주님과 친밀하지 않으면서 달라고만 하는 기도는 우리에게 유익하지 못하기에 하나님은 응답하지 않으신다. 기도는 항상 하나님과 친밀한 가운데 구하는 것이며 우리는 기도를 통해 주님과 친밀해져야 한다. 친하지도 않은 옆집 아저씨에게 100만 원을 달라고 하면 주겠는가? 하나님은 기도를 통해 우리와 친밀해지기를 원하신다. 그래서 결국 응답받는 기도는 주님과 친밀해져 갈 때 더욱더 응답이 강력하다.

이제 우리는 우리 자신의 기도생활을 살펴야 한다. 믿음을 가지고 기도하며 의심하지 말아야 한다. 어떤 경우에도 하나님은 우리에게 가장 좋은 것으로 응답해 주실 것을 믿고 기도해야 한다.

기도 제목이 오래된 것이 많다면 그 기도 과정에서 우리는 주님과 더 친밀해져야만 한다. 그것이 응답받는 목적보다 더 중요한 목적이 될 수 있으며 주님도 그것을 원하신다.

이제 가슴에 손을 얹고 조용히 자기를 살피며 기도해 보라.
"주님, 기도생활에 대한 믿음을 부어 주옵소서.
기도를 통해 주님과 친밀해지게 하소서."
"기도할 때 의심하지 않고 반드시 응답해 주실 것을 믿고
구하는 믿음을 부어주소서."

내용 일기

1. 새롭게 깨닫게 된 것은 무엇인가?

2. 그동안 알고 있는 것 중에 다시 확인된 내용은 무엇인가?

3. 그룹 스터디 시간에 지도자에게 질문이 있다면 기록해 보라.

4. 오늘 깨닫게 된 것이 믿음이 되도록 기도하라. 그리고 내일을 위해 기도하라.

5. 진단 점수 기록하기

    이번 주제를 읽고 자신의 점수는 10점 만점에 몇 점인가? (점)

1–3점(위험)			4–5점(위기)		6–7점(분발)		8–10점(건강)		
1	2	3	4	5	6	7	8	9	10

 목요일

중언부언하는 기도와
신실한 기도

 기도하기(소요시간 3분)

오늘도 성령님께서 깨닫게 하시도록 도움을 요청하는 시간이다. 이 주제를
공부할 때 나의 잘못된 신앙과 인격이 바로 교정되며 깨닫게 된 내용이 삶
에 큰 도움과 지혜가 되도록 구한다. 그리고 시작할 때 작정한 세 가지 기도
제목을 주님께 아뢰며 올려드린다.

성경 본문 읽기(소요시간 2분)

● 암송 구절 : "그러므로 내가 첫째로 권하노니 모든 사람을 위하여 간구
와 기도와 도고와 감사를 하되 임금들과 높은 지위에 있는 모든 사람을 위
하여 하라 이는 우리가 모든 경건과 단정함으로 고요하고 평안한 생활을
하려 함이라 이것이 우리 구주 하나님 앞에 선하고 받으실 만한 것이니 하
나님은 모든 사람이 구원을 받으며 진리를 아는 데에 이르기를 원하시느니
라"(디모데전서 2:1-4)

● 오늘 본문 : "또 기도할 때에 이방인과 같이 중언부언하지 말라 그들은
말을 많이 하여야 들으실 줄 생각하느니라"(마태복음 6:7)

주제 내용 읽기(소요시간 17분)

매일 제공되는 주제 내용을 천천히, 중요한 부분에는 밑줄을 긋고, 필요할 때 책에 메모를 하면서 정독한다.

내용 일기 작성하기(소요시간 5분)**와 마지막 기도**(소요시간 3분)

매일 제공되는 내용의 끝에는 내용 일기와 자신의 상태를 체크하는 표가 있다. 매일 기록하도록 한다.

어린 시절 할머니는 보름날 밤이 되면 물 한 그릇을 떠서 마당으로 나가셨다. 장독대 위에 쟁반을 올리고 조심스럽게 떠온 물 한 그릇을 올려놓고 손바닥을 비비며 중얼중얼 기도를 하셨다. 여섯 살 정도 된 나는 옆에서 따라 빌기도 했다. 누구에게 무엇을 비는 것인지도 모르면서 따라 했던 것이 기억난다.

그때 할머니는 누구에게 무엇을 빌었을까?

중언부언하는 기도는 바로 이와 같은 것이다.

이방인들은 하나님을 알지도 못하고 하나님의 말씀도 알지 못한다. 그러나 그들은 원하는 바를 주문 외우듯이 끊임없이 중얼거렸다. 얼마나 많은 말로 중얼거렸는지 주님께서도 그것을 지적하셨다.

"또 기도할 때에 이방인과 같이 중언부언하지 말라 그들은 말을 많이 하여야 들으실 줄 생각하느니라"(마태복음 6:7)

중언부언(重言復言)은 사전적으로는 '했던 말을 반복적으로 하는 행동'을 말한다. 하지만 중언부언하는 기도는 그 이상의 의미를 가지고 있다.

특히 예수님께서는 하나님을 알지 못하는 이방인들의 기도를 지적하시면서 중언부언하는 기도가 무엇인지 우리에게 깨닫게 하셨다.

이방인들은 자신이 경건한 사람인 것처럼 신에게 기도하기를 좋아했는데 바리새인들도 사람들에게 믿음을 자랑하듯 하였다. 이것이 중언부언이다.

기도는 사람의 얼굴을 살피는 것이 아니라 하나님의 얼굴을 살피는 것이기 때문에 골방에서 하라고 권면하셨다.

"너는 기도할 때에 네 골방에 들어가 문을 닫고 은밀한 중에 계신 네 아버지께 기도하라 은밀한 중에 보시는 네 아버지께서 갚으시리라"(마태복음 6:6)

바라새인들 중에는 사람들에게 보이려고 큰 소리로 기도하며, 금식할 때도 자랑하며 금식을 하기도 한다. 이런 기도의 태도와 자세가 바로 중언부언에 해당된다.

"이는 금식하는 자로 사람에게 보이지 않고 오직 은밀한 중에 계신 네 아버지께 보이게 하려 함이라 은밀한 중에 보시는 네 아버지께서 갚으시리라"(마태복음 6:18)

요즘에도 이와 같은 사람들이 있다.

다른 사람의 기도를 방해할 만큼 지나치게 큰 소리로 기도한다든가 대표 기도를 할 때에도 과시하기 위한 미사여구(美

辭麗句)를 많이 사용한다. 물론 우리가 알지 못하는 특별한 사연이 있어 울부짖으며 기도할 수도 있다. 하지만 시도 때도 없이 그런 방식으로 기도하는 것은 잘못된 것이다. 큰 소리가 아니어도 하나님은 이미 아시며 많은 말을 하지 않아도 하나님은 우리가 구할 것을 다 아신다.

"그러므로 그들을 본받지 말라 구하기 전에 너희에게 있어야 할 것을 하나님 너희 아버지께서 아시느니라"(마태복음 6:8)

이방인들은 하나님을 알지 못하며 그분의 말씀도 알지 못하기 때문에 자신들의 필요만을 구하게 된다. 주의 뜻을 구하고 우리가 먼저 무엇을 구해야 할지를 하나님께 묻는 작업이 전혀 없다. 중언부언은 바로 이런 기도를 의미한다. 그러므로 하나님을 잘 모르는 사람들은 기도 제목이 정해져 있다. 표현은 다르지만 대부분 입고, 먹고, 마시는 것을 구하게 된다.

조금 과장해서 이야기하면 입신양명(立身揚名), 부귀권세(富貴權勢), 만사형통(萬事亨通)을 구하는 것이다. 이런 것들은 이방인들이 구하는 전형적인 기도 내용들이다.

"그러므로 염려하여 이르기를 무엇을 먹을까 무엇을 마실까 무엇을 입을까 하지 말라 이는 다 이방인들이 구하는 것이라 너희 하늘 아버지께서 이 모든 것이 너희에게 있어야 할 줄을 아시느니라"(마태복음 6:31–32)

경기도 강화도에 있는 유명한 절에 가 본 적이 있다. 바위에 조각된 부처상 앞에는 출세, 건강, 승진, 입시에 관련된 기도를 해준다는 광고가 붙어 있었다. 금액은 정확하게 기억나지 않지만 한 번 기도해 주는데 1만 원, 일주일 기도해 주는데 5만 원, 한 달 기도해 주는데 10만 원, 이런 식의 광고였다. 기도 제목을 쓰고 돈을 지불한 사람이 많았고 기도를 대신 하는 분은 책처럼 묶인 기도 제목을 가지고 읽기 시작했다. 내용은 성경에서 예수님이 지적하신 대로였다.

한 번은 이보다 더 큰 충격을 받은 적이 있다. 어느 기도원에 갔을 때였는데 절과 똑같은 광고가 붙어 있는 것을 보았다. 그리고 많은 사람들의 기도 제목이 책으로 묶여 있었다. 이방인들처럼 우리의 건강, 승진, 입시 등을 돈을 주고 기도한다면 그것이 중언부언이 아니고 무엇이겠는가?

또 이방인들의 기도는 "말을 많이 하여 기도한다"라고 하였다. 수천 가지의 기도 제목이 아닌 이상 5분 정도면 어느 정도 기도 제목을 하나님께 다 아뢸 수 있을 것이다. 그러나 이방인들은 주문을 외우듯이 같은 말만 되풀이하는 기도를 계속 하였다. 대상이 누구인지도 모른 채 허공에 대고 계속 시끄럽게 중얼거리는 것은 전형적인 중언부언이다. 엘리야와 바알 선지자들이 갈멜산에서 붙었을 때 "재단에 불을 내리게 하는 신이 참 하나님이라"라고 하며 기도하기 시작했다.

"너희는 너희 신의 이름을 부르라 나는 여호와의 이름을 부르리니 이에 불로 응답하는 신 그가 하나님이니라 백성이 다 대답하되 그 말이 옳도다 하니라"(열왕기상 18:24)

바알은 존재하지 않는 거짓신이기 때문에 바알 선지자들의 기도는 공허하기 짝이 없었다. 하루 종일 기도해도 어떤 응답도 없었다.

> "이같이 하여 정오가 지났고 그들이 미친 듯이 떠들어 저녁 소제 드릴 때까지 이르렀으나 아무 소리도 없고 응답하는 자나 돌아보는 자가 아무도 없더라"(열왕기상 18:29)

중언부언은 미친 듯이 떠드는 공허한 소리에 불과하다.

교회 안에서 울부짖어 기도하고 통성으로 소리 높여 기도하는 것을 비판하고자 하는 것이 결코 아니다. 다만 하나님의 뜻과 상관없이 내 기도를 들어주시는 하나님을 인식하지도 않은 채 형식적인 기도로 소리 높이는 것은 바알의 선지자들과 같은 공허한 중언부언이 될 수 있다는 것이다.

그렇다면 중언부언이 아닌 신실한 기도는 무엇인가?

신실함은 진실과 성실의 합성어이다. 하나님께 신실한 기도를 드릴 때에는 가장 먼저 진실해야 한다. 그리고 성실해야 한다. 진실하다는 것은 거짓이 없는 믿음으로 드리는 기도를 의미한다. 사람들에게 보이기 위해 하는 외식적인 기도는 마음에 없는 표현과 내용을 늘어놓기 일쑤다. 주님께서 골방에서 은밀하게 기도하라고 말씀하신 이유가 바로 그것이다. 아무도 없는 곳, 누가 보지도, 듣지도 않는 곳에서는 거짓으로 기도할 수가 없다. 하나님과 일대 일로 대면하고 있다면 나의 치부를 다 드러내고 진실된 기도를 드릴 수 있을 것이다.

기독교는 고백하는 것이다. 그러므로 기도도 진실된 고백이 있어야 한다. 물론 하나님은 말하지 않아도 알지만 입으로 시인하고 자백하기를 원하신다. 소원을 아뢰는 것조차도 진실함으로 아뢰야 하고 나의 죄를 회개하는 것도 입으로 자백하고 시인할 수 있을 때 신실한 기도가 되는 것이다.
> "만일 우리가 우리 죄를 자백하면 그는 미쁘시고 의로우사 우리 죄를 사하시며 우리를 모든 불의에서 깨끗하게 하실 것이요"(요한일서 1:9)

또한 성실해야 한다. 다니엘은 기도하면 사자굴에 들어갈 수 있다는 것을 알고도 예루살렘을 향해 창문을 열고 늘 하던 대로 기도를 이어갔다.
> "다니엘이 이 조서에 왕의 도장이 찍힌 것을 알고도 자기 집에 돌아가서는 윗방에 올라가 예루살렘으로 향한 창문을 열고 전에 하던 대로 하루 세 번씩 무릎을 꿇고 기도하며 그의 하나님께 감사하였더라"(다니엘 6:10)

신실한 기도는 어떤 형편과 상황 속에서도 하나님을 바라고 그분을 믿는 믿음으로 감사하는 것이다. 이것은 매일 성실하게 기도하면서 습관이 되었을 때 가능한 기도이다.

또한 신실한 기도는 하나님의 뜻을 구하는 기도이다. 하나님이 가장 먼저 무엇을 구하라고 하셨는지 알고 구하는 기도이며 자신의 뜻대로가 아닌 하나님의 뜻을 구하는 기도야말로 신실한 기도이다.

"그런즉 너희는 먼저 그의 나라와 그의 의를 구하라 그리하면 이 모든 것을 너희에게 더하시리라"(마태복음 6:33)

이처럼 자신의 기도 제목을 잠시 주님의 발 앞에 내려놓고 잠잠히 주님의 나라를 구하고 의를 구할 수 있다면 우리의 모든 기도는 신실해질 것이다.

한 번은 어느 때와 같이 새벽 기도를 드리러 교회로 나갔는데 너무 피곤했다. 장로님들과 성도들이 지켜보고 있다는 생각에 졸지도 못했다. 앞의 의자에 머리를 처박고 의미도 없는 소리를 지껄였다. 그러다가 순간 졸음이 몰려왔다. 인기척에 정신이 번쩍 든 나는 습관적으로 "주여"를 반복했다. 내가 졸고 있는 것이 아님을 성도들에게 알리려 한 것이다.

이런 일이 반복될 즈음 이번에는 금요철야 예배를 드리러 갔다. 그때만 해도 밤을 새워 기도하는 성도들이 정말 많았다. 나는 질 수 없었다. 전도사로서 깡으로 버티며 철야에 참여했다. 내가 그렇게까지 한 동기는 기도하기 위해서가 아니라 성도들에게 나도 믿음이 있다는 것을 보이기 위함이었다.

새벽 2시가 넘어갈 때쯤 계속 중언부언하며 시간을 때우고 있을 때 목사님이 설교하시는 강대상에 불이 '번쩍' 켜졌다. 나는 목사님이 불을 켰다고 생각해 실눈을 뜨고 보았다. 그러나 깜짝 놀랄 일이 눈앞에 펼쳐지고 있었다. 성가대 가운 같은 것을 입은 사람들이 강대상 앞에서 바구니를 들고 하늘로 오르락내리락하는 장면이 너무나 생생하게 보였다.

그때가 스물네 살 때였고 경주 교외에 있는 교회였다. 믿을 수 없어 손으로 눈을 비비며 다시 보았다. 분명히 내 눈앞에서 이루어지는 장면이었다. 몇 분의 권사님, 집사님들은 계속 기도에 집중하고 있었다. 가운을 입은 사람들은 한참을 그러다가 연기처럼 사라졌다. 이런 장면이 요한계시록에 기록되어 있다는 것을 나중에 알았다.

"향연이 성도의 기도와 함께 천사의 손으로부터 하나님 앞으로 올라가는지라"(요한계시록 8:4)

그때부터 나는 외식하는 기도를 버릴 수 있었고 중언부언하는 기도를 버릴 수 있었다. 우리의 기도는 반드시 하나님께 상달된다. 우리의 기도가 헛되지 않음을 알아야 한다.

기도생활은 시간의 허비나 에너지의 허비가 결코 아니다. 예수님께서도 기도를 쉬지 않으셨고 성경의 많은 인물들은 기도하는 사람이었다. 오늘날에도 하나님은 기도하기를 명령하신다.

"쉬지 말고 기도하라"(데살로니가전서 5:17)

이제 가슴에 손을 얹고 조용히 기도해 보라.
"주님, 그동안 나는 이방인처럼
중언부언하는 기도를 드렸습니다.
용서해 주시옵소서."
"의미 없는 공허한 기도가 아닌
하나님의 뜻을 구하는

신실한 기도자가 되게 하옵소서."

내용 일기
1. 새롭게 깨닫게 된 것은 무엇인가?
2. 그동안 알고 있는 것 중에 다시 확인된 내용은 무엇인가?
3. 그룹 스터디 시간에 지도자에게 질문이 있다면 기록해 보라.
4. 오늘 깨닫게 된 것이 믿음이 되도록 기도하라. 그리고 내일을 위해 기도하라.
5. 진단 점수 기록하기
이번 주제를 읽고 자신의 점수는 10점 만점에 몇 점인가? (점)

1–3점(위험)			4–5점(위기)		6–7점(분발)		8–10점(건강)		
1	2	3	4	5	6	7	8	9	10

다른 사람을 위해
기도하는 중보기도

 기도하기(소요시간 3분)

오늘도 성령님께서 깨닫게 하시도록 도움을 요청하는 시간이다. 이 주제를 공부할 때 나의 잘못된 신앙과 인격이 바로 교정되며 깨닫게 된 내용이 삶에 큰 도움과 지혜가 되도록 구한다. 그리고 시작할 때 작정한 세 가지 기도 제목을 주님께 아뢰며 올려드린다.

성경 본문 읽기(소요시간 2분)

● 암송 구절 : "그러므로 내가 첫째로 권하노니 모든 사람을 위하여 간구와 기도와 도고와 감사를 하되 임금들과 높은 지위에 있는 모든 사람을 위하여 하라 이는 우리가 모든 경건과 단정함으로 고요하고 평안한 생활을 하려 함이라 이것이 우리 구주 하나님 앞에 선하고 받으실 만한 것이니 하나님은 모든 사람이 구원을 받으며 진리를 아는 데에 이르기를 원하시느니라"(디모데전서 2:1-4)

● 오늘 본문 : "사람이 없음을 보시며 중재자가 없음을 이상히 여기셨으므로 자기 팔로 스스로 구원을 베푸시며 자기의 공의를 스스로 의지하사"(이사야 59:16)

기도를 설명할 때 빠질 수 없는 분이 예수 그리스도시다. 우리의 모든 것의 모델이기도 하지만 특히 기도의 모델이시기 때문이다. 주님의 기도생활을 따라가다 보면 우리의 기도도 성공할 것이다. 기도에 대한 설명은 관련 논문이나 일반 서적 등으로 넘쳐날 정도로 많다.

기도를 정의할 때 중요하게 눈여겨보아야 할 내용이 하나 있다. 그것은 "기도란 하나님께 속해 있다는 현상이다"라는 정의다. 성경의 거룩은 언어적으로는 구별됨이지만 존재론적으로는 행위가 아니라 관계성이다. 거룩은 '누구에게 속해 있느냐?'의 문제이기 때문이다. 그러므로 기도한다는 것은 하나님께 속해 있다는 현상으로서 나타나는 자연스러움이다. 기도하지 않는다는 것은 소속되지 않고 이탈해 있다는 자연스러운 현상인 것이다.

마지막 시대가 가까워질수록 우리는 주님 앞에 서있어야 한다. 이것은 관계가 형성되어 있는 것을 의미한다. 다른 의미로는 주님께 소속되어 있어야 한다는 것이다. 소속되어 있는 사람은 항상 기도하고 깨어 있게 되어 있다. 만약 우리가 주님께 소속되어 있지 않으면 방탕해지고, 각종 중독에 빠지며 생활의 염려로 마음이 둔해지고 총명이 사라지는 영적인 죽음을 경험하게 된다.

"너희는 스스로 조심하라 그렇지 않으면 방탕함과 술 취함과 생활의 염려로 마음이 둔하여지고 뜻밖에 그날이 덫과 같이 너희에게 임하리라 이날은 온 지구상에 거하는 모든 사람에게 임하리라 이러므로 너희는 장차 올 이 모든 일을 능히 피하고 인자 앞에 서도록 항상 기도하며 깨어 있으라 하시니라"(누가복음 21:34–36)

우리는, 내가 어디에 소속되어 있어야 하는지, 무엇이 중요한 문제인지를 분별하는 것이 중요한 시대를 살고 있다. 그래서 우리는 기도의 삶을 살아야만 한다. 이런 연약한 인간들을 위해서 주님이 하시는 일도 분명하다. 주님은 우리를 위해 중보하시는 사역을 쉬지 않으신다.

"누가 정죄하리요 죽으실 뿐 아니라 다시 살아나신 이는 그리스도 예수시니 그는 하나님 우편에 계신 자요 우리를 위하여 간구하시는 자시니라"(로마서 8:34)

예수님은 이미 오셔서 십자가의 사랑과 부활로 모든 구속을 이루셨다. 하지만 아직 재림하지 않으셨다. 그러므로 '이미'와 '아직' 사이를 살아가는 이 시대를 위해 예수님은 쉬지 않고 중보 사역을 진행하시는 것이다.

중보기도 사역은 예수님께서 친히 우리에게 보여주시고 알려주시는 사역이다. 중보기도는 가장 구체적인 이웃사랑의 실천이다. 하나님 나라 사역 중에서 가장 권세 있는 행동이기도 하다.

본 헤퍼 목사는 "중보기도란 개인과 공동체가 날마다 스스로 정화하기 위해 반드시 해야 하는 목욕과 같은 것이다"라며 중보기도에 대해 강조했다.

예수님은 죄인들인 인간을 위해 공생애를 시작하시면서 중보기도로 사역을 시작하셨다.

"그때에 예수께서 성령에게 이끌리어 마귀에게 시험을 받으러 광야로 가사 사십 일을 밤낮으로 금식하신 후에 주리신지라"(마태복음 4:1-2)

열두 명의 제자를 선택하시기 전에도 선택할 제자들을 위해 중보기도하셨다.

"이때에 예수께서 기도하시러 산으로 가사 밤이 새도록 하나님께 기도하시고 밝으매 그 제자들을 부르사 그중에서 열둘을 택하여 사도라 칭하셨으니"(누가복음 6:12-13)

뿐만 아니라 죽은 나사로를 살리실 때도 그 무리를 위해 중보기도하시며 죽은 나사로를 살려주셨다.

"돌을 옮겨 놓으니 예수께서 눈을 들어 우러러 보시고 이르시되 아버지여 내 말을 들으신 것을 감사하나이다 항상 내 말을 들으시는 줄을 내가 알았나이다 그러나 이 말씀 하옵는 것은 둘러선 무리를 위함이니 곧 아버지께서 나를 보내신 것을 그들로 믿게 하려 함이니이다"(요한복음 11:41-42)

십자가에 달리기 전날 밤에도 변함없이 우리를 위해 기도하신 분이 예수 그리스도시다.

"내가 그들을 위하여 비옵나니 내가 비옵는 것은 세상을 위함이 아니요 내게 주신 자들을 위함이니이다 그들은 아버지의 것이로소이다"(요한복음 17:9)

이처럼 예수님은 공생애 내내 사람들과 제자들을 위한 중보기도로 여념이 없으셨다.

기도의 모델이신 예수님을 본받는다면 우리도 중보기도 사역에 참여하는 것이 옳은 일이다. 많은 사람들이 내 코가 석 자인데 누구를 위해 기도한단 말인가? 내 문제가 시급한데 교회를 위해, 이웃을 위해, 나라와 민족을 위해 중보하는 것은 어려운 일이라고 생각하기 쉽다. 하지만 어느 시대나 하나님은 중보 사역자들을 찾으셨고 그들의 기도를 통해 일하셨다.

예레미야 시대에 유대 백성들의 타락은 극에 달했다. 그래서 하나님의 심판이 시작되었다. 만약 용서받기를 원한다면 정의를 행하고 진리를 구하는 사람을 한 사람이라도 찾아오라고 말씀하셨다. 긴박한 순간에도 하나님은 진리를 구하고 기도하는 자를 찾은 것이다.

"너희는 예루살렘 거리로 빨리 다니며 그 넓은 거리에서 찾아보고 알라 너희가 만일 정의를 행하며 진리를 구하는 자를 한 사람이라도 찾으면 내가 이 성읍을 용서하리라"(예레미야 5:1)

이사야서에서는 더 노골적으로 중보자를 찾았지만 중보하는 사람이 없었다. 하나님은 이것을 이상하게까지 여기셨다. 죄악으로 가득 차 있던 시대에 당연히 나라와 민족을 위해 기도하는 자가 있어야 하지만 없었다고 성경은 증언하고 있다.

"사람이 없음을 보시며 중재자가 없음을 이상히 여기셨으므로 자기 팔로 스스로 구원을 베푸시며 자기의 공의를 스스로 의지하사"(이사야 59:16)

에스겔서에서 유대 민족은 불무 속의 찌꺼기에 비유될 정도로 죄악이 심각했다. 하나님의 진노가 행하기 전 당연히 민족의 죄악을 회개하고 하나님을 막아서서 멸하지 못하도록 중보하는 자가 있어야 했다. 하지만 그 어디에도 중보자들은 없었고 하나님의 진노의 불이 그들의 머리에 떨어지고 말았다.

"이 땅을 위하여 성을 쌓으며 성 무너진 데를 막아서서 나로 하여금 멸하지 못하게 할 사람을 내가 그 가운데에서 찾다가 찾지 못하였으므로 내가 내 분노를 그들 위에 쏟으며 내 진노의 불로 멸하여 그들 행위대로 그들 머리에 보응하였느니라 주 여호와의 말씀이니라"(에스겔 22:30-31)

이처럼 하나님은 시대마다 중보자를 찾고 계셨음을 알게 된다.

하나님께서는 성도들을 향해 '왕 같은 제사장'이라고 불러

주셨다. 화해자요, 중보자로서 제사장적 중보기도를 통해 나라와 교회 공동체의 운명을 바꿀 수 있는 권세를 가지고 있다는 말씀이다.

"그러나 너희는 택하신 족속이요 왕 같은 제사장들이요 거룩한 나라요 그의 소유가 된 백성이니"(베드로전서 2:9a)

교회를 세우실 때 주님은 교회에게 엄청난 권세를 허락하셨다. 왜냐면 교회는 세상 속에서 제사장적 기능을 담당하는 곳이기 때문이다. 교회가 중보기도로 묶고 풀면 하늘에 계신 하나님께서 그것을 이루어주신다고 약속하셨기 때문이다.

"내가 천국 열쇠를 네게 주리니 네가 땅에서 무엇이든지 매면 하늘에서도 매일 것이요 네가 땅에서 무엇이든지 풀면 하늘에서도 풀리리라 하시고"(마태복음 16:19)

예수님께서 우리에게 본을 보여주셨고 위임하신 중보기도는 역사하는 힘이 크다. 우리가 상상하는 것보다 훨씬 강력하다. 우리는 교회를 위해 중보해야 한다. 왜냐면 그것은 우리 자신을 위해서 기도하는 것이기 때문이다. 또한 우리는 목회자와 교회 지도자들을 위해 기도해야 한다. 그들을 통해 우리 자신의 신앙이 성숙할 수도, 망할 수도 있기 때문이다. 그뿐만 아니라 나라와 민족을 위해, 선교사들을 위해, 이웃을 위해 기도하는 중보기도는 선택이 아니라 의무이다.

이제 늘 하는 것처럼 가슴에 손을 얹고 조용히 기도해 보자.

"하나님, 중보 사역에 나를 참여시키시니 감사합니다."

"중보이신 예수님을 따라 나도 중보 사역을 잘 감당하는 기도자가 되게 하소서."

이제 가장 먼저 생각나는 다른 사람을 위해 중보기도해보자. 단 1분이라도 그를 위해 기도할 때 그에게 놀라운 일이 벌어졌음을 듣게 될 것이다.

내용 일기
1. 새롭게 깨닫게 된 것은 무엇인가?
2. 그동안 알고 있는 것 중에 다시 확인된 내용은 무엇인가?
3. 그룹 스터디 시간에 지도자에게 질문이 있다면 기록해 보라.
4. 오늘 깨닫게 된 것이 믿음이 되도록 기도하라. 그리고 내일을 위해 기도하라.
5. 진단 점수 기록하기 이번 주제를 읽고 자신의 점수는 10점 만점에 몇 점인가? (점)

1–3점(위험)			4–5점(위기)		6–7점(분발)		8–10점(건강)		
1	2	3	4	5	6	7	8	9	10

감사 기도의 능력

 기도하기(소요시간 3분)

오늘도 성령님께서 깨닫게 하시도록 도움을 요청하는 시간이다. 이 주제를 공부할 때 나의 잘못된 신앙과 인격이 바로 교정되며 깨닫게 된 내용이 삶에 큰 도움과 지혜가 되도록 구한다. 그리고 시작할 때 작정한 세 가지 기도 제목을 주님께 아뢰며 올려드린다.

 성경 본문 읽기(소요시간 2분)

● 암송 구절 : "그러므로 내가 첫째로 권하노니 모든 사람을 위하여 간구와 기도와 도고와 감사를 하되 임금들과 높은 지위에 있는 모든 사람을 위하여 하라 이는 우리가 모든 경건과 단정함으로 고요하고 평안한 생활을 하려 함이라 이것이 우리 구주 하나님 앞에 선하고 받으실 만한 것이니 하나님은 모든 사람이 구원을 받으며 진리를 아는 데에 이르기를 원하시느니라"(디모데전서 2:1–4)

● 오늘 본문 : "우리가 감사함으로 그 앞에 나아가며 시를 지어 즐거이 그를 노래하자 여호와는 크신 하나님이시요 모든 신들보다 크신 왕이시기 때문이로다"(시편 95:2–3)

주제 내용 읽기(소요시간 17분)

매일 제공되는 주제 내용을 천천히, 중요한 부분에는 밑줄을 긋고, 필요할 때 책에 메모를 하면서 정독한다.

내용 일기 작성하기(소요시간 5분)**와 마지막 기도**(소요시간 3분)

매일 제공되는 내용의 끝에는 내용 일기와 자신의 상태를 체크하는 표가 있다. 매일 기록하도록 한다.

우리는 온갖 어려움을 겪으며 살아간다.

그럼에도 살아온 시간들을 되돌아보면 감사할 것이 너무나 많은 것이 인생이다. 하지만 사람들은 감사를 잃어버리고 살아갈 때가 많다. 우리가 감사를 잃어버리는 이유 중 하나는 일어나는 일들의 액면만을 보기 때문이다. 눈에 보이고, 귀에 들리는 것만 받아들이기 때문에 감사가 힘들어진다. 사건 이면의 의미를 보고 듣는다면 대 반전을 경험하고 아울러 감사가 터져 나올 수도 있다.

우리는 이것을 '역설(Paradox)'이라고 부른다. 국어사전에서 역설을 찾아보면 '어떤 주의나 주장에 반대되는 이론이나 말'이라고 기록하고 있다. 반대를 뜻하는 그리스어 '파라(para)'와 의견을 뜻하는 '독사(doxa)'의 합성어인 것이다. 표면상으로는 모순적이고 부조리한 것처럼 보이지만 해석 과정을 거쳤을 때 그 의미가 올바르게 전달되는 진실을 의미하기도 한다.

우리 삶에 일어나는 일도 이와 같다. 많은 일들 가운데 역설적이지만 다른 의미를 가지고 있고 다른 결과를 만들어 내는 것이 있다. '감사'는 바로 그런 것들을 보게 하는 눈을 여는 열쇠다. 왜냐하면 우리를 사랑하시는 하나님께서는 우리를 위해 모든 것을 사용하셔서 가장 좋을 것을 주시는 분이기 때문이다.

> "우리가 알거니와 하나님을 사랑하는 자 곧 그의 뜻대로 부르심을 입은 자들에게는 모든 것이 합력하여 선을 이루느니라"(로마서 8:28)

코로나19 팬데믹을 통해 우리는 말할 수 없는 고통을 경험하고 있지만 역설적으로는 많은 새로운 일들이 벌어지고 있다. 범죄율이 감소되고, 내전이 종식되었으며, 환경 오염이 현저하게 줄어들었다. 매년 호흡기 질환으로 사망하는 사람들의 수가 줄고, 등한시되었던 농업이나 어업 같은 1차 산업의 중요성이 부각되기도 했다. 공공의료 시스템이 개선되고 공공서비스도 발전되었다. 다양한 온라인 플랫폼(Platform)들이 개발되어 이전에 경험하지 못한 새로운 편리함의 등장도 눈여겨볼만한 일이다.

감사는 바로 이런 역설적인 부분들을 바라보는 것이다.
그럴 때 우리는 위기를 기회로 삼는 은혜를 얻게 된다. 더 큰 진보와 발전이 개인의 삶에 일어나게 된다. 그러므로 우리는 쉽게 불평하고 원망하는 것에서 벗어나 사건의 이면에 있는 주님의 역설적인 뜻을 바라보며 감사로 하나님께 나아가야 하는 것이다.

스펄전 목사님은 "별빛에 감사하면 하나님께서 달빛을 주시며, 달빛에 감사하면 하나님께서 햇빛을 주신다. 햇빛에 감사하면 햇빛이 필요 없는 영원한 빛의 나라를 허락하신다"라고 했다.

실제로 우리가 감사할 때 이런 일들이 일어난다.

힘들 때일수록 하나님이 행하시는 일들을 기대하고 감사하는 것은 중요하다. 시편 기자는 전쟁 통에 생명이 위태했지만 도리어 하나님께 감사하면서 승리를 선포하고 있다.

"여호와께 감사하라 그는 선하시며 그의 인자하심이 영원함이로다"

(시편 118:1)

일어나는 사건 사고의 액면만 보면 감사할 것이 하나도 없지만 그 사건 사고의 역설을 묵상해 보면 감사하게 되고 기뻐하게 되는 것이다.

"그러므로 너희가 이제 여러 가지 시험으로 말미암아 잠깐 근심하게 되지 않을 수 없으나 오히려 크게 기뻐하는도다"(베드로전서 1:6)

성도들에게 '결핍'은 새로운 채움의 시작이 된다.

저녁 무렵 들녘에 모여 있던 배고픈 백성들에게 오병이어의 기적으로 채워주심을 기억해 보라. 배고픔의 원망이 배부름의 만족이 되는 기회를 제공하는 것이다.

‘상실’은 새로운 관계의 시작이 될 수 있다. 모세가 죽고 망연자실한 이스라엘 백성들에게 여호수아라는 새로운 지도자를 허락하시고 5년 동안의 정복 전쟁을 통해 성공적으로 가나안을 정복하게 하셨다.

성도들에게 ‘슬픔’은 새로운 관점의 시작이 된다.

나사로가 죽고 슬픔에 빠져 있던 사람들은 부활의 관점을 얻게 되었고 상갓집이 잔칫집이 되는 경험을 하게 되었다. 예수님께서 십자가의 죽으심으로 제자들은 흩어지고 성도들은 슬픔 속에 빠져 있었지만 부활하신 주님을 만남으로 새로운 관점의 영안이 열리기 시작했다. 이런 슬픔과 고난은 우리에게 유익할 때가 훨씬 많다.

"고난 당한 것이 내게 유익이라 이로 말미암아 내가 주의 율례들을 배우게 되었나이다"(시편 119:71)

또한 이런 슬픈 고난들은 우리를 더 성숙하게 만드는 과정일 뿐이다.

"이는 너희 믿음의 시련이 인내를 만들어 내는 줄 너희가 앎이라"

(야고보서 1:3)

성도들에게 ‘실패’는 새로운 도전의 시작이 될 수 있다.

에디슨은 2,000번의 실패 끝에 오래가는 전구를 발명했다. 사도 바울은 고발당하고 결국 체포되어 더 이상 세계 선교의 사역을 감당할 수 없는 실패에 이르렀다. 하지만 죄수의 몸으로 로마로 압송되었을 때 로마 전도의 길이 열렸다.

2017년 8월, 당시 45세인 아내에게 청천벽력같은 일이 벌어졌다. 난소암 4기. 더 이상 손쓸 수 없을 만큼 전이가 되어 6개월 정도 밖에 살 수 없다는 시한부 선고를 받은 것이다.

하늘이 무너지고 땅이 꺼지는 상황이었지만 우리는 하나님께 감사하기로 했다. 역설적인 뜻이 있을 거라고 믿었다. 암 진단금으로 받은 2,000만 원 중 1,000만 원을 헌금하면서 하나님께 감사하는 아내의 모습을 보며 목사로서 부끄러웠다.

이 사건을 통해 나는 가정의 소중함을 깨닫게 되었다. 또한 일상이 얼마나 감사한 기적인지를 절실히 깨닫게 되었다. 아내의 병이 깊어질수록 성도들과 나는 대변과 소변이 잘 나오도록 기도하였고, 음식을 잘 삼키도록 기도하였다. 자리에서 일어나 한 발이라도 걸을 수 있기를 기도하였다. 만약 그런 일이 벌어진다면 기적이라고 생각했다.

우리는 먹고, 싸고, 움직이는 일상의 모든 것을 감사하지 못할 때가 많다. 결핍이 더 크게 느껴져 원망과 불평이 많다. 우리에게는 그저 평범한 일상이 암 환우들에게는 기적을 구하는 기도가 된다.

결국 아내는 2년여의 투병 끝에 하나님의 부르심을 받았다. 복수가 차오른 가운데서도 주일 예배에 빠지지 않고 참석했던 그 놀라운 믿음이 아직도 나에게는 교훈으로 남아 있다.

아내를 떠나보내고 7개월이 지난 후 너무나 사랑스럽고 예쁜 딸이 심장마비로 하나님의 부르심을 받았다. 그때 딸은 22세였다. 아내의 부재를 대신해 내게는 좋은 친구요, 집안에서는 엄마의 역할을 해주었던 딸마저 갑자기 죽음을 맞이한 것이다.

공교롭게도 아내는 부활절 주일에, 딸은 추수감사절 주일에 상을 치렀다. 나는 아내의 죽음 앞에서 부활을 설교했고, 딸의 죽음 앞에서는 성도들에게 감사를 설교했다. 그럼에도 나는 하나님께 감사했다. 마음으로, 입으로 하나님을 원망하지 않기로 결단했다. 왜냐하면 아내와 딸을 부르신 그곳은 우리가 믿는 대로 말로 설명할 수 없는 가장 완전하고 아름다운 천국이기 때문이다.

"이르되 내가 모태에서 알몸으로 나왔사온즉 또한 알몸이 그리로 돌아가올지라 주신 이도 여호와시요 거두신 이도 여호와시오니 여호와의 이름이 찬송을 받으실지니이다 하고 이 모든 일에 욥이 범죄 하지 아니하고 하나님을 향하여 원망하지 아니하니라"(욥기 1:21–22)

나는 그동안 지식으로만 알고 가르쳤던 부활과 진정한 감사를 몸으로 체험하고 있다. 또한 역설의 감사로 새로운 인생이 시작되었다. 지금 여러분이 읽고 있는 이 글도 상실과 슬픔 후에 찾아오신 하나님의 강렬한 은혜로 집필이 시작되었다.

감사할 때 우리는 새로운 문안으로 들어간다. 세상 사람들이 살아가는 세상과는 전혀 다른 차원의 하나님 나라를 경험하게 되고 진정한 샬롬이 지배하는 하나님의 은혜를 경험하게 된다.

"감사함으로 그의 문에 들어가며 찬송함으로 그의 궁정에 들어가서 그에게 감사하며 그의 이름을 송축할지어다"(시편 100:4)

사랑하는 딸을 보내고 추수감사 주일 하나님께 올렸던 10가지의 감사를 소개한다.

1. 예본이와 22년을 즐겁고 행복하게 살게 하심을 감사
2. 예본이가 늘 예배하던 주님을 직접 만나게 하심을 감사
3. 예본이를 죄악과 고통의 원죄로부터 해방시켜 주심을 감사
4. 예본이를 세상 그 어디보다 아름다운 천국으로 불러주셔서 감사
5. 예본이와 즐겁고 아름다운 추억이 많음을 감사
6. 예본이가 그리워하던 엄마를 만나게 하심을 감사
7. 예본이가 떠나던 날이 추수감사 주일이어서 감사
8. 예본이의 음악이 세상에 남아있어서 감사
   (딸은 실용음악 작곡가였다)
9. 예본이와 함께 꾸었던 예배 팀 비전이 남아있어 감사
10. 예본이를 만날 수 있는 구원 받은 믿음이 있어 감사

자, 이제 역설적인 감사를 하나님께 세 가지만 올려보라.
그동안 원망과 불평의 내용들 안에 숨겨졌던

하나님의 은혜와 뜻을 묵상하며 감사의 기도를 올려보라.
기적은 바로 이곳에서부터 시작될 것이다.

내용 일기
1. 새롭게 깨닫게 된 것은 무엇인가?
2. 그동안 알고 있는 것 중에 다시 확인된 내용은 무엇인가?
3. 그룹 스터디 시간에 지도자에게 질문이 있다면 기록해 보라.
4. 오늘 깨닫게 된 것이 믿음이 되도록 기도하라. 그리고 내일을 위해 기도하라.
5. 진단 점수 기록하기   이번 주제를 읽고 자신의 점수는 10점 만점에 몇 점인가? (점)

1–3점(위험)			4–5점(위기)		6–7점(분발)		8–10점(건강)		
1	2	3	4	5	6	7	8	9	10

주일 그룹 스터디(Group Study)

1. 함께 경배와 찬양드리기(10분)

매주 제공되는 주제 찬양을 함께 부르며 오늘 모임에 하나님께서 함께해 주시기를 간구한다. 인도하는 지도자와 함께 하는 성도들을 위해서도 중보한다. 이 시간에 각자 정해둔 세 가지의 기도 제목을 하나님께 올려드리는 시간도 함께 가진다.

2. 암송 구절 확인하기(5분)

작은 메모지에 암송한 구절을 적어 제출하도록 하면 시간을 단축할 수 있다. 하지만 소그룹일 때는 한 명 한 명 돌아가며 암송해 보도록 하는 것이 효과적일 것이다.

3. 복습 강의(40분)

지도자는 한 주간 전체 주제에 대해 정리하며 평신도들이 좀 더 알아야 할 중요한 부분들을 다시 복습시키고 좀 더 깊은 내용들을 언급하며 전체 주제를 짚어 주는 강의 시간을 가진다.

4. 개인 나누기(20분)

두세 사람이 짝을 지어 앉고 한 주간 새롭게 깨닫게 된 것을 서로 나누어 보도록 시간을 준다. 그리고 자신의 진단 점수를

나누고 이 책 마지막 페이지에 있는 진단 도표에 점수를 기록하도록 한다.

5. 질의응답(10분)

한 주간 개인 공부시간에 갖게 된 질문을 나누는 시간을 갖는다. 모두 나누면 좋겠지만 두세 사람이 대표로 질문하고 지도자는 적절한 답을 주는 방식을 취한다.

6. 마지막 기도(5분)

한 주간 대표 주제를 통해 깨닫게 된 내용이 자신의 삶과 믿음에 도움이 되도록 기도하며 또 시작되는 한 주간의 개인 스터디를 주님께 의탁하며 기도하는 시간이다.

제2부 기도가 이끄는 삶(디모데전서 2:1-2)

1. 기도의 중요성과 능력(디모데전서 2:1-4)

● 사도 바울이 디모데에게 가장 먼저 권한 것은 무엇인가?

(기도 / 디모데전서 2:1)

● 우리가 기도해야 할 대상들은 누구인가?

(모든 사람, 임금들, 높은 지위에 있는 모든 사람 / 디모데전서 2:1)

● 모든 사람을 위해서 기도하는 이유는 무엇인가?

"이는 우리가 모든 경건과 단정함으로 (고요)하고 (평안한) 생
활을 하려 함이라"(디모데전서 2:2)

● 기도 유형 네 가지는 무엇인가?

(간구, 기도, 도고, 감사)

● "이것이 우리 구주 (하나님) 앞에 선하고 (받으실 만한) 것이니"

(디모데전서 2:3)

● "의인의 (간구)는 (역사)하는 힘이 많으니라"(야고보서 5:16)

2. 기도는 주님과의 교제이다(시편 27:4)

● 기복 신앙이란 무엇인가?(복만 비는 신앙)

● "그러므로 그들을 본받지 말라 구하기 전에 너희에게 (있어
야 할 것)을 하나님 너희 아버지께서 아시느니라"(마태복음 6:8)

● 기도는 소원을 아뢰기 이전에 하나님과 (친밀한 교제)의 시간
이다.

● "우리가 보고 들은 바를 너희에게 전함은 너희로 우리와
(사귐)이 있게 하려 함이니 우리의 (사귐)은 아버지와 그의
아들 예수 그리스도와 더불어 누림이라"(요한일서 1:3)

● 하나님과 교제인 (기도생활)이 없는 사람은 하나님께 온전히
(쓰임) 받을 수 없다.

● "나는 너희를 위하여 (기도)하기를 쉬는 (죄)를 여호와 앞에
결단코 범하지 아니하고 선하고 의로운 길을 너희에게 가
르칠 것인즉"(사무엘상 12:23)

3. 기도는 반드시 응답된다(마가복음 11:24)

● 하나님의 응답은 (들어주마 / YES), (안된다 / NO), (기다려라 /
WAIT), (다른 것으로 주마 / ANOTHER)로 응답된다.

● "너희가 악할지라도 (좋은 것)으로 자식에게 줄 줄 알거든 하
물며 하늘에 계신 너희 아버지께서 구하는 자에게 (좋은 것)
으로 주시지 않겠느냐"(마태복음 7:11)

● 우리의 기도생활에 가장 많이 방해하는 것은 무엇인가?
(의심 / 야고보서 1:6-7)

● 응답되지 않는 기도는 이유가 무엇인가?
(정욕을 위해 잘 못 구하기 때문 / 야고보서 4:3)

● "너희가 내 안에 (거하고) 내 말이 너희 안에 (거하면) 무엇이
든지 원하는 대로 구하라 그리하면 이루리라"(요한복음 15:7)

- 하나님은 기도를 통해 우리와 (친밀해)지기를 원하신다.

4. 중언부언하는 기도와 신실한 기도(마태복음 6:7)

- 중언부언의 사전적 의미는 무엇인가?

  (말을 반복적으로 하는 행동)

- 기도는 사람의 (얼굴)을 살피는 것이 아니라 (하나님의 얼굴)을 살피는 것이다.

- 중언부언하는 기도는 (사람)에게 보이기 위해 기도하는 것이 포함된다.

- "이는 금식하는 자로 사람에게 (보이지) 않고 오직 은밀한 중에 계신 네 아버지께 (보이게) 하려 함이라 은밀한 중에 보시는 네 아버지께서 갚으시리라"(마태복음 6:18)

- 이방인들의 중언부언 내용은 대부분 (입고), (먹고), (마시는 것)이다.

- 신실한 기도는 하나님께 (진실)과 (성실)함으로 드리는 기도이다.

- "그런즉 너희는 먼저 그의 (나라)와 (의)를 구하라 그리하면 이 (모든 것)을 너희에게 더 하시리라"(마태복음 6:33)

5. 다른 사람을 위해 기도하는 중보기도(이사야 59:16)

- 우리 기도의 모델은 누구인가?(예수 그리스도)

- 기도란 (하나님)께 (속)해 있는 현상이다.

- "누가 정죄하리요 죽으실 뿐 아니라 다시 살아나신 이는 그

리스도 예수시니 그는 하나님 우편에 계신 자요 우리를 위하여 (간구)하시는 자시니라"(로마서 8:34)

● 중보기도는 가장 구체적인 (이웃 사랑)의 실천이다.

● "사람이 없음을 보시며 (중재자)가 없음을 이상히 여기셨으므로 자기 팔로 스스로 구원을 베푸시며 자기의 공의를 스스로 의지하사"(이사야 59:16)

● 하나님은 우리를 무엇이라고 부르셨나?

  (왕같은 제사장 / 베드로전서 2:9)

6. 감사 기도의 능력(시편 95:1-2)

● 사람들은 감사를 잃어버리고 살 때가 많다. 그 이유 중 하나는 일어나는 일들의 (액면)만 보기 때문이다.

● "우리가 알거니와 하나님을 사랑하는 자 곧 그의 뜻대로 부르심을 입은 자들에게는 모든 것이 (합력)하여 (선)을 이루느니라"(로마서 8:28)

● 결핍은 새로운 (채움)의 시작, 상실은 새로운 (관계)의 시작, 슬픔은 새로운 (관점)의 시작, 실패는 새로운 (도전)의 시작이다.

● "(고난)당한 것이 내게 (유익)이라 이로 말미암아 내가 주의 율례들을 배우게 되었나이다"(시편 119:71)

● "(감사함)으로 그의 (문)에 들어가며 찬송함으로 그의 궁정에 들어가서 그에게 감사하며 그의 이름을 송축할지어다"(시편 100:4)

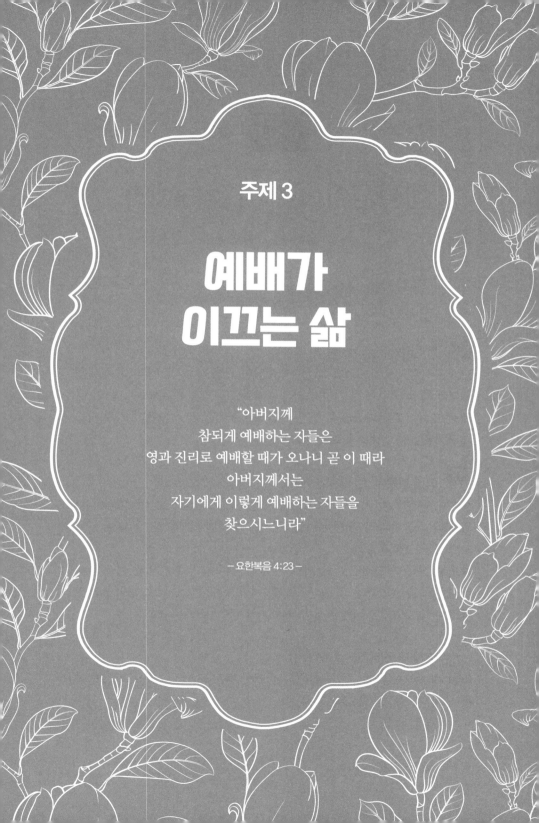

주제 3

예배가
이끄는 삶

"아버지께
참되게 예배하는 자들은
영과 진리로 예배할 때가 오나니 곧 이 때라
아버지께서는
자기에게 이렇게 예배하는 자들을
찾으시느니라"

– 요한복음 4:23 –

하나님이 찾으시는 예배자

 기도하기(소요시간 3분)

오늘도 성령님께서 깨닫게 하시도록 도움을 요청하는 시간이다. 이 주제를 공부할 때 나의 잘못된 신앙과 인격이 바로 교정되며 깨닫게 된 내용이 삶에 큰 도움과 지혜가 되도록 구한다. 그리고 시작할 때 작정한 세 가지 기도 제목을 주님께 아뢰며 올려드린다.

 성경 본문 읽기(소요시간 2분)

● 암송 구절 : "아버지께 참되게 예배하는 자들은 영과 진리로 예배할 때가 오나니 곧 이때라 아버지께서는 자기에게 이렇게 예배하는 자들을 찾으시느니라"(요한복음 4:23)

● 오늘 본문 : "그러므로 형제들아 우리가 예수의 피를 힘입어 성소에 들어갈 담력을 얻었나니 그 길은 우리를 위하여 휘장 가운데로 열어 놓으신 새로운 살 길이요 휘장은 곧 그의 육체니라"(히브리서 10:19-20)

 주제 내용 읽기(소요시간 17분)

매일 제공되는 주제 내용을 천천히, 중요한 부분에는 밑줄을 긋고, 필요할 때 책에 메모를 하면서 정독한다.

154 42일간 말씀이 이끄는 삶

매일 제공되는 내용의 끝에는 내용 일기와 자신의 상태를 체크하는 표가
있다. 매일 기록하도록 한다.

　예배에 대한 이야기를 할 때면 아내가 생각난다. 난소암 말
기에 복수가 가득 찬 몸으로 주일 예배를 빠지지 않고 참여하
던 것이 기억나기 때문이다. 병원에서 입원 치료를 받기 전까
지 아내는 배가 풍선처럼 부풀어 거동조차 힘든 몸으로 하나
님께 나아갔다.

　오전 예배를 마치면 성도님이 가져온 식사를 하고 목양실
바닥에 잠시 누웠다가 다시 오후 예배를 드렸다. 힘들어하는
아내에게 괜찮으니 예배에 나오지 말고 집에서 쉬라고 했지만
아내는 "나올 수 있을 때까지는 최선을 다해 예배를 드리겠
다"라고 고집을 피웠다. 남편이자 목사인 나는 그 모습을 보면
서 한없이 부끄러웠다.

하나님이 찾으시는 예배자는 과연 누구일까?

　암 투병 속에서도 예배를 드렸던 아내와 같은 사람일까?

　복수가 가득 찬 몸으로 예배당으로 나왔던 그런 모습의 예
배자일까?

　여행 간다고 예배를 포기하고, 몸이 조금 아프다고 예배를
포기하고, 가정의 여러 행사들 때문에 예배를 포기하는 사람
들이 많은 시대에 아내는 참 귀한 예배자임에 틀림없었다.

내가 설교할 때 뒤쪽에 앉아 힘들게 예배하던 아내의 모습을 보면서 '저렇게 고통스러우면서도 예배당에 나와서 예배하는 것을 하나님은 원하실까?'라는 의문이 들 때가 많았다. 당신의 사랑하는 딸이 고통받기를 원하시는 분이 아닐 텐데 말이다.

그러나 우리 하나님은 예배자의 정성과 태도를 받으시는 분이시다. 고통스러워하며, 아픔을 견디면서 드리는 형식의 예배가 아닌 고통 속에서도 주님을 예배하고자 하는 그 마음을 받으시는 것이다.

"사람은 외모를 보거니와 나 여호와는 중심을 보느니라 하시더라"

(사무엘상16:7b)

하나님은 마음을 살피신다. 예배하는 자들의 마음을 살피신다. 예배 문화에 익숙해져 예배의 세련된 형식을 따르는 것보다 예배의 대상이신 하나님을 향한 마음을 더 중요하게 여기신다. 하나님을 향한 사랑과 열망을 가지고 예배하는 자들을 귀하게 여기신다는 뜻이다.

"그러면 어떻게 할까 내가 영으로 기도하고 또 마음으로 기도하며 내가 영으로 찬송하고 또 마음으로 찬송하리라"(고린도전서 14:15)

하나님은 예배자의 마음에 담긴 진심과 열정을 받으신다는 것이다. 암 환자였던 아내의 예배는 바로 그런 마음으로 하나님께 올려드린 예배였다고 확신한다.

예수님은 제자들과 사마리아를 지나가셨다.

사마리아 수가라 하는 동네에 이르렀을 때 야곱의 우물곁에서 사마리아 여자를 만나신다. 서로 대화를 주고받으시다가 그 여자가 질문을 한다.

"우리들의 조상들은 사마리아에 있는 그리심 산에서 예배하였는데 유대인들은 예루살렘에서만 예배하라고 하는데 도대체 무엇이 맞는 말입니까?"

이에 예수님은 "장소의 문제가 아니다"라고 알려주신다.

"예수께서 이르시되 여자여 내 말을 믿으라 이 산에서도 말고 예루살렘에서도 말고 너희가 아버지께 예배할 때가 이르리라"(요한복음 4:21)

그렇다면 어떻게 예배드리라는 것일까?

먼저는 예배의 대상을 알고 예배하는 것이 중요하다고 하셨다. 우리가 예배드리는 대상이신 하나님을 알게 되면 장소는 결코 최우선의 문제가 될 수 없다. 왜냐면 하나님은 어떤 공간에 메여 있거나 특정한 공간만 고집하는 분이 아니시다. 하나님은 온 우주에 편만하신 분이시기 때문이다.

"여호와가 말하노라 나는 천지에 충만하지 아니하냐"(예레미야 23:24b)

뿐만 아니라 하나님은 어떤 공간보다 훨씬 크신 분이시기 때문이다.

"그의 크심은 땅보다 길고 바다보다 넓으니라"(욥기 11:9)

그리고 하나님은 시간에도 얽매이지 않으시고 초월하신 분이시다.

"산이 생기기 전, 땅과 세계도 주께서 조성하시기 전 곧 영원부터 영원까지 주는 하나님이시니이다"(시편 90:2)

인간이 만들어 둔 예배 장소는 본질상 크게 구애받지 않으시는 분이시기 때문이다.

"여호와께서 이와 같이 말씀하시되 하늘은 나의 보좌요 땅은 나의 발판이니 너희가 나를 위하여 무슨 집을 지으랴 내가 안식할 처소가 어디랴"(이사야 66:1)

이런 하나님을 알고 있다면 그리심 산이다, 예루살렘이다, 주장할 수 없다. 그러므로 예배는 장소의 문제 이전에 우리가 예배하는 대상이신 하나님을 잘 이해하고 예배하는 것이 중요하다.

문제는 '유한한 인간이 어떻게 하나님을 알 수 있는가?'라는 것이다. 인간 스스로는 결코 하나님의 한 점 조차도 알 수가 없다. 그래서 하나님은 인간이 되어 오셨다. 이것이 바로 성육신하신 예수 그리스도시다. 예수님은 하나님 자신이시다. 인간의 모습으로, 인간의 말로 하나님을 계시해 주셨다. 그뿐만 아니라 말씀으로 가르쳐 주셨고 설명해 주셨다. 그러므로 예수님을 통하지 않고서는 예배의 대상인 하나님을 알 수도 없고 알지도 못하는 그분께 올바른 예배를 드릴 수도 없다.

또한 우리가 예수님을 하나님으로, 나의 구주로 받아들이기 위해서는 성령님의 도움 없이는 불가능하다. 번민과 염려로 가득 찬 우리가 하나님께 나와 예배할 때 성령님의 도우심 없이는 공허한 소리와 공허한 몸짓으로 종교 행위에 그칠 때가 많다. 그래서 주님은 사마리아 여자에게 영(성령님)과 진리(예수)로 예배하라고 가르치고 계신다.

"아버지께 참되게 예배하는 자들은 영과 진리로 예배할 때가 오나니 곧 이때라 아버지께서는 자기에게 이렇게 예배하는 자들을 찾으시느니라"(요한복음 4:23)

우리는 성령님의 도우심으로 예수님을 통해 아버지 하나님을 예배하게 된다. 이것이 삼위일체 하나님과 교통하는 예배인 것이다. 하나님은 이런 예배자를 찾고 계시는 것이다.

영과 진리로 예배하는 자는 지(知), 정(情), 의(意), 체(體). 바로 온몸과 마음을 하나님께 의지해야 한다. 우리를 온전히 다스리시도록 내어 놓아야 한다.

사실 사람의 노력만으로 온전한 예배를 드리는 것은 불가능하다. 그래서 예수님은 영과 진리 곧 성령님과 예수님을 통해 하나님 아버지께 예배하라고 가르치고 계시는 것이다.

"예수께서 이르시되 내가 곧 길이요 진리요 생명이니 나로 말미암지 않고는 아버지께로 올 자가 없느니라"(요한복음 14:6)

별생각 없이 습관적으로 예배당에 나와 성의 없이 찬양하거나 기도하는 것은 의미가 없다. 말씀이 선포되는 순간에도 핸드폰을 보거나 졸고 있다면 그 예배는 예배라고 할 수 없다. 그저 종교문화 활동에 가까운 것이다. 예수님과 성령님을 힘입어 나아가도록 모든 것을 예비하시고 인도하신 하나님의 은혜와는 무관한 행위가 되고 마는 것이다.

"그러므로 형제들아 우리가 예수의 피를 힘입어 성소에 들어갈 담력을 얻었나니 그 길은 우리를 위하여 휘장 가운데로 열어 놓으신 새로운 살 길이요 휘장은 곧 그의 육체니라"(히브리서 10:19-20)

"예배에 실패하면 모든 것에 실패하고 예배에 성공하면 모든 것에 성공한다"라는 표현이 결코 과장된 말이 아니다. 성령님과 예수님의 도우심을 입고 예배하는 자는 반드시 삶 속에서도 그분의 도우심을 구할 것이다. 우리와 함께하시는 삼위일체 하나님께서 그의 삶을 언제나 가장 선한 길로 인도하실 것이기 때문이다. 반대로 성령님, 예수님과 무관한 예배를 드리는 사람들은 삶 속에서도 그분들과 상관없이 살 것이 분명하다. 그런 사람들의 삶이 어떻게 성공할 수 있겠는가?

예배는 일주일에 한 번 교회에 출석하는 것 이상의 의미이다. 예배는 신앙의 가장 기본이며 예배를 통해 삼위일체 하나님과의 깊은 교제를 경험하고 하나님의 자녀임을 고백하고 시인하는 고백적 행동이기 때문이다.

「기독교 예배사」의 저자 오스카 하드만은 "예배란 지극히 높은 가치에 대한 피조물적인 자각에서 시작되는 것이다"라고 말했다. 예배야말로 가장 높은 가치를 가진 행위이며 피조물인 인간이 창조주인 하나님을 인정하는 가장 본질적인 인식인 것이다.

그렇다면 우리는 어떤 태도와 자세를 가지고 예배해야 하는지 분명해진다. 그동안의 잘못된 생각들을 바로잡고 단 한 번의 예배라도 하나님이 원하시는 예배를 드리고자 소망해 보라. 하나님께서 찾으시는 예배자가 되고자 소원해 보라. 영과 진리이신 하나님께서 도와주실 것이다.

이제 가슴에 손을 얹고 조용히 기도해 보라.
"하나님, 나는 그동안 하나님이 찾으시는 예배자가
되지 못했습니다."
"이제부터라도 하나님이 찾으시는 예배자가 되도록
인도해 주시고
영과 진리로 예배하는 예배자가 되도록
나를 이끌어 주옵소서."

내용 일기

1. 새롭게 깨닫게 된 것은 무엇인가?

2. 그동안 알고 있는 것 중에 다시 확인된 내용은 무엇인가?

3. 그룹 스터디 시간에 지도자에게 질문이 있다면 기록해 보라.

4. 오늘 깨닫게 된 것이 믿음이 되도록 기도하라. 그리고 내일을 위해 기도하라.

5. 진단 점수 기록하기

    이번 주제를 읽고 자신의 점수는 10점 만점에 몇 점인가? (점)

1-3점(위험)			4-5점(위기)		6-7점(분발)		8-10점(건강)		
1	2	3	4	5	6	7	8	9	10

기적을 부르는 예배

 기도하기(소요시간 3분)

오늘도 성령님께서 깨닫게 하시도록 도움을 요청하는 시간이다. 이 주제를 공부할 때 나의 잘못된 신앙과 인격이 바로 교정되며 깨닫게 된 내용이 삶에 큰 도움과 지혜가 되도록 구한다. 그리고 시작할 때 작정한 세 가지 기도 제목을 주님께 아뢰며 올려드린다.

 성경 본문 읽기(소요시간 2분)

● 암송 구절 : "아버지께 참되게 예배하는 자들은 영과 진리로 예배할 때가 오나니 곧 이때라 아버지께서는 자기에게 이렇게 예배하는 자들을 찾으시느니라"(요한복음 4:23)

● 오늘 본문 : "감사로 제사를 드리는 자가 나를 영화롭게 하나니 그의 행위를 옳게 하는 자에게 내가 하나님의 구원을 보이리라"(시편 50:23)

 주제 내용 읽기(소요시간 17분)

매일 제공되는 주제 내용을 천천히, 중요한 부분에는 밑줄을 긋고, 필요할 때 책에 메모를 하면서 정독한다.

매일 제공되는 내용의 끝에는 내용 일기와 자신의 상태를 체크하는 표가 있다. 매일 기록하도록 한다.

　예배는 하나님과의 관계의 질과 신앙의 상태를 잘 나타내 주는 지표이다. 예배에 대한 인식이나 태도를 보면 그 사람의 신앙 수준을 어느 정도 파악할 수 있다. 그래서 목회자들은 예배의 중요성 그리고 예배드리는 성도들의 태도를 강조하는 것이다. 예배는 피조물인 인간이 창조주인 하나님을 인정하는 행위이며 동시에 우리에게 허락하신 삶을 위탁하는 신앙 고백이다.

　이스라엘 백성들은 살아계신 여호와 하나님을 예배하는 동시에 중요한 순간마다 예배를 올려드렸다. 그뿐만 아니라 위기의 순간에는 더더욱 하나님을 의지한다는 믿음의 고백으로 하나님께 예배를 올려드렸다. 그때마다 하나님은 예배 공동체인 이스라엘을 도우셨고 기적을 경험하게 하셨다.

　부산에 있는 교회에서 사역하고 있을 때 서울에서 스카우트 제의가 왔다. 제법 큰 중형교회였지만 청년부 모임이 잘되지 않아 청년 사역자를 찾고 있다고 했다. 나는 "시골 출신이라 서울 사역을 할 수 없다"라며 거절했다. 그리고 1년 후쯤 필리핀 단기선교를 갔다가 우연히 서울에 있는 교회의 담임목사님을 만나게 되었는데 정중히 초청하시기에 서울로 사역지를 옮기겠다고 말씀드렸다.

서울로 사역지를 옮기고 첫 청년부 예배를 드리는데 주일학교가 사용하는 작은 교육관에 십여 명 정도의 청년들이 모여 예배를 드렸다.

그때 나는 청년들에게 이렇게 도전했다.

"예배에 목숨을 걸어봅시다. 우리가 먼저 주님께 온전한 예배를 드리면 떠났던 청년들이 돌아오고 청년부가 부흥하게 될 것입니다."

그날 예배는 눈물의 예배였다. 찬양을 하고 기도를 하면서 얼마나 울었는지 모른다. 긍휼한 마음이 계속 부어졌고 예배를 통해 청년부를 향한 하나님의 마음이 무엇인지 모두 알게 되는 예배였다. 우리는 적은 숫자였지만 무엇보다 예배에 집중하였고 최선을 다해 예배드리고자 했다.

그 후 놀라운 일이 벌어졌다. 더 이상 예배를 사모하지 않았던 청년들이 돌아오기 시작했고 청년부가 살아 움직이기 시작했다. 첫 청년모임 때는 임원 다섯 명이 모였는데 예배를 회복하기 시작할 때는 10배, 20배의 30배로 모임이 늘어나 급기야 교회 본당에서 예배하게 되었다.

나는 청년부 예배에 올인했다. 전문 찬양 사역자를 모시고 그 어느 때보다 풍성하고 은혜로운 예배를 드리게 되었다. 청년들이 예배를 사모하게 되고 사모함을 가지고 올려드린 예배를 통해 부흥을 경험하게 되었다.

예배는 기적을 만든다. 몇 년 후 그렇게 예배하던 청년 12명과 '그교회'를 개척했고 기적은 계속되었다.

이스라엘이 남과 북으로 갈라져 있을 때의 일이다.

북이스라엘 왕은 아합 왕이었고 남유다의 왕은 여호사밧 왕이었다. 여호사밧은 악을 저지르는 불신앙을 가진 아합과 동맹을 맺게 되었다. 하나님은 선지자 예후를 보내어 여호사밧 왕을 책망했다.

여호사밧은 하나님의 책망을 겸손히 받아들이고 동맹을 끊고 신앙적, 사법적 개혁을 단행했다. 그러나 주변 국가였던 모압은 암몬 자손과 마온 사람들과 연합군을 만들어 유다를 정복하기 위해 쳐들어오고 말았다. 남유다는 너무나 힘이 없고 연약해 그 연합군을 대항할 수 없었다.

여호사밧은 두려움에 떨었고 그가 할 수 있는 일은 백성들과 함께 금식하며 하나님께 기도하는 일 밖에 없었다. 왜냐면 이 전쟁에서 이길 수 있는 힘은 오직 여호와 하나님께 있다고 믿었기 때문이다.

"주의 손에 권세와 능력이 있사오니 능히 주와 맞설 사람이 없나이다"

(역대하 20:6b)

그들은 그 침략 앞에서 군사를 정비하고 전략을 짜기 전에 하나님 앞에 모여 예배하기로 결정했다.

"유다 모든 사람들이 그들의 아내와 자녀와 어린이와 더불어 여호와

앞에 섰더라"(역대하 20:13)

남녀노소 할 것 없이 하나님 앞에 모인 유다 백성들은 온전한 마음으로 하나님을 의지했다. 그들은 이른 아침 일어나자마자 드고아 들로 모였다.

"이에 백성들이 아침에 일찍이 일어나서 드고아 들로 나가니라"

(역대하 20:20a)

그곳은 아무것도 없이 하늘만 바라보는 광야교회였다.

여호사밧은 전쟁이 시작되는 전장이라 생각하지 않고 하나님을 예배하는 장소라고 생각했다. 군대의 최고 사령관이자 왕인 여호사밧은 군대를 앞세워 전쟁을 지도하기 전에 찬양대를 구별하여 군대 앞에 세웠다. 그리고 여호와 하나님을 찬송하기 시작했다. 하나님의 인자하심을 경배했다. 온 유다 백성들이 그들을 따라 찬송하며 하나님께 예배를 드렸다.

"백성과 더불어 의논하고 노래하는 자들을 택하여 거룩한 예복을 입히고 군대 앞에서 행진하며 여호와를 찬송하여 이르기를 여호와께 감사하세 그의 인자하심이 영원하도다 하게 하였더니"(역대하 20:21)

상식적으로 전쟁이 벌어지는 전장에서는 군대를 정비하고 전략을 짜고 군인들의 사기를 진작시켜야 했지만 여호사밧과 백성들의 선택은 예배드리는 공동체였다. 그 후 기적이 일어났다. 적들이 같은 편을 쳐 죽이기 시작했다.

"곧 암몬과 모압 자손이 일어나 세일 산 주민들을 쳐서 진멸하고 세일 주민들을 멸한 후에는 그들이 서로 쳐 죽였더라"(역대하 20:23)

우리는 상황에 따라 예배를 드리기도 하고 포기하기도 하지만 힘들고 어려울수록 더더욱 하나님 앞으로 나아가 예배해야 한다. 힘들고 어려울 때 도리어 감사로 하나님께 예배하는 자들에게 하나님께서는 반드시 구원을 베풀어 주신다고 약속하셨다.

"감사로 제사를 드리는 자가 나를 영화롭게 하나니 그의 행위를 옳게 하는 자에게 내가 하나님의 구원을 보이리라"(시편 50:23)

그들은 자신들의 능력으로는 그 연합군을 이길 수 없다는 것을 너무나 잘 알았다. 하지만 유대 백성들은 원망과 불평할 수 있는 위험의 순간에도 하나님께 나아가 감사의 예배를 올려드렸다.

여호사밧과 백성들이 했던 결정은 우리에게 중요한 교훈을 주고 있다. 우리는 인생을 살아가면서 우리 힘만으로는 온전히 살아갈 수 없음을 인식해야 한다. 우리는 기분이 좋을 때, 상황이 만족스러울 때 예배드리고자 한다. 기분이 상하고, 실패하고, 낙망할 일이 있을 때는 하나님께 감사의 예배를 올려드리려 하지 않을 때가 많다. 예배조차도 우리 기분과 상황에 따라 좌지우지될 때가 많은 것이다.

기적을 부르는 예배는 온전한 믿음을 가진 예배자들이 살아계신 하나님을 신뢰함으로 예배할 때 시작된다.

부산에서 사역할 때 나이가 많으신 여자 전도사님께서 "귀신 들린 자매가 있는데 함께 가서 예배를 드리고 싶어요"라고 말했다. 나는 극구 사양했다. 하지만 전도사님께서는 금요철 야 예배의 인도를 담당하던 나에게 계속 부탁했다. 한 번만 같이 가서 예배를 인도해달라는 것이었다.

전도사님에 의하면 40대 중반의 귀신 들린 두 자매는 쓰레기가 가득한 집에서 이상한 행동을 한다고 했다. 어느 날 귀신이 "가스를 폭파 시켜라"라고 속삭여서 집에 있는 가정용 가스통을 열고 폭파시키려 했다는 것이다. 그대로 두면 그들뿐 아니라 주변 사람들도 위험할 지경이었다. 이런 이야기를 듣고 가지 않을 수가 없었다.

나는 기도했고 전도사님과 함께 심방을 갔다. 허름한 작은 집은 입구에서부터 오물 냄새로 가득했고 머리를 산발한 두 여인은 처음에는 공손하게 우리를 맞이했으나 예배가 시작되자 이상한 행동을 했다. 찬양을 부르고 설교를 하려는데 두 여자가 내 앞으로 기어 왔다. 마치 공포 영화 「링」에서 TV 브라운관 밖으로 기어 나오는 귀신의 모습과 흡사했다.

온몸에 닭살이 돋고 오싹했지만 예수님의 이름으로 제지를 하고 예배를 드리자고 했다. 얼마나 간절히 찬송을 하고 기도를 드렸는지 온몸이 쑤시고 아플 지경이었다.

예배 후 그들의 눈빛과 얼굴은 평안해 보였고 우리는 감사하며 돌아왔다. 그리고 며칠 후 그 전도사님께서 좋은 소식을 전해주었다. 두 사람이 온전해져서 일자리를 얻었고 집도 말끔하게 청소해 정상적으로 살게 되었다는 것이었다. 이 일로 인해 간절하고 진심의 예배는 기적을 부른다는 것을 새삼 깨닫게 되었다.

이제 가슴에 손을 얹고 조용히 기도해 보라.

"하나님, 나는 내 형편과 기분에 따라 예배하는 자였습니다.

용서해 주세요."

"이제부터라도 어떤 환경과 상황에서도 하나님께

감사로 예배하는 예배자가 되게 해주시고 예배를 통해 삶 속에

서 베푸시는 은혜를 경험하게 해주옵소서."

내용 일기

1. 새롭게 깨닫게 된 것은 무엇인가?

2. 그동안 알고 있는 것 중에 다시 확인된 내용은 무엇인가?

3. 그룹 스터디 시간에 지도자에게 질문이 있다면 기록해 보라.

4. 오늘 깨닫게 된 것이 믿음이 되도록 기도하라. 그리고 내일을 위해 기도하라.

5. 진단 점수 기록하기

   이번 주제를 읽고 자신의 점수는 10점 만점에 몇 점인가? (점)

1–3점(위험)			4–5점(위기)		6–7점(분발)		8–10점(건강)		
1	2	3	4	5	6	7	8	9	10

예배 순서는 왜 필요한가?

 기도하기(소요시간 3분)

오늘도 성령님께서 깨닫게 하시도록 도움을 요청하는 시간이다. 이 주제를 공부할 때 나의 잘못된 신앙과 인격이 바로 교정되며 깨닫게 된 내용이 삶에 큰 도움과 지혜가 되도록 구한다. 그리고 시작할 때 작정한 세 가지 기도 제목을 주님께 아뢰며 올려드린다.

 성경 본문 읽기(소요시간 2분)

● 암송 구절 : "아버지께 참되게 예배하는 자들은 영과 진리로 예배할 때가 오나니 곧 이때라 아버지께서는 자기에게 이렇게 예배하는 자들을 찾으시느니라"(요한복음 4:23)

● 오늘 본문 : "그러므로 형제들아 내가 하나님의 모든 자비하심으로 너희를 권하노니 너희 몸을 하나님이 기뻐하시는 거룩한 산 제물로 드리라 이는 너희가 드릴 영적 예배니라"(로마서 12:1)

 주제 내용 읽기(소요시간 17분)

매일 제공되는 주제 내용을 천천히, 중요한 부분에는 밑줄을 긋고, 필요할 때 책에 메모를 하면서 정독한다.

매일 제공되는 내용의 끝에는 내용 일기와 자신의 상태를 체크하는 표가
있다. 매일 기록하도록 한다.

매주일 교회에서 드리는 예배 순서는 교회마다 조금씩 다
르다. 하지만 예배 신학적 관점에서 보면 그 정신과 본질은 같
다. 예배의 대상이신 삼위일체 하나님을 향해 경배하며 선포
해 주시는 말씀으로 화답하고 하나님 나라 백성으로 살기로
결단하는 것이다. 이런 목적 안에서 다양한 순서를 가질 수
있다.

구약시대의 피 흘림의 제사뿐 아니라 모세를 통해 하나님
은 말씀을 가르치시기도 했다.

　"또 나 여호와가 모세를 통하여 모든 규례를 이스라엘 자손에게 가르

　치리라"(레위기 10:11)

선지자들은 하나님으로부터 말씀을 받아 이스라엘 백성들
에게 선포하였다. 바벨론 포로 시기에는 성전을 잃어버린 이
스라엘 백성들이 회당에서 하나님의 말씀을 낭독하고 배우며
그 신앙을 이어갔다. 해방하여 돌아온 뒤 성전이 재건되어도
곳곳에 세워진 회당은 계속해서 그 역할을 다 하고 있었다.
회당에서 드려졌던 예배는 '쉐마' 본문을 낭독함으로 시작되
었다.

　"이스라엘아 들으라 우리 하나님 여호와는 오직 유일한 여호와이시니"

(신명기 6:4)

　그리고 기도를 올려드렸다. 예수님께서도 어린 시절 나사렛 동네에서 안식일마다 회당에서 말씀을 읽고 배우셨다. 훗날 공생애를 시작하셨을 때도 여러 회당에 가셔서 가르치는 사역을 이어가셨다.

"친히 그 여러 회당에서 가르치시매 뭇사람에게 칭송을 받으시더라 예수께서 그 자라나신 곳 나사렛에 이르사 안식일에 늘 하시던 대로 회당에 들어가사 성경을 읽으려고 서시매"(누가복음 4:15-16)

　예수님께서 승천하시고 성령의 임재로 탄생한 초대 교회의 예배는 단순하지만 무게감이 있었다. 단 두 가지의 중요한 순서를 가지고 있었다. 첫째는 예수님의 말씀을 선포하는 말씀 예전이었고 둘째는 말씀 예전이 끝나면 인도자가 청중에게 말을 했다.

"자, 예수님을 따라 십자가를 지고 주님을 쫓고자 하는 분들은 남아 다음 순서에 참여하십시오."

　그것은 예수님의 살과 피를 나누는 성만찬 예전이었다. 성만찬 예전은 아무나 참여할 수가 없었다. 십자가를 지고 예수님을 따르고자 결단하는 사람만이 참여할 수 있었다. 그래서 초대 교회는 말씀 예전과 성만찬 예전으로 이루어진 순서로 예배를 드렸다.

중세 시대가 되면서 말씀 예전은 축소되었고 성만찬 중심의 예배를 강조하게 되었다. 그러다가 말씀이 거의 사라지고 성찬 중심의 예배가 되었다. 지금도 로마 정교회, 러시아 정교회 로마 가톨릭은 성만찬 예전 중심의 예배를 드린다.

종교 개혁은 이와 같은 예전 중심의 예배를 말씀 중심의 예배로 전환하는 계기가 되었다. 사제들만 소유하고 있던 라틴어로 된 어려운 성경을 독일어로 번역하여 모든 성도들에게 배포하였다. 그리고 성경 말씀이 어떤 의미를 가지고 있는지 설명하는 설교가 발달하게 되어 개신교는 자연스럽게 설교가 중심이 되는 예배를 드리게 되었다.

우리가 드리는 예배는 대부분 말씀이 이끌어가는 예배이다. 한 시간 예배를 드리는 중에 절반 이상을 설교가 차지한다. 절기에 따라 성만찬을 가지지만 사실 성만찬의 깊은 의미와 상징을 놓칠 때가 많고 가끔은 형식적으로 참여하는 성만찬이 되어버렸다. 이런 모습들은 개신교가 반성해야 할 중요한 대목이다.

그러나 어떤 순서를 가지고 예배를 드리든지 예배의 목적은 분명해야 한다. 예배의 청중은 성도들이 아니라 하나님 한 분이셔야 한다. 우리는 "예배 보러 간다"라는 표현을 습관적으로 사용한다. 실제로 찬양 팀의 노래를 듣고 성가대의 찬양을 감상하고 목사님의 설교를 들으며 예배를 보러 가는 경향이 농후하다.

예배를 구경하러 가지 않기 위해서는 우리가 알아야 하는 것이 있다. 그것은 예배 순서에는 방향성이 있다는 것이다. 기도의 방향은 '위쪽'이다. 찬양의 방향도 '위쪽'이다. 이는 하나님을 향해 우리가 올려드리는 고백의 행위이다. 성경을 봉독하고 설교하는 것의 방향은 '아래쪽'이다. 이는 하나님께서 인간들에게 베푸시는 은혜이기 때문이다. 광고의 방향성은 '옆쪽'이다. 이런 방향성을 이해하지 못하면 예배 순서를 맡은 사람들이 자신의 역할을 혼동하게 된다.

제일 실수를 많이 하는 것이 대표 기도이다. 대표 기도는 모든 성도를 대표해서 하나님께 우리의 마음을 올려드리는 순서이다. 때문에 그 방향성은 '위쪽'이다. 하지만 간혹 대표 기도를 맡은 자가 창세기부터 요한계시록까지 성경을 사용하여 설교하고자 하는 경우를 보게 된다. 기도를 맡은 어떤 장로님은 목사님보다 더 설교 다운 기도를 했다는 우스갯소리를 듣기도 한다. 우리는 설교의 방향성은 '아래'이며 기도의 방향성은 '위쪽'임을 기억해야 한다. 또한 찬양을 인도하는 인도자는 성도들이 위로 올려드리는 찬양을 잘 따르도록 이끌어야 하는데 마치 설교처럼 말을 너무 많이 하는 경우도 있다.

언젠가 청년부 수련회 강사로 어느 교회를 찾았다. 수련회 장소에 도착했고 시간이 되어 찬양 팀이 앞으로 나왔다. 30분 정도 찬양 후에 나는 말씀을 전하도록 안내를 받고 함께 예배를 드리게 되었다. 그러나 1시간이 지나도록 찬양시간은 끝나지 않았다. 왜냐하면 찬양 인도자가 1시간 중의 절반을 마치 설교처럼 청년들에게 이야기했기 때문이다.

영락없는 설교였다. 찬양을 인도하는 자라면 당연히 멘트가 필요하다. 그 방향성은 '위쪽'이다. 하나님을 향해 잘 예배하도록 안내만 하면 되는데 방향을 '아래쪽'으로 잡고 설교를 하게 되면 난감한 상황을 초래하게 된다. 결국 찬양 인도자의 설교는 담당 목회자가 쪽지를 올린 후에야 끝이 났다.

현대의 예배는 다양한 순서를 가지고 있다. 하지만 어떤 순서든지 그 순서가 가지는 방향성만 놓치지 않는다면 그 예배는 인간이 주인공이 되는 실수를 범하지 않게 된다.

오늘날 우리는 말씀 예전을 중심으로 하는 예배를 드리지만 그 말씀이 하늘로부터 나에게 임할 때 그 거룩한 말씀을 받기 위해서 우리는 스스로를 잘 겸비해야 한다. 그래서 우리는 스스로의 죄를 회개하는 시간도 갖는 것이다. 거룩한 말씀을 받을 만한 옥토가 되기 위해 말이다.

또한 찬송을 통해 하나님을 인정하고 높여드리면서 우리가 하나님께 나아가는 예배자임을 고하게 된다. 그렇게 되면 자연스럽게 여러 예배 순서가 만들어진다. 그리고 하나님의 말씀이 선포될 때는 비록 인간인 목사가 설교를 하지만 하나님께서 직접 나에게 주시는 말씀이라고 확신하고 겸손함으로 받아야 한다.

하지만 간혹 성도들 중에는 설교를 마치 연설을 듣는 것처럼 생각하거나 목사의 이야기 정도로 취급하는 경우가 있다. 사도 바울은 그런 것들을 경계하고 사람의 말이 아니라 하나님의 말씀으로 받아야 함을 강조했다.

"이러므로 우리가 하나님께 끊임없이 감사함은 너희가 우리에게 들은 바 하나님의 말씀을 받을 때에 사람의 말로 받지 아니하고 하나님의 말씀으로 받음이니 진실로 그러하도다 이 말씀이 또한 너희 믿는 자 가운데에서 역사하느니라"(데살로니가전서 2:13)

그러므로 우리가 드리는 예배의 순서들 중에는 버릴 것이 없다. 어느 교회에서 어떤 순서로 예배를 드린다 해도 예배의 대상은 삼위일체 하나님이심을 알고 드리는 것이 가장 중요할 뿐이다. 그리고 순서마다 방향성이 있음을 알고 그 순서에 맞는 마음가짐과 생각을 가지고 참여하는 것이 중요하다.

준비 찬양이라는 말은 결코 맞는 말이 아니다. 어떤 성도들은 경배와 찬양 시간은 빠져도 되고 설교가 시작되기 전에만 예배에 참석하면 된다고 생각하기도 한다. 또 어떤 사람은 경배와 찬양 시간에 춤을 추고 눈물을 흘리며 열정적으로 하나님을 예배하다가 설교 시간에는 조는 경우도 있다. 또 어떤 경우에는 목사님의 축도가 끝나기도 전에 급한 일이 있다며 나가기도 한다. 예배 순서는 모두 하나하나가 중요하다.

나는 추천한다. 성도들은 '첫 순서부터 끝 순서까지 예배 참석하기 운동'을 시작해 보라. 우리 자신을 재물이라 생각하고 헌신할 때 하나님은 그 예배를 기쁘게 받아 주실 것이다.

"그러므로 형제들아 내가 하나님의 모든 자비하심으로 너희를 권하노
니 너희 몸을 하나님이 기뻐하시는 거룩한 산 제물로 드리라 이는 너희
가 드릴 영적 예배니라"(로마서 12:1)

그리고 방향에 맞는 마음가짐을 가지고 예배드려 보라. 그
럴 때면 순서 순서마다 주시는 은혜가 새로울 것이다. 여러분
의 예배가 살아나기 시작하면 교회 전체 예배가 풍성해지기
시작할 것이다. 여러분이 이런 신실한 예배자가 될 때 교회가
부흥하고 살아나게 될 것이다.

자, 이제 손을 가슴에 올리고 기도해 보자.
"하나님, 그동안 예배 순서에 대해 잘 알지 못하고
예배드렸습니다.
이제부터라도 그 의미를 잘 알고 드리는
예배자가 되게 하옵소서."
"하나님, 예배에 늦지 않고 첫 순서부터 마지막까지
최선을 다해 참여하는 예배자가 되도록 나를 이끌어 주옵소서."

내용 일기

1. 새롭게 깨닫게 된 것은 무엇인가?

2. 그동안 알고 있는 것 중에 다시 확인된 내용은 무엇인가?

3. 그룹 스터디 시간에 지도자에게 질문이 있다면 기록해 보라.

4. 오늘 깨닫게 된 것이 믿음이 되도록 기도하라. 그리고 내일을 위해 기도하라.

5. 진단 점수 기록하기

   이번 주제를 읽고 자신의 점수는 10점 만점에 몇 점인가? (점)

1-3점(위험)			4-5점(위기)		6-7점(분발)		8-10점(건강)		
1	2	3	4	5	6	7	8	9	10

경배와 찬양 시간의
태도와 자세

 기도하기(소요시간 3분)

오늘도 성령님께서 깨닫게 하시도록 도움을 요청하는 시간이다. 이 주제를 공부할 때 나의 잘못된 신앙과 인격이 바로 교정되며 깨닫게 된 내용이 삶에 큰 도움과 지혜가 되도록 구한다. 그리고 시작할 때 작정한 세 가지 기도 제목을 주님께 아뢰며 올려드린다.

 성경 본문 읽기(소요시간 2분)

● 암송 구절 : "아버지께 참되게 예배하는 자들은 영과 진리로 예배할 때가 오나니 곧 이때라 아버지께서는 자기에게 이렇게 예배하는 자들을 찾으시느니라"(요한복음 4:23)

● 오늘 본문 : "나팔 소리로 찬양하며 비파와 수금으로 찬양할지어다 소고 치며 춤추어 찬양하며 현악과 퉁소로 찬양할지어다 큰 소리 나는 제금으로 찬양하며 높은 소리 나는 제금으로 찬양할지어다 호흡이 있는 자마다 여호와를 찬양할지어다 할렐루야"(시편 150:3-6)

 주제 내용 읽기(소요시간 17분)

매일 제공되는 주제 내용을 천천히, 중요한 부분에는 밑줄을 긋고, 필요할

때 책에 메모를 하면서 정독한다.

📖 내용 일기 작성하기(소요시간 5분)와 마지막 기도(소요시간 3분)

매일 제공되는 내용의 끝에는 내용 일기와 자신의 상태를 체크하는 표가
있다. 매일 기록하도록 한다.

인간의 창조 목적은 하나님을 찬송하기 위해서라고 말씀하
신다.

"이 백성은 내가 나를 위하여 지었나니 나를 찬송하게 하려 함이니라"

(이사야 43:21)

이 창조 목적을 이루면서 살아가는 것이 피조물로서의 참
된 도리이다. 하지만 인간은 하나님을 떠나 범죄하였고 하나
님의 영광에서 떠나버리고 말았다.

"모든 사람이 죄를 범하였으매 하나님의 영광에 이르지 못하더니"

(로마서 3:23)

그러나 예수 그리스도를 통해 하나님과 화해할 길이 열렸고
그분의 십자가의 대속으로 우리는 하나님과의 관계가 회복되
었다.

"사랑은 여기 있으니 우리가 하나님을 사랑한 것이 아니요 하나님이
우리를 사랑하사 우리 죄를 속하기 위하여 화목 제물로 그 아들을 보
내셨음이라"(요한일서 4:10)

그 사랑은 정말 놀라운 것이었다. 경배와 찬양은 바로 하나
님께서 이런 분이시며 이런 사랑을 베푸신 분임을 높여드리

는 것이다. 창조의 감격과 구원의 감격이 없는 사람은 결코 하나님을 경배하거나 찬송할 수 없는 것이다.

요즘 현대 교회는 '경배와 찬양(Worship and Praise)' 시간을 대부분 가지고 있다. 오직 찬송과 기도로 나아가는 예배이다.

'**경배**(Worship)'의 사전적 의미는 '공경하며 공손히 절함'이다. 하지만 기독교에서의 경배는 하나님께서 나의 주인 되심을 인정하는 행위라고 설명할 수 있다. 우리의 생사화복(生死禍福)을 주관하시고 삶의 모든 부분과 우주 만물을 창조하시고 섭리하시고 운행하시는 하나님임을 인정하는 행위인 것이다.

'**찬양**(Praise)'의 사전적 의미는 '아름답고 훌륭한 일들을 크게 기리고 드러냄'이다. 하나님이 행하신 일들은 우리의 삶뿐만 아니라 우주 만물에 가득하다. 특히 우리를 죄에서 구원하시기 위해 인간이 되셨다. 모든 죄를 대신하여 십자가에 죽으시고 삼 일 만에 부활하셔서서 잠자는 자들의 첫 열매가 되셨다. 이 놀라운 사랑과 구원을 드러내고 칭찬하는 모든 행위가 찬양이 되는 것이다.

노래로, 그림으로, 연극으로, 글로, 모든 다양한 방법으로 하나님을 찬양할 수 있다. 그래서 경배와 찬양 시간은 반드시 필요하다. 이렇게 중요한 예배를 우리는 매주 또는 그 이상 참여하고 있다. 간혹 예배를 인도하다 보면 마지못해 찬양을 하거나 체면상 참여하는 경우를 본다. 하나님을 찬송하는 것은 인간 창조의 목적을 이루어드리는 본질적인 행위인데도 말이다.

성경은 하나님을 경배하고 찬양할 때 우리 인간이 어떻게 해야 할지 많은 부분에서 소개하고 있다. 이번 주제에서는 경배와 찬양 시간에 우리의 태도와 자세에 대해서 성경에서는 무엇이라고 말씀하시는지 알아보기로 하자. 우리는 하나님께 큰소리로 감사를 고백할 필요가 있다.

"내가 입으로 여호와께 크게 감사하며 많은 사람 중에서 찬송하리니"

(시편 109:30)

간혹 예배 인도자들이 요구한다.

"큰소리로 하나님께 감사의 고백을 올려드립시다."

이러한 요구에도 어떤 사람은 입을 굳게 다물고 있기도 한다. 하지만 성경은 분명히 큰소리로 많은 사람 중에서 찬송하라고 말씀하신다. 노랫소리도 마찬가지이다. 속으로 찬송을 불러도 무방하지만 성경대로 큰소리로 찬송하는 것이 필요하다.

어떤 이는 찬양 시간에 찡그린 얼굴로 마지못해 찬송을 따라하기도 한다. 물론 특별한 일이 일어나 더 이상 기쁨이 없는 경우도 있겠지만 습관적으로 그렇게 찬양하는 사람도 있다.

성경은 "기쁨으로 하나님을 섬기며 노래하라"라고 명령하고
있다.

"기쁨으로 여호와를 섬기며 노래하면서 그의 앞에 나아갈지어다"(시편 100:2)

사실 시편에서는 그 이상을 요구할 때도 많다.

"너희 의인들아 여호와를 기뻐하며 즐거워할지어다 마음이 정직한 너
희들아 다 즐거이 외칠지어다"(시편 32:11)

부산에서 사역할 때의 일이다. 어떤 교회에서 청년부 집회
가 있었다. 나는 강사로 참여했는데 장로님 한 분이 오셔서
조용히 예배하라고 하시며 손뼉을 치거나 드럼 같은 것은 사
용하지 말라고 말씀하셨다. 과연 그 장로님의 요구는 성경적
인 것일까?

성경은 시편을 통해 예배자들이 하나님을 어떻게 예배했으
며 또 어떻게 예배해야 하는지 곳곳에서 밝히고 있다. 손뼉을
치고 즐거운 마음으로 하나님을 노래하는 것은 지극히 성경적
인 것이다.

"너희 만민들아 손바닥을 치고 즐거운 소리로 하나님께 외칠지어다"

(시편 47:1)

장로님의 요구는 교회의 전통이거나 문화이지 결코 성경적
인 것은 아니다. 또한 손을 들고 찬양을 할 때 인도자의 권면
이 있음에도 불구하고 고집스럽게 손을 들지 않는 사람도 있
다. 언젠가 그 이유를 묻자 그는 "꼭 손을 들고 찬양할 필요가
있습니까?"라고 항변했다.

우리는 성경에서 가르치는 대로 살고 예배할 뿐이다. 손을 높이 들고 찬양하는 이유는 하나님께 결단하는 표시이며 동시에 우리의 간절함을 표현하는 것이다. 인도자가 손을 높이 들고 찬양하거나 "기도합시다"라고 할 때 불편해하는 분들을 종종 만난다. 또한 옆에 있는 사람을 의식해서 손을 올리지 못하는 사람도 있다. 하지만 하나님은 성경에서 명령으로 말씀하셨다.

"성소를 향하여 너희 손을 들고 여호와를 송축하라"(시편 134:2)

교회마다 예배 분위기가 다르고 사용하는 악기도 다를 것이다.

경남에 있는 어떤 교회를 방문했는데 피아노는커녕 드럼이나 건반도 없었다. 이상해서 물어보니 자신들은 오직 목소리로만 경건하게 하나님을 찬양하고 있다고 말했다. 정말 목소리로만 찬양하는 것이 성경적이고 경건한 예배일까? 아니다.

"나팔 소리로 찬양하며 비파와 수금으로 찬양할지어다 소고 치며 춤추어 찬양하며 현악과 퉁소로 찬양할지어다 큰 소리 나는 제금으로 찬양하며 높은 소리 나는 제금으로 찬양할지어다 호흡이 있는 자마다 여호와를 찬양할지어다 할렐루야"(시편 150:3-6)

성경은 동원할 수 있는 모든 악기를 동원해 하나님을 찬양할 것을 명령하신다. 피아노 없는 교회는 거의 없다. 기타나 드럼은 말할 것도 없다. 전기를 이용해 사용하는 악기들은 성경대로 더 큰소리로 찬양하기 위해 사용할 뿐이다.

몸으로는 어떻게 예배해야 하는가?

우리는 편안한 의자에 기대어 앉아 또는 간혹 일어나서 예배한다. 하지만 성경은 그 이상의 것을 요구하고 계신다. 무릎을 꿇고 경배할 때도 있어야 하고 엎드려 주님을 경배할 때도 필요하다.

"오라 우리가 굽혀 경배하며 우리를 지으신 여호와 앞에 무릎을 꿇자"

(시편 95:6)

호주 퍼스에서 예배 콘퍼런스가 열렸다. 예배 인도자가 "우리 모두 통로에 나와 엎드려 우리가 죄인임을 자백하고 주님의 임재를 기다립시다"라고 청중들에게 권면했다. 나는 뒤쪽에 자리하고 있었는데 내 앞쪽에서 예배하던 중장년의 아저씨 한 분이 헛기침을 하더니 밖으로 나가버렸다. 나는 스태프로 참여했는데 좀 당황스러웠다.

그분을 불편하게 한 것이 무엇일까?

찬 바닥에 "엎드리자"라는 그 행위일까?

그것이 자신의 신앙 경험에 비추어 이상한 행동이라고 판단되었을까?

분명한 것은 상당히 불편한 기색을 하고 기분 나쁘게 나갔다는 것이다.

하지만 그곳에 모인 수백 명은 통로와 무대 앞으로 나오거나 혹은 뒤쪽으로 나아가 이마, 가슴, 배, 팔, 다리 등 오체(五體)를 바닥에 대고 엎드려 높으신 하나님께 자신을 낮추었다.

이뿐 아니다. 성경은 춤을 추면서 찬양하라고 여러 곳에서 말씀하신다.

"춤추며 그의 이름을 찬양하며 소고와 수금으로 그를 찬양할지어다"
(시편 149:3)

경직된 마음과 몸으로 하나님을 경배하고 찬양하는 것은 힘든 일이다. 경배와 찬양 시간은 온몸으로 모든 악기를 동원하여 최고의 예배를 드리는 시간이다. 자신의 경험과 신앙 지식으로 예배의 태도와 자세를 규정하는 것은 위험한 일이다.

아프리카 나이지리아의 소수 민족이 예배하는 장면을 본 적이 있다. 그들은 뜨거운 천막 안에서 3시간 동안 뛰고 소리 지르고 춤을 추면서 찬양을 했다. 그리고 티베트에 있는 선교사의 영상에는 오체(五體)를 바닥에 대고 눈물을 흘리며 예배하는 모습이 담겨있었다. 우리나라에서도 북과 장구와 꽹과리 그리고 징으로 찬양하는 것을 본 적이 있다.

우리는 경배와 찬양 시간에 어떤 태도로 하나님을 높여드리고 있는가?

예배자는 자신의 성격을 극복하며 예배드리는 자이다. 예배자는 자신의 감정과 기분을 극복하며 하나님을 높여드려야 할 때도 있어야 한다. 그럴 때 우리 하나님은 우리의 삶을 변화시켜 기쁨이 충만하게 해주신다.

"주께서 나의 슬픔이 변하여 내게 춤이 되게 하시며 나의 베옷을 벗기고 기쁨으로 띠 띠우셨나이다"(시편 30:11)

예배는 구경하는 것이 아니라 직접 자신의 전인격을 드려 고백해야 하는 것이다.

오늘은 마지막으로 바닥에 오체(五體)를 붙이고
엎드려 기도해 보면 어떨까?
"하나님, 굴복합니다. 나는 하나님께 온몸으로
경배와 찬양을 올리지 못했습니다."
"이제부터라도 온몸으로 주님을 노래하고
경배할 수 있는 믿음을 주옵소서."

내용 일기

1. 새롭게 깨닫게 된 것은 무엇인가?

2. 그동안 알고 있는 것 중에 다시 확인된 내용은 무엇인가?

3. 그룹 스터디 시간에 지도자에게 질문이 있다면 기록해 보라.

4. 오늘 깨닫게 된 것이 믿음이 되도록 기도하라. 그리고 내일을 위해 기도하라.

5. 진단 점수 기록하기

　　이번 주제를 읽고 자신의 점수는 10점 만점에 몇 점인가? (　　　점)

1-3점(위험)			4-5점(위기)		6-7점(분발)		8-10점(건강)		
1	2	3	4	5	6	7	8	9	10

찬송할 때 일어나는 일

 기도하기(소요시간 3분)

오늘도 성령님께서 깨닫게 하시도록 도움을 요청하는 시간이다. 이 주제를 공부할 때 나의 잘못된 신앙과 인격이 바로 교정되며 깨닫게 된 내용이 삶에 큰 도움과 지혜가 되도록 구한다. 그리고 시작할 때 작정한 세 가지 기도 제목을 주님께 아뢰며 올려드린다.

 성경 본문 읽기(소요시간 2분)

● 암송 구절 : "아버지께 참되게 예배하는 자들은 영과 진리로 예배할 때가 오나니 곧 이때라 아버지께서는 자기에게 이렇게 예배하는 자들을 찾으시느니라"(요한복음 4:23)

● 오늘 본문 : "한밤중에 바울과 실라가 기도하고 하나님을 찬송하매 죄수들이 듣더라 이에 갑자기 큰 지진이 나서 옥터가 움직이고 문이 곧 다 열리며 모든 사람의 매인 것이 다 벗어진지라"(사도행전 16:25-26)

 주제 내용 읽기(소요시간 17분)

매일 제공되는 주제 내용을 천천히, 중요한 부분에는 밑줄을 긋고, 필요할 때 책에 메모를 하면서 정독한다.

매일 제공되는 내용의 끝에는 내용 일기와 자신의 상태를 체크하는 표가 있다. 매일 기록하도록 한다.

앞장에서 밝힌 대로 인간의 창조 목적은 찬송이다.

"이 백성은 내가 나를 위하여 지었나니 나를 찬송하게 하려 함이니라"

(이사야 43:21)

웨스트민스터 소요리 문답의 제1 질문은 바로 "사람의 제일 되는 목적이 무엇입니까?(What is the chief end of man?)"이다.

이 질문에 대한 답은 다음과 같다.

"사람의 제일 되는 목적은 하나님을 영화롭게 하는 것과 영원토록 그를 즐거워하는 것이다(Man's chief end is to glorify GOD, and to enjoy him forever)."

성경은 하나님을 영화롭게 하는 것이 인간의 본질적인 목적이라고 가르치고 있다. 사전에서는 '영화롭게 하다(glorify)'를 '미화하다' 또는 '찬미하다'라고 기록하고 있다.

우리는 예배를 통해 하나님을 영화롭게 할 수 있다. 물론 '영화롭게 하다'라는 것은 예배를 통한 것 이상의 삶으로 주님을 영화롭게 하는 것을 포함한다. 하지만 우리는 하나님을 찬미하는 노래를 통해서도 주님을 영화롭게 할 수 있다. 그리고 '그를 즐거워하는 것(enjoy)'도 마찬가지다. 본질상 그분을 통해 우리 삶의 참된 기쁨을 누리는 것이지만 찬송을 통해서도 가능하다.

단순하게 생각해 보자. '엔조이(enjoy)'는 즐기는 것이다. 하나님을 높여드리고 찬송하며 그분을 즐길 수 있기 때문이다.

오늘 주제는 '찬송'이다.

우리가 각종 노래를 만들어 하나님을 예배할 때 과연 어떤 일들이 벌어질까? 천군 천사들도 하나님을 노래한다.

"홀연히 수많은 천군이 그 천사들과 함께 하나님을 찬송하여 이르되"

(누가복음 2:13)

찬송에 관한 이야기는 시편을 통해 충분히 살펴볼 수 있지만 그 외 여러 곳에서 찬송의 능력과 기적을 이야기하고 있다. 하나님께서 기뻐하시는 찬송을 통해 일상 속에서도 많은 일들이 일어날 수 있다.

1998년 나는 예수 전도단 DTS라는 제자훈련을 받기 위해 캐나다 토론토 캠퍼스로 갔다. 그 후 3개월의 강의 기간이 끝나고 단기선교를 위해 인도 델리로 떠났다. 당시 팀장인 나는 여러 명의 형제자매들과 함께 인도 델리에 도착했고 작은 집을 빌려 합숙을 하며 델리대학 캠퍼스 사역에 투입되었다. 아침저녁으로 기도하며 예배하였고 성령님이 이끄시는 곳으로 전도를 다녔다.

어느 날 같은 팀의 형제가 아프다기에 살펴보니 온몸에 좁쌀 같은 종기가 나있었다. 형제는 머리부터 발바닥까지 뭔가가 나더니 가렵고 따가워서 견디지를 못할 지경이 되었다.

상황을 알리기 위해 본부에 긴급하게 연락했지만 인도 병원의 환경이 열악해 주사기를 사용하는 것이 더 위험할 수 있다는 답변이 돌아왔다. 우리가 할 수 있는 일이라곤 그 형제를 위해 기도하는 것뿐이었다.

리더인 나는 저녁 무렵 그가 누워 있는 방으로 모든 팀원들을 모았다. 그리고 그의 몸에 손을 얹고 기도하며 찬송하자고 했다.

"예수님의 보혈로, 예수님의 보혈로~."

우리는 그의 온몸에 손을 얹고 찬송을 부르며 기도했다. 다음 날 아침부터 놀라운 일이 벌어졌다. 온몸에 좁쌀 같은 종기가 나있던 형제의 몸에 딱지 같은 것이 앉더니 가려움과 따가움이 사라지고 거짓말처럼 치료가 되었다. 우리 팀원 모두는 놀라움에 하나님께 영광을 돌릴 수밖에 없었다.

한 번은 더운 여름 날씨에 주일 예배를 드리는데 "꽝" 하고 뒷문이 열리더니 웬 여자가 반나체로 예배당 안으로 뛰어들어왔다. 설교를 하던 담임목사님은 내게 눈짓으로 '데리고 나가라'는 사인을 보냈다. 나는 그녀를 뒤에서 힘껏 안아 밖으로 나왔다. 그런데 그 여자는 큰소리로 하나님을 욕하고 이상한 말들을 쏟아놓았다. 아무래도 귀신 들린 사람처럼 보여 나는 본당 아래 기도실로 그녀를 데리고 갔다.

얼마나 무서운 눈빛과 표정을 짓든지 당시 20대 초반이었던 나는 두려움에 떨 수밖에 없었다. 그녀는 이상한 말과 행동으로 나를 더 당혹스럽게 만들었다. 경험이 미숙했던 내가 할 수 있는 건 오로지 찬양뿐이었다. 나는 그녀를 앞에 두고 보혈 찬송을 부르기 시작했다. 그러자 여자는 마치 줄에 묶인 사람 모양을 하더니 벌벌 떨기 시작했다. 찬송을 멈추면 이상한 말과 행동을 하고 찬송을 부르면 결박된 사람처럼 떨었다.

예배가 끝나자 사람들이 몰려왔고 담임목사님의 주도로 사건은 일단락되었다. 이 일을 통해 나는 찬송의 능력이 얼마나 강력한지 알게 되었고 성경의 이야기가 결코 거짓이 아님을 새삼 깨닫게 되었다.

사울 왕이 하나님의 허락을 받은 악령에 의해 고통당하게 되었다.

"여호와의 영이 사울에게서 떠나고 여호와께서 부리시는 악령이 그를 번뇌하게 한지라"(사무엘상 16:14)

신하들은 수금을 타는 사람을 찾아 찬송을 부르게 하면 악령이 떠날 것이라고 보고했다. 그때 당시 수금은 주로 예배용으로 사용하던 악기였다. 소년 중 하나가 이새의 아들 다윗을 추천했고 사울 왕은 사람을 보내어 다윗을 초청하게 되었다.

우리가 알다시피 다윗은 늘 하나님을 찬송했던 예배자였다. 수금은 하나님을 찬양할 때 사용했을 것이다. 수많은 다윗의 시편에서 우리는 짐작할 수 있다. 사울 왕 앞에 온 다윗은 늘 하던 대로 수금을 타며 하나님을 찬양하기 시작했다. 그때 사울 왕을 괴롭혔던 악령이 떠나가게 되었다.

"하나님께서 부리시는 악령이 사울에게 이를 때에 다윗이 수금을 들고 와서 손으로 탄즉 사울이 상쾌하여 낫고 악령이 그에게서 떠나더라"
(사무엘상 16:23)

3,000년 전이나 지금이나 찬송의 능력은 동일하다.

사도 바울은 빌립보 지방으로 가서 전도하기 시작했다. 그 곳에서 점을 치며 주인에게 돈을 벌어 주던 귀신 들린 여자를 고쳐주었다. 그 사건으로 모함을 받아 함께 사역하던 실라와 함께 매를 맞고 감옥에 갇혔다.

고통스러운 순간이었지만 바울과 실라는 도리어 하나님을 찬송했다. 간수들이 듣거나 말거나 그들은 큰소리로 하나님을 높여드리는 노래를 불렀다. 그 순간 놀라운 일들이 일어났다. 갑자기 지진이 나서 옥터가 흔들리고 닫혀있던 문들이 열렸다. 그리고 손과 발에 매여 있는 것들이 다 벗어졌다.

"한밤중에 바울과 실라가 기도하고 하나님을 찬송하매 죄수들이 듣더라 이에 갑자기 큰 지진이 나서 옥터가 움직이고 문이 곧 다 열리며 모든 사람의 매인 것이 다 벗어진지라"(사도행전 16:25-26)

찬송의 능력은 우리가 생각하는 것보다 강력하다. 나는 바울과 실라가 불렀던 노래 제목이 궁금하다. 예수님께서 베드로에게 말씀하신 교회의 능력을 가사로 한 찬송이 아닐까 상상해 볼 뿐이다.

"내가 천국 열쇠를 네게 주리니 네가 땅에서 무엇이든지 매면 하늘에

서도 매일 것이요 네가 땅에서 무엇이든지 풀면 하늘에서도 풀리리라 하시고"(마태복음 16:19)

하나님은 찬송을 기뻐하신다. 마음의 소원을 담은 찬송을 기도로 받으신다. 하나님의 행하신 일들을 찬미하는 노래를 통해 영광을 받으신다. 우리는 찬송하는 순간 묶인 것이 풀어지고 눌린 것이 자유케 되는 은혜를 경험하게 된다.

일부 성도들은 노래방에서는 목에 핏대를 세워가며 세상 노래들을 부른다. 하지만 하나님을 찬송하는 순간에는 맥 없이, 진심 없이 부르곤 한다. 어느 날 이렇게 찬송하는 성도에게 "최선을 다해 찬송하세요"라고 권면했다. 그러자 그 성도는 "목사님 저는 마이크 체질이에요"라고 웃으며 대답했다.

예배 시간에 찬송은 천사가 흠모할 정도의 찬송이 되도록 전심을 다해 고백하는 것이 필요하다.

어떤 사람은 "저는 노래를 잘 못합니다"라고 말하기도 한다. 하지만 우리는 진심을 담은 고백을 올려드리는 것이지 가수처럼 노래를 잘 부를 필요는 없다. 찬송은 엄청난 위력을 가진 능력이 숨어있다. 그래서 시편 기자들은 "계속적으로 찬송하라"라고 말한다.

"찬송하라 하나님을 찬송하라 찬송하라 우리 왕을 찬송하라"(시편 47:6)

이제 작은 목소리로 찬송을 올려드리고자 한다.
"좋으신 하나님~ 좋으신 하나님~

참 좋으신 나의 하나님~."

이 찬양을 부르면서 하나님을 예배해 보라.

그 순간 우리의 가정과 일터에 그리고 우리의 병든 육신에

어둠이 떠나게 될 것이다.

내용 일기
1. 새롭게 깨닫게 된 것은 무엇인가?
2. 그동안 알고 있는 것 중에 다시 확인된 내용은 무엇인가?
3. 그룹 스터디 시간에 지도자에게 질문이 있다면 기록해 보라.
4. 오늘 깨닫게 된 것이 믿음이 되도록 기도하라. 그리고 내일을 위해 기도하라.
5. 진단 점수 기록하기
이번 주제를 읽고 자신의 점수는 10점 만점에 몇 점인가? (점)

1–3점(위험)			4–5점(위기)		6–7점(분발)		8–10점(건강)		
1	2	3	4	5	6	7	8	9	10

18일차 토요일

삶이 예배가 되도록 살아보라

 기도하기(소요시간 3분)

오늘도 성령님께서 깨닫게 하시도록 도움을 요청하는 시간이다. 이 주제를 공부할 때 나의 잘못된 신앙과 인격이 바로 교정되며 깨닫게 된 내용이 삶에 큰 도움과 지혜가 되도록 구한다. 그리고 시작할 때 작정한 세 가지 기도 제목을 주님께 아뢰며 올려드린다.

 성경 본문 읽기(소요시간 2분)

● 암송 구절 : "아버지께 참되게 예배하는 자들은 영과 진리로 예배할 때가 오나니 곧 이때라 아버지께서는 자기에게 이렇게 예배하는 자들을 찾으시느니라"(요한복음 4:23)

● 오늘 본문 : "그런즉 우리도 그의 치욕을 짊어지고 영문 밖으로 그에게 나아가자"(히브리서 13:13)

 주제 내용 읽기(소요시간 17분)

매일 제공되는 주제 내용을 천천히, 중요한 부분에는 밑줄을 긋고, 필요할 때 책에 메모를 하면서 정독한다.

📖 내용 일기 작성하기(소요시간 5분)와 마지막 기도(소요시간 3분)

매일 제공되는 내용의 끝에는 내용 일기와 자신의 상태를 체크하는 표가 있다. 매일 기록하도록 한다.

「삶이 묻어난 예배, 예배가 묻어난 삶」이라는 제목의 찬양 앨범이 있다. 여러 명의 CCM 뮤지션들이 함께 작업한 것으로 그 제목이 참 은혜롭다고 생각한다. 나는 이 앨범의 제목을 보며 뮤지션들이 무엇을 고민하며 함께 작업했는지 이해할 수 있었다. 즉 일상에서의 예배는 어떠해야 하며 어떤 의미를 가지는지를 느낄 수 있었다.

우리는 일주일에 한두 번 예배당에서 드리는 예배로 모든 예배를 완수했다고 생각할 때가 많다. 하지만 주일날 교회 문을 나서는 순간부터 또 다른 예배가 시작되고 있음을 우리는 인식해야만 한다. 우리가 입고, 먹고, 살아가는 순간순간이 하나님께 영광 돌리는 삶이 되게 하기 위해 우리는 무엇을 해야 하는가?

"그런즉 너희가 먹든지 마시든지 무엇을 하든지 다 하나님의 영광을 위하여 하라"(고린도전서 10:31)

가장 먼저 교회와 세상을 이분법으로 나누어 교회는 거룩하고 세상은 속되다는 생각을 버려야 한다. 하나님은 세상을 사랑하셔서 이 땅에 독생자를 보내셨다. 교회만 사랑하신 것이 결코 아니다. 그러므로 교회 안에서 드리는 예전적인 예배만을 거룩한 예배라고 생각한다면 신앙 생활은 편협해질 수밖에 없다. 우리의 부름은 교회로 받았지만 동시에 세상으로 부름받았다. 우리는 모여 예배하지만 동시에 흩어져 예배해야만 한다. 그러므로 그동안 다루었던 교회 안에서의 예배 이해와 동시에 우리 삶의 터전에 대한 새로운 이해를 가져야 한다.

그동안 우리를 지배해 왔던 이원론적인 생각은 교회와 세상을 분리해 버렸다. 그러나 하나님은 교회를 세상 안에 두셨다. 그리고 세상의 소금과 빛이라고 말씀하셨다.

> "너희는 세상의 소금이니 소금이 만일 그 맛을 잃으면 무엇으로 짜게 하리요 후에는 아무 쓸 데 없어 다만 밖에 버려져 사람에게 밟힐 뿐이니라 너희는 세상의 빛이라 산 위에 있는 동네가 숨겨지지 못할 것이요"(마태복음 5:13-14)

일주일에 한 번 교회의 예배로 부르신 것이 결코 아니다. 주일을 제외한 6일 동안 우리는 각자의 직장과 가정과 학교에서 생활한다. 그러므로 교회는 최종 목적지가 아니라 세상으로 보내지는 터미널 같은 곳이다. 터미널에 머물러 있는 사람은 없다. 이처럼 우리가 진정한 예배의 삶을 살아야 하는 장소는 바로 세상이다.

예루살렘은 해발 700m 이상 되는 산위에 있는 성읍이었다. 성벽을 따라 8개의 성문이 있고 성위에는 34개의 탑과 24개의 망루로 이루어져 있었다. 이렇게 이루어진 성벽 안과 밖은 철저하게 나누어져 있었다. '영문(outside the camp)' 안은 성전이 있었고 군대가 주둔했으며 사람들이 살아가는 안전한 장소였다. 하지만 영문 밖은 사람이 살 수 없고 시체나 제물이 불태워 버려지는 곳이었다.

영문 밖으로 나가면 가난한 자와 병든 자들이 살았고 좀 더 멀리 가면 나병환자들이 사는 곳도 있었다. 강도와 야생동물들이 위협하는 위험한 곳이었다.

성경 레위기에 설명된 여러 가지 제사들은 제물을 불태우는 번제의 형식을 가지고 있었는데 대제사장이 제물의 피는 가지고 성소로 들어가고 그 제물의 육체는 영문 밖으로 나가서 불살랐다. 이처럼 영문 밖은 그런 곳이었다.

하지만 우리 예수님은 친히 제물이 되시어 십자가를 지고 영문 밖으로 나가셨다. 비야 돌로로사(고난의 길)는 그때 당시 영문 밖에 있었다. 예수님께서 십자가에 달리신 골고다 언덕도 영문 밖에 있었다.

"그러므로 예수도 자기 피로써 백성을 거룩하게 하려고 성문 밖에서 고난을 받으셨느니라"(히브리서 13:12)

영문 밖은 우리에게 어떤 의미일까?

자기 십자가를 지고 나아가야 할 목적지가 아닐까?

주님이 지고 가신 그 길을 우리도 함께 가야 된다면 영문 안이 아니라 바로 영문 밖으로의 초청인 것이다.

"그런즉 우리도 그의 치욕을 짊어지고 영문 밖으로 그에게 나아가자"
(히브리서 13:13)

예수님께서 승천하실 때에 우리에게 지상 대 명령(The Great Commission)을 주셨다.

"오직 성령이 너희에게 임하시면 너희가 권능을 받고 예루살렘과 온 유대와 사마리아와 땅 끝까지 이르러 내 증인이 되리라 하시니라"(사도행전 1:8)

이 명령을 수행하기 위해 영문 안에 머물러 있으면 안 된다. 모두가 영문을 나와서 유대 들녘으로, 사마리아로, 땅 끝으로 갈 수 있어야 한다. 하지만 성도들은 예루살렘 영문 안에 그대로 남아 있었다. 결국 스데반의 순교로 교회의 핍박이 있고서야 성도들은 영문 밖으로 흩어지기 시작했다.

"그날에 예루살렘에 있는 교회에 큰 박해가 있어 사도 외에는 다 유대와 사마리아 모든 땅으로 흩어지니라"(사도행전 8:1b)

교회는 영문 밖 사역으로 부름받은 공동체이다. 우리의 예배도 영문 밖에서 드려야 한다. 제사를 드리고 난 찌꺼기를 버리는 곳, 사람들의 분뇨와 쓰레기를 버리고 불태우던 곳, 그곳이 바로 우리가 살아가는 죄가 만연한 직장이요, 깨어진 가정이요, 불신이 가득한 학교가 아니겠는가?

그러나 우리는 교회 안에만 머물려고 한다. 어떤 목회자들은 교회는 거룩하고 세상은 더러우니 결코 나가지 못하도록 가르친다. 친구들과 절교를 하고 오직 교회 봉사만 하도록 가르친다.

교회 운영을 위해서 성도들이 필요한 것인가? 아니면 훈련하여 세상으로 보내기 위해 성도가 필요한 것인가?

우리 삶의 예배는 주일 예배가 끝나고 나서 삶의 현장에서 진행되어야 한다. 아무리 은혜로운 예배를 교회 안에서 드린다 하더라도 세상에서 우리의 삶이 덕이 되지 못하고 하나님의 영광을 가린다면 그 예배는 죽은 예배가 되는 것이다.

하나님은 우리를 불러 자기 소유로 삼으신 분명한 이유가 있다. 예수 그리스도의 아름다움을 우리의 삶을 통해 선전하시기 위함이다.

"그러나 너희는 택하신 족속이요 왕 같은 제사장들이요 거룩한 나라요 그의 소유가 된 백성이니 이는 너희를 어두운 데서 불러내어 그의 기이한 빛에 들어가게 하신 이의 아름다운 덕을 선포하게 하려 하심이라"

(베드로전서 2:9)

우리가 받은 엄청난 호칭들에 취하여 서로 축복하면서 실제로 아름다운 덕을 선포하는 세상 속에서의 삶은 형편없을 때가 많았다. 오늘날 교회가 세상의 존경의 대상이 아니라 비난의 대상이 된 것도 바로 이런 이유가 아니겠는가? 자기들만의 화려한 예배 그리고 이기적인 삶, 이것은 어쩌면 비난받아 마땅한 것인지도 모른다. 소금이 그 맛을 잃어버리면 버려져 사람들에게 밟힐 뿐이라는 말씀을 기억해야 한다.

예배가 삶이 되고 삶이 예배가 된다는 것은 영문 밖을 등한시하거나 쾌락을 즐기거나 돈을 버는 장소로만 생각하다면 이룰 수 없다. 예수님은 십자가를 지고 나를 따라오라고 말씀하셨다.

"누구든지 나를 따라오려거든 자기를 부인하고 자기 십자가를 지고 나를 따를 것이니라"(마태복음 16:24)

우리는 예수님이 사랑하시고 예수님이 구원하시려는 세상을 향해 나아가야만 한다. 그 삶의 현장에서 그리스도인답게 말씀의 가치를 따라 순종하며 사는 삶이 바로 예배가 되는 삶이다. 세상 속에서 살아가지만 세상과 구별되며 세상을 따르지 않고 세상을 변화시키는 작은 몸짓이 바로 예배의 삶이다. 이는 세상과 담을 쌓고 분리해서는 결코 이룰 수 없다.

"너희는 이 세대를 본받지 말고 오직 마음을 새롭게 함으로 변화를 받아 하나님의 선하시고 기뻐하시고 온전하신 뜻이 무엇인지 분별하도록 하라"(로마서 12:2)

이제 가슴에 손을 얹고 조용히 자신의 신앙의 살피며
기도해 보라.
"하나님 아버지, 내가 사는 영문 밖에서
예배의 삶을 살게 하소서."
"세상 속에서 아름다운 주님의 사랑을 선전하는 삶이
곧 예배의 삶임을 깨닫게 하소서."

내용 일기

1. 새롭게 깨닫게 된 것은 무엇인가?

2. 그동안 알고 있는 것 중에 다시 확인된 내용은 무엇인가?

3. 그룹 스터디 시간에 지도자에게 질문이 있다면 기록해 보라.

4. 오늘 깨닫게 된 것이 믿음이 되도록 기도하라. 그리고 내일을 위해 기도하라.

5. 진단 점수 기록하기

　　이번 주제를 읽고 자신의 점수는 10점 만점에 몇 점인가? (　　　점)

1–3점(위험)			4–5점(위기)		6–7점(분발)		8–10점(건강)		
1	2	3	4	5	6	7	8	9	10

주일 그룹 스터디(Group Study)

1. 함께 경배와 찬양드리기(10분)

매주 제공되는 주제 찬양을 함께 부르며 오늘 모임에 하나님께서 함께해 주시기를 간구한다. 인도하는 지도자와 함께 하는 성도들을 위해서도 중보한다. 이 시간에 각자 정해둔 세 가지의 기도 제목을 하나님께 올려드리는 시간도 함께 가진다.

2. 암송 구절 확인하기(5분)

작은 메모지에 암송한 구절을 적어 제출하도록 하면 시간을 단축할 수 있다. 하지만 소그룹일 때는 한 명 한 명 돌아가며 암송해 보도록 하는 것이 효과적일 것이다.

3. 복습 강의(40분)

지도자는 한 주간 전체 주제에 대해 정리하며 평신도들이 좀 더 알아야 할 중요한 부분들을 다시 복습시키고 좀 더 깊은 내용들을 언급하며 전체 주제를 짚어주는 강의 시간을 가진다.

4. 개인 나누기(20분)

두세 사람이 짝을 지어 앉고 한 주간 새롭게 깨닫게 된 것을 서로 나누어 보도록 시간을 준다. 그리고 자신의 진단 점수를

나누고 이 책 마지막 페이지에 있는 진단 도표에 점수를 기록하도록 한다.

5. 질의응답(10분)

한 주간 개인 공부시간에 갖게 된 질문을 나누는 시간을 갖는다. 모두 나누면 좋겠지만 두세 사람이 대표로 질문하고 지도자는 적절한 답을 주는 방식을 취한다.

6. 마지막 기도(5분)

한 주간 대표 주제를 통해 깨닫게 된 내용이 자신의 삶과 믿음에 도움이 되도록 기도하며 또 시작되는 한 주간의 개인 스터디를 주님께 의탁하며 기도하는 시간이다.

제3부 예배가 이끄는 삶(요한복음 4:23)

1. 하나님이 찾으시는 예배자(히브리서 10:19-20)

● 하나님은 (형식적인) 예배가 아닌 예배자의 (정성)과 (중심)을 받으시는 분이다.

● "그러면 어떻게 할꼬 내가 (영)으로 기도하고 또 (마음)으로 기도하며 내가 영으로 찬미하고 또 마음으로 찬미하리라" (고린도전서 4:5)

● 예배는 (장소)의 문제가 아니다.

● 우리는 예배의 대상이신 하나님을 (예수님)을 통하지 않고는 알 수 없다. 또한 예배할 때 (성령님)의 도우심 없이 불가능하다.

● "아버지께 참되게 예배하는 자들은 (영)과 (진리)로 예배할 때가 오나니 곧 이때라 아버지께서는 자기에게 이렇게 예배하는 자들을 (찾으시느니라)"(요한복음 4:23)

● (예배)에 실패하면 모든 것에 실패하고 (예배)에 성공하면 모든 것에 성공한다.

2. 기적을 부르는 예배(시편 50:23)

● 예배는 우리 하나님과의 관계의 (질)과 신앙의 (상태)를 잘

나타내 주는 지표이다.

● 예배는 피조물인 인간이 (창조주)인 하나님을 (인정)하는 행위이며 고백이다.

● "(감사)로 제사를 드리는 자가 나를 (영화롭게) 하나니 그의 행위를 옳게 하는 자에게 내가 하나님의 (구원)을 보이리라"
  (시편 50:23)

● 기적을 부르는 예배는 (온전한) 믿음을 가진 (예배자)들이 살아계신 하나님을 신뢰함으로 예배할 때 이루어진다.
  - 예배는 우리 (상황)과 (기분)을 극복해야 한다.

3. 예배 순서는 왜 필요한가?(로마서 21:1)

● 예배는 예배의 대상이신 (삼위일체) 하나님을 향해 경배하며 선포해 주시는 말씀을 화답하고 하나님 나라의 백성으로 살기로 (결단)하는 것이다.

● 초대 교회는 (말씀 예전)과 (성만찬 예전)으로 이루어진 예배를 드렸다.

● 예배의 순서에는 (방향성)이 있다.
  그것을 화살표로 기록해 보라.

● 찬양 (↑), 기도(↑), 설교(↓), 헌금(↑), 축도(↓), 광고 (→)

● "이러므로 우리가 하나님께 끊임없이 감사함은 너희가 우리에게 들은 바 하나님의 말씀을 받을 때에 (사람)의 말로 받지 아니하고 (하나님)의 말씀으로 받음이니 진실로 그러하도다 이 말씀이 또한 너희 믿는 자 가운데에서 역사하느니

라"(데살로니가전서 2:13)

- 우리 자신을 하나님께 (헌신)할 때 하나님은 그 (예배)를 기쁘게 받으신다.

4. 경배와 찬양 시간의 태도와 자세(시편 150:3-6)

- 우리 인간이 창조된 목적은 하나님을 (찬송)하기 위해서이다.
- 예배의 (청중)은 오직 (하나님) 한 분이시며 우리가 무대에서 그분을 (경배)하는 것이다.
- "이 백성이 내가 나를 위하여 지었나니 나를 (찬송)하게 하려 함이니라"(이사야 43:21)
- 경배와 찬양은 하나님을 하나님으로 (인정)하는 것이며 하나님의 행하신 일들을 (칭송)하는 것이다.
- "나팔소리로 찬양하며 비파와 수금으로 찬양할지어다 소고 치며 (춤추어) 찬양하며 (현악)과 퉁소로 찬양할지어다 큰 소리 나는 제금으로 찬양하며 높은 소리 나는 (제금)으로 찬양할지어다 호흡이 있는 자마다 여호와를 찬양할지어다 할렐루야"(시편 150:3-6)
- 경배와 찬양 시간은 (온몸)과 모든 (악기)를 동원하여 (최고)의 예배를 드리는 것이다.
- 예배는 (구경)하는 것이 아니라 직접 자신의 (전인격)을 드려 (고백)하는 것이다.

5. 찬송할 때 일어나는 일(사도행전 16:25-26)

● 사람의 제일 되는 목적이 무엇입니까?

사람의 제일 되는 목적은 하나님을 (영화롭게) 하는 것과 영원토록 그를 (즐거워) 하는 것입니다.

● "하나님께서 부리시는 악령이 사울에게 이를 때에 다윗이 (수금)을 들고 와서 손으로 탄즉 사울이 상쾌하여 낫고 (악령)이 그에게서 떠나더라"(사무엘상 16:23)

● 우리가 찬송하는 그 순간 (묶인) 것이 풀어지고 (눌린) 것이 자유케 된다

● "한밤중에 바울과 실라가 기도하고 하나님을 (찬송)하매 죄수들이 듣더라 이에 갑자기 큰 지진이 나서 옥터가 움직이고 (문)이 곧 다 열리며 모든 사람의 (매인) 것이 다 벗어진지라"(사도행전 16:25-26)

● 찬송 시간에 천사가 (흠모)할 만한 찬송을 올려드리려면 (최선)을 다하는 찬양이어야 한다.

● "(찬송)하라 하나님을 (찬송)하라 (찬송)하라 우리 왕을 (찬송)하라"(시편 47:6)

6. 삶이 예배가 되도록 살아 보라(히브리서 13:13)

● 주일에 예배당 문을 나서는 순간부터 (다른 예배)가 시작된다.

● 우리는 교회로 부름을 받았지만 동시에 (세상)으로 부름을 받았다.

- "그런즉 너희가 먹든지 마시든지 (무엇)을 하든지 다 하나님의 (영광)을 위하여 하라"(고린도전서 10:31)
- 교회는 최종 (목적지)가 아니라 세상으로 보내시는 (터미널)이다.
- "그런즉 우리도 그의 치욕을 짊어지고 (영문) 밖으로 그에게 나아가자"(히브리서 13:13)
- 교회는 (영문) 밖으로 부름받은 공동체이다.
- 말씀의 (가치)를 따라 (순종)하며 살아 내는 것이 바로 삶이 예배가 되는 것이다.

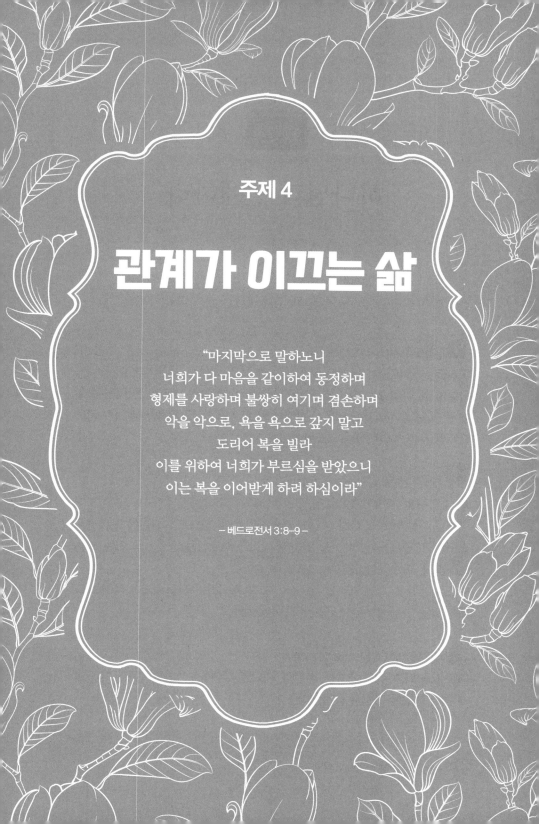

주제 4

관계가 이끄는 삶

"마지막으로 말하노니
너희가 다 마음을 같이하여 동정하며
형제를 사랑하며 불쌍히 여기며 겸손하며
악을 악으로, 욕을 욕으로 갚지 말고
도리어 복을 빌라
이를 위하여 너희가 부르심을 받았으니
이는 복을 이어받게 하려 하심이라"

– 베드로전서 3:8–9 –

하나님과 연애하라

 기도하기(소요시간 3분)

오늘도 성령님께서 깨닫게 하시도록 도움을 요청하는 시간이다. 이 주제를 공부할 때 나의 잘못된 신앙과 인격이 바로 교정되며 깨닫게 된 내용이 삶에 큰 도움과 지혜가 되도록 구한다. 그리고 시작할 때 작정한 세 가지 기도 제목을 주님께 아뢰며 올려드린다.

 성경 본문 읽기(소요시간 2분)

● 암송 구절 : "마지막으로 말하노니 너희가 다 마음을 같이하여 동정하며 형제를 사랑하며 불쌍히 여기며 겸손하며 악을 악으로, 욕을 욕으로 갚지 말고 도리어 복을 빌라 이를 위하여 너희가 부르심을 받았으니 이는 복을 이어받게 하려 하심이라"(베드로전서 3:8-9)

● 오늘 본문 : "여호와의 친밀하심이 그를 경외하는 자들에게 있음이여 그의 언약을 그들에게 보이시리로다"(시편 25:14)

 주제 내용 읽기(소요시간 17분)

매일 제공되는 주제 내용을 천천히, 중요한 부분에는 밑줄을 긋고, 필요할 때 책에 메모를 하면서 정독한다.

📖 **내용 일기 작성하기**(소요시간 5분)**와 마지막 기도**(소요시간 3분)

매일 제공되는 내용의 끝에는 내용 일기와 자신의 상태를 체크하는 표가 있다. 매일 기록하도록 한다.

  나는 고등학교 2학년 때 첫사랑을 만났다. 당시 학교를 마친 나는 자전거를 타고 집으로 가고 있었다. 그때 갑자기 자전거 한 대가 빠른 속도로 나를 추월했다. 긴 생머리를 한 여학생이 탄 사이클 자전거였다. 그 여학생이 지나가자 바람과 함께 아카시아 향의 샴푸 냄새가 내 코를 자극했다. 나는 그 여학생의 자전거가 사라질 때까지 멍하니 바라보다가 넘어질 뻔했다.

  일주일 내내 그 아카시아 향기와 바람처럼 달려가던 그 여학생의 뒷모습이 눈에서 떠나지 않았다. 주일이 되고 고등부 예배를 드리기 위해 일찍 교회에 도착해 예배당에 앉아 있는데 어디선가 아카시아 향기가 났다. 하지만 나는 뒤돌아 볼 용기가 나지 않았다. 그저 가슴이 뛰었다. 그 여학생이 예배당 안에 앉아있었던 것이다.

  그 후 나는 그녀와 친해지기 위해 애를 썼다. 조심스럽게 나 자신을 소개했고 시간이 조금 흐른 뒤에는 편지를 써서 좋아한다고 고백하기도 했다. 시간이 흘러 우리는 교제를 시작했고 서로 알아가는데 열중했다. 어떤 음식을 좋아하는지, 취미는 무엇인지 등을 이야기하며 서로를 알아갔다. 각자의 집을

215

방문해 부모님께 인사도 드렸다.

우리는 하루가 멀다 하고 학교를 마친 후 만남을 가졌다. 둘이 함께 있으면 시간 가는 줄 모를 때가 한두 번이 아니었다. 가슴은 언제나 설레고 콩닥거렸다. 시간이 지날수록 우리의 사랑은 깊어졌고 옆에 없어도 있는 것 같은 존재가 되었다. 그녀가 없는 미래는 나에게 존재하지 않았다.

어떤가? 대부분의 사람은 첫사랑에 대한 기억이 남아 있을 것이다. 뜨거웠던 청춘의 풋사랑은 예쁘고 아름다웠을 것이다. 살면서 나는 이와 거의 흡사한 또 한 번의 사랑을 경험했다. 그것은 다름 아닌 예수 그리스도를 처음 만났을 때였다.

고등학교 2학년 여름 신앙 수련회에서 주님을 인격적으로 영접한 후 매일매일 아니 매시간 예수님 생각뿐이었다. 예수님을 내 마음에서, 내 생각에서 보내 드릴 수가 없었다. 그래서 기도했고 그분을 예배하기 시작했다.

그분에 대한 궁금증이 갈증처럼 생겨났다. 나는 성경을 통해 예수님을 알아가기 시작했다. 성경공부도 참여하고 이전보다 더 진실하게 기도했다. 예수님을 빼고서는 나의 미래도, 나의 비전도 의미가 없었다.

나의 첫사랑 경험과 예수님과의 연애는 소름 끼치도록 흡사했다. 연애를 하면 우리는 상대에 대해 관심을 갖고 집중하게 된다. 그리고 탐색을 통해 더 알아가기를 원한다. 교제가 깊어지면서 사랑을 유지하기 위해 최선을 다하게 된다.

신앙생활은 하나님과 연애하는 것이다. 하나님께서도 우리와 친밀해지고 싶어 하시고 그런 사람들에게 귀한 언약을 맺고 관계를 유지하기를 원하신다.

"여호와의 친밀하심이 그를 경외하는 자들에게 있음이여 그의 언약을 그들에게 보이시리로다"(시편 25:14)

다윗은 혹독한 어린 시절을 보냈다. 부모로부터 사랑받지 못했고 늘 가장 궂은일들을 도맡아 하는 종과도 같았다. 하지만 그는 양 떼를 칠 때마다 수금을 가지고 나아가 하나님을 찬양하며 주님과의 친밀함 가운데로 나아갔다. 그는 일찍부터 주님을 사랑했고 주님도 다윗을 사랑하셨다. 하나님은 다윗을 '마음에 맞는 자'라고 말씀하셨다.

"다윗을 왕으로 세우시고 증언하여 이르시되 내가 이새의 아들 다윗을 만나니 내 마음에 맞는 사람이라 내 뜻을 다 이루리라 하시더니"

(사도행전 13:22)

하나님은 아브라함을 향해서는 나의 벗이라고 말씀하신다.

"그러나 나의 종 너 이스라엘아 내가 택한 야곱아 나의 벗 아브라함의 자손아"(이사야 41:8)

하나님께서는 지금도 다윗처럼 아브라함처럼 주님과 친밀하고자 하는 자들을 찾고 계신다.

그렇다면 우리는 어떻게 해야 할까?

우리가 사랑에 빠졌을 때를 생각해 보자. 상대에게 계속적으로 관심을 가졌듯이 하나님을 향해 관심을 갖기를 바란다. 하나님을 사모하는 마음을 갖게 해달라고 기도하면 하나님과 사랑에 빠지게 된다. 어떤 상황에서도 하나님을 갈망하는 마음을 주시도록 기도할 때 하나님은 그 이상의 은혜를 우리에게 허락하신다.

"하나님이여 사슴이 시냇물을 찾기에 갈급함 같이 내 영혼이 주를 찾기에 갈급하니이다"(시편 42:1)

사모하고 관심을 갖게 되면 상대에게 집중하듯이 우리는 하나님께 집중해야 한다. 우리가 사는 세상에는 필요한 것들이 많다. 우리는 그것들을 얻고 유지하기 위해 노력하지만 그러다 보면 초점이 흐려진다. 이 말은 하나님께 집중하지 못하게 된다는 뜻이다. 사랑하는 이에게서 시선이 분산되고 다른 곳으로 눈길이 간다면 그것은 사랑하지 않게 되는 지름길이다. 신앙도 무엇을 하든지 하나님께 집중하도록 노력하다 보면 그 가운데 부어지는 은혜가 있다.

"그런즉 너희가 먹든지 마시든지 무엇을 하든지 다 하나님의 영광을 위하여 하라"(고린도전서 10:31)

하나님께서는 우리에게 필요한 많은 것들을 알고 계신다. 우리가 하나님께 집중하면 그 모든 것을 채워주시기 시작하신다.

"그러므로 염려하여 이르기를 무엇을 먹을까 무엇을 마실까 무엇을 입을까 하지 말라 이는 다 이방인들이 구하는 것이라 너희 하늘 아버지께서 이 모든 것이 너희에게 있어야 할 줄을 아시느니라 그런즉 너희는 먼저 그의 나라와 그의 의를 구하라 그리하면 이 모든 것을 너희에게 더하시리라"(마태복음 6:31–33)

그다음 멈추지 말고 주님을 더 알아가야 한다.

우리가 사랑에 빠지면 서로 더 알고 싶어 하는 것과 마찬가지다. 상대의 모든 생각과 필요를 알기 원하고 그가 좋아하는 것과 싫어 하는 것을 알고 싶어 한다. 사랑은 알아가는 것이기 때문이다.

신앙은 더더욱 그러하다. 하나님을 알아가는 것은 신앙의 목적이요, 여정이다. 전능하신 하나님을 피조물인 인간이 알 수 없지만 계시를 통해 하나님을 탐색하고 알 수 있는 길이 열렸다. 또한 이것이 곧 영생에 이르는 길이기도 하다.

"영생은 곧 유일하신 참 하나님과 그가 보내신 자 예수 그리스도를 아는 것이니이다"(요한복음 17:3)

우리는 탐색을 통해 상대를 알아가면서 더 깊은 교제 가운데로 나아간다. 사랑을 할 때 교제함이란 바로 많은 대화라고 할 수 있다. 신앙생활에서 대화란 바로 기도이다. 기도는 간구, 기도, 도고, 감사가 있다고 말씀하신다.

"그러므로 내가 첫째로 권하노니 모든 사람을 위하여 간구와 기도와 도고와 감사를 하되"(디모데전서 2:1)

그중에서 기도의 본질을 설명하는 것은 기도(프로슈케)라는 표현이다.

우리에게 기도란, 우리 입장에서 하나님 앞에 원하는 것을 쏟아내는 것이다. 일반적으로 혼자서 떠드는 것을 대화라고 하지 않는다. 기도도 마찬가지이다. 하나님 앞에 잠잠히 머물러 나에게 무엇을 말씀하시는지 듣는 것이 중요하다. 성경 말씀을 읽으면서 또는 묵상으로 조용히 하나님의 생각으로 나 자신을 뒤덮는 것이다. 그러다 보면 우리 마음과 생각을 통해 말씀하시거나 깨닫게 하신다. 그리고 우리는 우리의 상황이나 감정을 진실하게 주님께 말씀드린다. 이렇게 하면 주님과 깊은 교제가 가능해진다. 더 깊어지면 시간을 정하지 않고도 성령 하나님의 은혜로 기도하며 주님과 교제할 수 있는 길이 열리게 된다.

"모든 기도와 간구를 하되 항상 성령 안에서 기도하고 이를 위하여 깨어 구하기를 항상 힘쓰며 여러 성도를 위하여 구하라"(에베소서 6:18)

사람들은 시간을 들이고 돈을 들여 좋을 관계를 유지하려 한다. 피곤하거나 힘들어도 약속을 깨지 않고 약속 장소로 달려가곤 한다. 좋은 관계를 유지하기 위해서는 마음을 다하고 가지고 있는 힘을 들여야 한다.

인간관계에서는 사랑을 지속하기 위해서는 대가를 지불해

야 한다. 신앙도 마찬가지다. 하나님을 사랑하는 것을 유지해야 한다. 그것은 그냥 되는 것이 결코 아니다. 우리가 가지고 있는 역량을 동원하여 노력하지 않으면 유지하기 힘든 것이 신앙이다.

"너는 마음을 다하고 뜻을 다하고 힘을 다하여 네 하나님 여호와를 사랑하라"(신명기 6:5)

모든 관계 중에서 하나님과의 관계가 깊어질 때 다른 모든 관계도 건강해질 수 있다. 관심, 집중, 탐색, 교제, 유지. 이 다섯 단계 중에서 가장 연약한 부분은 어떤 것인지 잘 살펴서 하나님과 더 깊은 연애 가운데로 나아가길 바란다.

자, 이제 손을 가슴에 모으고 기도해 보라.
"하나님께 더 관심을 갖도록 마음에 사랑을 부어 주소서."
"하나님께 집중하고 하나님을 더 알아가도록
저를 인도해 주세요.
그리고 더 깊은 교제와 그 사랑을 유지할 수 있는 힘을 주소서."

내용 일기

1. 새롭게 깨닫게 된 것은 무엇인가?

2. 그동안 알고 있는 것 중에 다시 확인된 내용은 무엇인가?

3. 그룹 스터디 시간에 지도자에게 질문이 있다면 기록해 보라.

4. 오늘 깨닫게 된 것이 믿음이 되도록 기도하라. 그리고 내일을 위해 기도하라.

5. 진단 점수 기록하기

    이번 주제를 읽고 자신의 점수는 10점 만점에 몇 점인가? (점)

1–3점(위험)			4–5점(위기)		6–7점(분발)		8–10점(건강)		
1	2	3	4	5	6	7	8	9	10

가족이 행복하기 위해

 기도하기(소요시간 3분)

오늘도 성령님께서 깨닫게 하시도록 도움을 요청하는 시간이다. 이 주제를 공부할 때 나의 잘못된 신앙과 인격이 바로 교정되며 깨닫게 된 내용이 삶에 큰 도움과 지혜가 되도록 구한다. 그리고 시작할 때 작정한 세 가지 기도 제목을 주님께 아뢰며 올려드린다.

 성경 본문 읽기(소요시간 2분)

● 암송 구절 : "마지막으로 말하노니 너희가 다 마음을 같이하여 동정하며 형제를 사랑하며 불쌍히 여기며 겸손하며 악을 악으로, 욕을 욕으로 갚지 말고 도리어 복을 빌라 이를 위하여 너희가 부르심을 받았으니 이는 복을 이어받게 하려 하심이라"(베드로전서 3:8-9)

● 오늘 본문 : "아내들이여 자기 남편에게 복종하기를 주께 하듯 하라 이는 남편이 아내의 머리 됨이 그리스도께서 교회의 머리 됨과 같음이니 그가 바로 몸의 구주시니라 그러므로 교회가 그리스도에게 하듯 아내들도 범사에 자기 남편에게 복종할지니라 남편들아 아내 사랑하기를 그리스도께서 교회를 사랑하시고 그 교회를 위하여 자신을 주심같이 하라"(에베소서 5:22-25)

주제 내용 읽기(소요시간 17분)

매일 제공되는 주제 내용을 천천히, 중요한 부분에는 밑줄을 긋고, 필요할 때 책에 메모를 하면서 정독한다.

내용 일기 작성하기(소요시간 5분)**와 마지막 기도**(소요시간 3분)

매일 제공되는 내용의 끝에는 내용 일기와 자신의 상태를 체크하는 표가 있다. 매일 기록하도록 한다.

가정은 가족 구성원의 정서적인 상태에 따라 행복과 불행이 결정된다. 아버지, 어머니, 아들과 딸 중에 행복의 키를 잡고 있는 쪽은 부부이다. 부부가 행복하면 자녀가 행복하다. 자녀가 행복하면 부모가 행복하다. 이런 선순환이 계속되기 위해서는 부부의 건강한 관계가 필수적이다.

인간은 태어나서 두 번의 가족을 경험하게 된다. 첫 번째는 '원 가족'이다. 출생하여 부모 밑에서 자라온 가족을 말한다. 그리고 결혼을 하면 원 가족에서 독립해 새로운 가족을 가지게 되는데 그것을 '형성 가족'이라고 부른다. 이렇게 인간은 원 가족과 형성 가족을 경험하며 일생을 보낸다.

원 가족에서 성장하면서 경험한 것들은 성격 형성이나 대인 관계를 형성하는데 지대한 영향력을 미친다. 원 가족의 습관과 가치관은 성인이 되어 형성 가족을 이룰 때 지대한 영향을 미친다. 그러므로 원 가족에서의 경험은 성격. 정서에 엄청난 역동을 일으키는 것이다.

성경에서도 많은 인물들이 건강하지 못한 원 가족으로 인해 고통을 당하는 모습을 볼 수 있다.

창세기 27장에서 33장까지 읽어 보면 야곱의 이야기가 나온다. 야곱은 원 가족인 아버지 이삭과 어머니 리브가 아래서 형 에서와 함께 살았다. 아버지는 장자인 형 에서를 존중하고 편애하는 모습을 보였다. 야곱은 아버지의 사랑과 인정에 목말랐지만 아버지는 틈을 주지 않았다. 결국 어머니 리브가의 치마폭에 쌓여 자라게 되었다. 훗날 어머니 리브가와 계략을 짜고 아버지를 속여 장자의 복을 가로챘다.

"어머니가 그에게 이르되 내 아들아 너의 저주는 내게로 돌리리니 내 말만 따르고 가서 가져오라"(창세기 27:13)

하지만 모든 것이 들통이 나서 형 에서를 피해 어머니의 오빠인 라반의 집으로 도망을 간다.

"내 아들아 내 말을 따라 일어나 하란으로 가서 내 오라버니 라반에게로 피신하여 네 형의 노가 풀리기까지 몇 날 동안 그와 함께 거주하라"

(창세기 27:43-44)

야곱은 늘 아버지의 인정에 목말랐고 도망자의 수치심과 두려움에 떨어야 했다. 그것을 잊기 위해 외삼촌 라반의 집에서 일 중독자처럼 살았다. 물론 라헬을 얻기 위해 일했지만 정상적인 모습으로 보이지는 않는다. 이 모든 것은 아버지 이삭과 어머니 리브가에서부터 시작된 것이다.

라반의 가정을 보자. 그에게는 큰 딸 레아와 작은 딸 라헬을 두고 있었다.

"라반에게 두 딸이 있으니 언니의 이름은 레아요 아우의 이름은 라헬이라"(창세기 29:16)

레아의 외모는 그다지 출중하지 못했다. 그녀는 아버지의 권위에 순응하는 착한 아이였다. 야곱이 동생 라헬을 사랑하고 있다는 것을 알았지만 아버지 라반의 요구로 술 취한 야곱의 장막으로 들어가 하루를 보내게 된다.

"저녁에 그의 딸 레아를 야곱에게로 데려가매 야곱이 그에게로 들어가니라"(창세기 29:23)

평소 열등감에 싸여있던 레아가 이 사건으로 겪어야 했던 수치심은 말로 표현할 수 없을 정도였을 것이다. 그녀는 늘 외로운 여자였다.

라헬은 야곱이 사랑한 여자였지만 그녀는 분을 참지 못하고 폭발하거나 하고 싶은 것을 반드시 하고야 마는 당돌한 성격이었다. 언니 레아가 아들을 낳자 라헬은 그 분을 드러내고야 만다.

"라헬이 자기가 야곱에게서 아들을 낳지 못함을 보고 그의 언니를 시기하여 야곱에게 이르되 내게 자식을 낳게 하라 그렇지 아니하면 내가 죽겠노라"(창세기 30:1)

라헬은 억울함이 있었고 질투가 심했으며 분노가 가득한 정서를 드러냈다.

두 딸의 상반된 정서 그리고 정상적으로 보이지 않는 이 가족의 모습은 아버지 라반에게서부터 시작되었다. 라반은 욕심이 많고 교활하며 자기중심적인 인물이었다. 두 딸을 미끼로 조카 야곱을 있는 대로 착취했다. 줘야 할 임금을 열 번이나 변경하는 욕심쟁이였다.

"내가 외삼촌의 집에 있는 이 이십 년 동안 외삼촌의 두 딸을 위하여 십사 년, 외삼촌의 양 떼를 위하여 육 년을 외삼촌에게 봉사하였거니와 외삼촌께서 내 품삯을 열 번이나 바꾸셨으며"(창세기 31:41)

아버지 라반의 폭력적인 권위 앞에 순응하는 딸 레아와 언니만 감싸고도는 아버지로 인해 분노와 반항으로 얼룩진 라헬의 삶은 비극적인 가족의 모습이다. 여기에 있어도 없는 것 같은 존재인 라반의 아내는 등장하지도 않는다. 이처럼 원 가족 안의 부부의 정서가 두 딸의 성격 형성과 인생에 부정적인 모습으로 드러나는 현장을 우리는 보았다.

장자를 감싸고도는 아버지 이삭과 야곱을 감싸고도는 어머니 리브가로 인해 야곱은 마마보이로 살았다. 그리고 외삼촌 집에서 불행한 20년을 보낸 후 겨우 도망쳐 나오게 된다. 물론 이 가족 안에서 하나님은 모든 것을 협력하여 선을 이루어가시지만 건강하지 못한 인간의 모습 때문에 하나님도 할 일이 많으신 것은 틀림없다.

모든 가족의 행복은 부부로부터 시작된다.

모든 불행도 부부로부터 시작된다. 건강한 원 가족이 건강한 형성 가족을 만드는 기초가 되는 것이다. 우리 자녀들이 성장하여 자신들의 원 가족을 만들어 갈 때 재산이나 학업을 지원하는 것보다 더 중요한 것이 부부의 건강한 모습을 경험하게 하는 것이다. 건강한 원 가족을 위해 남편들의 과업은 아내를 향한 희생과 존중이다.

"남편들아 아내 사랑하기를 그리스도께서 교회를 사랑하시고 그 교회를 위하여 자신을 주심같이 하라"(에베소서 5:25)

아내들의 과업은 남편을 향한 복종과 존경이다.

"그러므로 교회가 그리스도에게 하듯 아내들도 범사에 자기 남편에게 복종할지니라"(에베소서 5:24)

"아내도 자기 남편을 존경하라"(에베소서 5:33b)

여기서 '복종(휘포타소메노이)'은 존경하기 때문에 나오는 자발적인 순종을 의미하는 것이지 강제성을 띠는 것은 결코 아니다. 이처럼 부부는 서로를 향한 사랑의 표현으로 희생과 존중, 복종과 존경이 있어야 건강하고 행복한 원 가족을 이루게 된다.

아브라함은 100세에 얻은 아들 이삭을 하나님께 제물로 드리게 되었을 때 아내 사라에게 일언반구(一言半句)도 없었다. 만약 남편인 아브라함이 아내 사라를 존중했다면 당연히 의논했어야 한다.

이 사건 이후로 사라는 아들 이삭을 데리고 남편과 별거를 시작했다. 사라는 늙어 죽을 때까지 남편과 함께 하지 않았다. 생명처럼 여겼던 아들 이삭을 죽이려 하면서 어떤 말도 하지 않았던 남편과는 더 이상 함께 살 수 없었을 것이다. 브엘세바에 살던 아브라함이 사라의 부고를 듣고 아내가 살던 헤브론으로 와 슬피 우는 장면이 그것을 뒷받침한다.

"사라가 가나안 땅 헤브론 곧 기럇아르바에서 죽으매 아브라함이 들어가서 사라를 위하여 슬퍼하며 애통하다가"(창세기 23:2)

그뿐 아니라 어머니 사라가 죽은 후 이삭은 아버지 아브라함과 살지 않고 다른 곳으로 이주한다. 훗날 아내감인 리브가가 왔다는 이야기를 듣고, 살던 브엘라헤로이에서 아버지가 살던 브엘세바를 방문한다.

"그때에 이삭이 브엘라헤로이에서 왔으니 그가 네게브 지역에 거주하였음이라"(창세기 24:62)

이처럼 한 가족의 해체는 남편이 아내를 존중하지 못했기 때문에 그리고 아내가 남편을 존경하지 못했기 때문에 일어난 일이었다. 만약 아브라함의 원 가족이 존중과 존경으로 가득했다면 하나님의 구속사는 다른 방향으로 더 멋지게 전개될 수도 있었다고 생각한다.

가족의 행복을 위해 부부는 행복해야 한다. 그리고 서로 존중과 존경으로 사랑을 표현해야 한다. 그래야 자녀들이 독립해 형성 가족을 이룰 때 지금의 원 가족보다 더 건강한 새로운 가정을 형성할 수 있다.

신앙생활이란 종교적인 활동을 잘 하는 것 이상이다. 가족 관계 속에서 하나님께서 만드신 가족의 원래 기능을 회복해 가는 것이 중요한 신앙의 사명이다.

부부가 건강하면 가족이 행복해진다. 가족이 행복해질 때 교회도 행복해지는 것이다.

이제 가슴에 손을 얹고 기도해 보라.
"하나님, 나는 남편(아내)로서 희생과 존중(복종과 존경)을 보이고 있는지 반성합니다."
"건강한 가족을 이루기 위해 감당할 수 있는 감정과 의지를 나에게 부어주시고 변화할 수 있게 하소서."

내용 일기

1. 새롭게 깨닫게 된 것은 무엇인가?

2. 그동안 알고 있는 것 중에 다시 확인된 내용은 무엇인가?

3. 그룹 스터디 시간에 지도자에게 질문이 있다면 기록해 보라.

4. 오늘 깨닫게 된 것이 믿음이 되도록 기도하라. 그리고 내일을 위해 기도하라.

5. 진단 점수 기록하기

   이번 주제를 읽고 자신의 점수는 10점 만점에 몇 점인가? (점)

1–3점(위험)			4–5점(위기)		6–7점(분발)		8–10점(건강)		
1	2	3	4	5	6	7	8	9	10

교우들과 친밀한가?

 기도하기(소요시간 3분)

오늘도 성령님께서 깨닫게 하시도록 도움을 요청하는 시간이다. 이 주제를 공부할 때 나의 잘못된 신앙과 인격이 바로 교정되며 깨닫게 된 내용이 삶에 큰 도움과 지혜가 되도록 구한다. 그리고 시작할 때 작정한 세 가지 기도 제목을 주님께 아뢰며 올려드린다.

 성경 본문 읽기(소요시간 2분)

● 암송 구절 : "마지막으로 말하노니 너희가 다 마음을 같이하여 동정하며 형제를 사랑하며 불쌍히 여기며 겸손하며 악을 악으로, 욕을 욕으로 갚지 말고 도리어 복을 빌라 이를 위하여 너희가 부르심을 받았으니 이는 복을 이어받게 하려 하심이라"(베드로전서 3:8-9)

● 오늘 본문 : "그러므로 우리는 기회 있는 대로 모든 이에게 착한 일을 하되 더욱 믿음의 가정들에게 할지니라"(갈라디아서 6:10)

 주제 내용 읽기(소요시간 17분)

매일 제공되는 주제 내용을 천천히, 중요한 부분에는 밑줄을 긋고, 필요할 때 책에 메모를 하면서 정독한다.

매일 제공되는 내용의 끝에는 내용 일기와 자신의 상태를 체크하는 표가 있다. 매일 기록하도록 한다.

  우리는 신앙생활의 대부분을 교회에서 교우들과 함께한다. 대부분의 교회는 여러 소그룹들이 있고 우리는 그 그룹들에 소속되어 있다. 사역을 위한 소그룹들도 있다. 교회 학교나 찬양팀 그리고 주방 봉사팀 등이다. 친교를 위한 소그룹도 있다. 구역, 목장, 셀 등.

  교회는 이처럼 다양한 이름의 소그룹을 운영한다. 하지만 교회는 죄인들의 모임이기에 갈등이 없는 교회는 거의 없다. 뒷말이 무성하고 모여서 수군거리거나 지도자들을 험담하기도 한다.

  목회자는 이런 것들을 방지하기 위해 노력하지만 역부족일 때가 많다. 규모가 큰 교회들은 분위기에 묻혀 갈등이 잘 드러나지 않지만 규모가 작은 교회들은 갈등이 적나라하게 드러나는 경우가 종종 있다. 교회에는 늘 크고 작은 갈등이 도사리고 있는 것이 현실이다. 하지만 하나님은 교회를 피로 값 주고 세우신 귀중한 곳이라고 선언하신다.

  "하나님이 자기 피로 사신 교회를 보살피게 하셨느니라"(사도행전 20:28b)

  그뿐만 아니라 교회는 그리스도의 몸이며 모든 성도들은 몸의 지체라고 말씀하시면서 교회의 하나 됨을 강조하셨다.

"너희는 그리스도의 몸이요 지체의 각 부분이라"(고린도전서 12:27)

그럼에도 불구하고 갈등은 수그러들지 않는다. 물론 이 현상들은 사람들의 미성숙으로 인한 결과들이다. 또한 다른 곳에서 받은 스트레스를 교회 안에서 푸는 경우도 종종 있을 것이다.

이유가 무엇이든 교회의 평안이 깨지고 교우들끼리 잘 지내지 못하면 우리는 결코 세상을 향해 하나님의 일을 감당할 수 없다. 그리고 함께하는 성도들 역시 행복하지 못한 신앙생활을 하게 된다. 이것은 가해자와 피해자를 구별할 수 없다. 그저 우리 모두가 불행해진다.

2,000여 년 전 초대 교회들은 가난과 질병, 전쟁과 핍박으로 변고를 당하는 성도들이 너무 많았다. 당시 로마 교회는 네로 황제, 도미티안 황제, 트라얀 황제로 이어지는 박해로 인해 상상을 초월하는 어려움을 겪고 있었다. 또한 역병이 돌고 먹을 양식이 없어 굶어죽는 사람들로 가득했다.

초대 교회 성도들은 이런 상황에서 어떻게 어려움을 극복했을까? 그런 상황에서 어떻게 복음을 전하며 신앙을 지켰을까?

해답은 서로 동역자가 되어주는 것이었다. 동역자라는 헬라어 '쉬네르구스'는 '함께 돕는 사람, 동맹을 맺은 사람'을 뜻한다. 결국 혼자가 아니라 함께하는 동역자로 인해 힘을 얻고 어려움을 극복할 수 있었다는 것이다.

사도 바울 옆에도 '쉬네르구스'가 있었고 또한 서로가 서로에게 '쉬네르구스'가 되어 주었다. 그들은 혼자 신앙생활을 하거나 독단적으로 사역하지 않았다. 서로 돕고 동맹을 맺어 함께 신앙을 이어갔다. 그래서 사도 바울은 교회에 편지할 때 각각 자신의 일도 돌보지만 서로의 일을 돌보는 공동체가 될 것을 가르쳤다.

"각각 자기 일을 돌볼뿐더러 또한 각각 다른 사람들의 일을 돌보아 나의 기쁨을 충만하게 하라"(빌립보서 2:4)

'동역자'란 '다른 사람의 일을 돌보아 주는 사람'을 의미한다. 어려움을 만나 힘들 때 외면하지 않고 나의 일처럼 함께해 주는 것이야말로 하나 됨으로 나아가는 지름길이다.

2019년 4월 20일 사랑하는 아내가 하나님의 부름을 받고 세상을 떠났을 때 성도들이 자기 일처럼 슬퍼할 뿐 아니라 장례의 모든 절차를 진행해 주었다. 장례 경비를 지원해 주는 성도들, 문상객을 맞이하고 음식을 제공하는 성도들…. 시키지 않아도 서로 의논하여 자신의 일처럼 장례 일을 맡아주었다.

그뿐이 아니다. 아내가 암으로 투병하는 2년 동안 암 환자가 먹을 수 있는 음식을 해오는 성도들이 있었고 병원비를 지원해 주는 성도들이 있었다. 600일 넘게 함께 기도해 주었던 성도들은 나에게 그 무엇과도 바꿀 수 없는 사랑과 동역자 마인드를 심겨주었다.

아내가 떠나고 7개월이 지났을 때 사랑하는 딸마저 22세의 나이로 하나님의 부름을 받았다. 그때도 그들은 변함이 없었다. 그런 성도들의 도움으로 나는 크나큰 상실과 슬픔을 딛고 정상적인 일상으로 빠르게 복귀할 수 있었다. 그것은 상담도 아니었고 치료도 아니었다. 성도들의 사랑이 만들어 낸 기적이었다.

로마서 16장을 읽어보면 '문안하라'는 단어가 가장 많이 나온다. 17번이나 '문안하라'라고 명령하고 있다. '문안하라'의 헬라어 원문은 '아스파조마이'로 2인칭 복수 명령어이다. '환영하라, 인사하라, 포옹하라, 안녕을 물어라' 등의 의미를 가지고 있다. 사도 바울은 다섯 개의 교회에 스물여섯 명의 사람들의 이름을 거론하면서 서로 문안할 것을 명령하고 있다.

이것은 세 가지 중요한 의미를 가지고 있다.
첫째는 핍박 속에서 평안을 유지하고 있는지 확인해 보라는 것이다. 병이나 사고로 힘들지는 않는지. 가족의 죽음으로 슬픔에 빠져 있지는 않는지 또 다른 환란 속에 있지는 않은지 확인해 보라는 것이다. 이것이 오늘날 심방의 의미라고 생각한다. 심방은 목회자만 하는 것이 아니다. 서로 문안하는 것이 심방인 셈이다.
둘째는 핍박 속에서 서로 격려하는 방법이다. 서로 어려움을 공감하고 응원하는 방식의 문안인 것이다. 같은 어려움을 겪는 누군가가 있다는 것은 내게 힘을 내게 하는 원동력이기 때문이다.

셋째는 서로의 필요를 묻고 도와주며 기도할 것을 확인하는 것이다. 실제적으로 무엇이 필요한지를 파악하고 그것을 어떻게 도울 것인지 의논하는 것이다. 자신의 달란트를 이용해 도울 수 있는 데까지 가는 것이 문안이다.

이처럼 교회는 성도들끼리 험담을 하고 갈등을 부추겨 자신의 스트레스를 푸는 곳이 아니다. 서로 문안하며 돌보고 사랑과 선행으로 서로를 격려하는 곳이다.

"서로 돌아보아 사랑과 선행을 격려하며"(히브리서 10:24)

우리의 가장 가까운 이웃은 가족들이며 교회 성도들이다. 그리고 멀리 떨어진 선교지의 만날 수도 없는 이들도 사랑해야 한다. 또한 가난한 이웃들도 사랑해야 한다. 하지만 가장 가까운 이웃을 사랑할 줄 모르는 자는 결코 멀리 있는 이웃도 사랑할 수 없다.

"…네 이웃 사랑하기를 네 자신과 같이 사랑하라…"(레위기 19:18)

교회는 죄인들이 모이는 곳이다. 하지만 예수 그리스도를 닮아가는 여정 속에 있는 사람들의 모임이기에 '문안하기'를 노력해야 한다. 비록 습관적으로 뒷담화를 하고 조금만 섭섭하면 갈등을 증폭시키는 연약함이 우리에게 있지만 이것이 하나님이 원하시는 것이 아님을 알아야 한다. 이런 행위는 자신에게도 결코 유익하지 않다. 하나님은 성도들끼리 먼저 선을 행하라고 명령하신다.

> "그러므로 우리는 기회 있는 대로 모든 이에게 착한 일을 하되 더욱 믿음의 가정들에게 할지니라"(갈라디아서 6:10)

누구로부터 시작해야 할까? 바로 나로부터 시작되어야 한다. 같은 사역팀 안에 소속되어 있는 자들과 갈등이 있다면 먼저 사과하거나 용서를 구해보라. 비록 자존심 상하는 것이 있다 할지라도 먼저 사과하는 이에게 하나님의 은혜가 더 크게 임하게 된다.

구역이나, 셀 그리고 목장 안에서 갈등이 있어도 먼저 다가가 용서를 구하거나 사과를 해보라. 이 용기는 성령님의 치유를 일으키고 삶과 신앙을 더 기름지게 만든다.

주변에 뒷담화하는 자들, 수군거리는 자들에게 "이것은 하나님 나라의 문화가 아니라 마귀의 문화이다. 성령의 열매가 아닌 죄의 열매들이다"라고 따끔하게 지적하라.

> "너희는 모든 악독과 노함과 분냄과 떠드는 것과 비방하는 것을 모든 악의와 함께 버리고 서로 친절하게 하며 불쌍히 여기며 서로 용서하기를 하나님이 그리스도 안에서 너희를 용서하심과 같이 하라"(에베소서 4:31-32)

우리는 교우들과 어떤 관계를 맺고 지내는가?
서로 문안하며 서로에게 착한 일들을 행하고 있는가?

아니면 서로 비방하며 뒷담화를 일삼는 갈등의 주체가 되고 있지는 않은가?

우리로부터 아름다운 교회, 행복한 교회가 시작되기를 원하는 것은 하나님의 소원이시다.

이제 가슴에 손을 얹고 기도해 보라.
"하나님, 나는 그동안 문안하기는커녕
비방하고 갈등을 부추기는 자리에 있었습니다.
용서해 주옵소서."
"앞으로 공동체의 하나 됨을 위해 사용해 주옵소서."
"성도들을 아끼고 사랑하게 도와주옵소서."
"갈등보다 연합을 위해 힘쓰는 성도가 되게 하옵소서."

내용 일기

1. 새롭게 깨닫게 된 것은 무엇인가?

2. 그동안 알고 있는 것 중에 다시 확인된 내용은 무엇인가?

3. 그룹 스터디 시간에 지도자에게 질문이 있다면 기록해 보라.

4. 오늘 깨닫게 된 것이 믿음이 되도록 기도하라. 그리고 내일을 위해 기도하라.

5. 진단 점수 기록하기

   이번 주제를 읽고 자신의 점수는 10점 만점에 몇 점인가? (점)

1–3점(위험)			4–5점(위기)		6–7점(분발)		8–10점(건강)		
1	2	3	4	5	6	7	8	9	10

직장 동료들은
하나님이 보낸 사람

 기도하기(소요시간 3분)

오늘도 성령님께서 깨닫게 하시도록 도움을 요청하는 시간이다. 이 주제를 공부할 때 나의 잘못된 신앙과 인격이 바로 교정되며 깨닫게 된 내용이 삶에 큰 도움과 지혜가 되도록 구한다. 그리고 시작할 때 작정한 세 가지 기도 제목을 주님께 아뢰며 올려드린다.

 성경 본문 읽기(소요시간 2분)

● 암송 구절 : "마지막으로 말하노니 너희가 다 마음을 같이하여 동정하며 형제를 사랑하며 불쌍히 여기며 겸손하며 악을 악으로, 욕을 욕으로 갚지 말고 도리어 복을 빌라 이를 위하여 너희가 부르심을 받았으니 이는 복을 이어받게 하려 하심이라"(베드로전서 3:8-9)

● 오늘 본문 : "종들아 모든 일에 육신의 상전들에게 순종하되 사람을 기쁘게 하는 자와 같이 눈가림만 하지 말고 오직 주를 두려워하여 성실한 마음으로 하라"(골로새서 3:22)

 주제 내용 읽기(소요시간 17분)

매일 제공되는 주제 내용을 천천히, 중요한 부분에는 밑줄을 긋고, 필요할

때 책에 메모를 하면서 정독한다.

성도인 우리는 세상 속으로 보냄 받은 사명자들이다.

우리가 예수님을 인격적으로 영접한 후에 우리는 교회 안
에서 주로 생활하게 되었다. 세상과 교회를 이원론적으로 분
리하여 교회는 거룩한 곳, 세상은 더러운 곳으로 규정하였다.
그래서 성도들은 교회에서 하는 종교적 활동에 동원되고 훈
련되었다.

교회에서 보내는 시간보다 훨씬 더 많은 시간을 보내는 가
정과 직장에서는 그리스도인으로서의 사명을 감당하기보다
우리의 신앙을 숨기며 살 때도 많다. 특히 직장에서는 그리스
도인이라는 신분을 숨기며 생활하는 편이 지혜롭다고 생각하
기도 한다.

반대로 직장에서 너무 금욕적인 모습으로 다른 직원들과
어울리지 못하거나 업무 시간에 성경책을 읽거나 Q.T.를 하다
가 상사에게 눈총을 받는 이들도 있다.

그리스도인에게 직장은 어떤 의미일까?

예수님은 승천하시기 전 제자들에게 세상 속으로 파송하는 말
씀을 하신다. 어쩌면 우리가 몸담고 있는 직장은 땅 끝일 수 있다.

"오직 성령이 너희에게 임하시면 너희가 권능을 받고 예루살렘과 온 유대와 사마리아와 땅 끝까지 이르러 내 증인이 되리라 하시니라"(사도행전 1:8)

우리 모두가 선교사가 되어 땅 끝으로 가고자 하지 않는 이상 주님이 말씀하시는 명령을 이룰 길이 없다. 매일 생활하는 직장이야말로 어떤 의미에서는 땅 끝에서 해야 할 증인의 삶을 살아내는 곳이다. 그곳에는 예수님을 모르는 사람들이 함께 생활하고 있다.

다른 종교를 가지거나 또는 기독교를 혐오하는 사람도 있을 수 있다. 미전도 종족보다 더 미전도 종족 같은 직장 동료들이 가득하다. 그들 중에는 교회의 불합리에 염증을 느끼고 일찍 교회를 떠난 사람들도 있을 것이며 목회자들의 비윤리적인 행태에 실망하여 신앙을 포기한 사람도 있을 것이다. 하지만 이들은 누구보다 하나님의 사랑이 절실히 필요한 사람들이다.

하나님은 우리를 그곳으로 보내셨다. 우리의 역할은 분명해진다. 직장은 돈벌이 이상의 의미를 가지고 있는 곳이다. 우리는 그곳에서 많은 시간을 보낸다.

그렇다면 그리스도인으로서 직장 동료들에게 어떤 모습을 보여야 할까?

첫째는 성실해야 한다.
눈가림으로 일하지 않고 마치 주께 하듯 해야 한다.

"눈가림만 하여 사람을 기쁘게 하는 자처럼 하지 말고 그리스도의 종들처럼 마음으로 하나님의 뜻을 행하고 기쁜 마음으로 섬기기를 주께 하듯 하고 사람들에게 하듯 하지 말라"(에베소서 6:6-7)

예수님을 믿는 사람들은 직장에서 유능함과 무능함을 논하기 전에 최선을 다하는 태도를 보여야 한다. 하나님께서 나를 이곳으로 인도하시고 함께 일하는 동료들을 나에게 보내셨다고 생각해야 한다.

우리는 직장에서 마음에 들지 않거나, 성격이 까칠한 상사나 동료를 만날 수 있다. 하지만 그 속에서도 기도하며 기쁘고 성실하게 일해야 한다. 물론 불법적이거나 부당한 일에도 가만히 있으라는 말은 결코 아니다.

"종들아 모든 일에 육신의 상전들에게 순종하되 사람을 기쁘게 하는 자와 같이 눈가림만 하지 말고 오직 주를 두려워하여 성실한 마음으로 하라"(골로새서 3:22)

이것은 결코 쉬운 일이 아닐 것이다. 왜냐하면 나에게 주어진 업무 처리와 그로 인해 발생하는 스트레스로 인해 직장 생활이 벅찰 때가 한두 번이 아니기 때문이다. 그러나 지금은 전 세계가 실업률에 허덕이고 있으며 일자리가 없어 고통당하는 자들이 있음을 결코 잊지 말아야 한다. 직장은 분명 하나님이 우리에게 주시는 선물이기 때문이다.

"사람마다 먹고 마시는 것과 수고함으로 낙을 누리는 그것이 하나님의

선물인 줄도 또한 알았도다"(전도서 3:13)

이런 생각들로 마음을 다잡다 보면 마음이 가벼워져 감사한 직장 생활을 할 수도 있다. 이런 태도로 직장 생활을 하면 동료들이 궁금해할 것이다. 우리의 밝은 미소와 성실한 태도가 동료들과는 다르다는 것을 인식하기 때문이다.

이것은 하나님 나라를 위한 선교적 행위이다. 이런 직장 생활을 통해 우리는 직장에서 칭찬을 받게 되고 하나님은 그것으로 영광을 받으시게 된다. 하나님은 우리의 이런 직장 생활을 기대하신다. 그래서 빛이 되게 하시고 우리를 자랑스럽게 여기신다. 그러면 전도의 문도 함께 열리게 된다.

"이는 너희가 흠이 없고 순전하여 어그러지고 거스르는 세대 가운데서 하나님의 흠 없는 자녀로 세상에서 그들 가운데 빛들로 나타내며 생명의 말씀을 밝혀 나의 달음질이 헛되지 아니하고 수고도 헛되지 아니함으로 그리스도의 날에 내가 자랑할 것이 있게 하려 함이라"(빌립보서 2:15-16)

둘째는 서로 화목해야 한다.

직장은 각기 다른 성격의 사람들이 모여 많은 시간을 함께 보내는 곳이다. 직장의 프로젝트는 쉴 새 없이 가동되고 역할 분담이 이뤄진다. 때문에 갈등이 없을 수 없다. 다른 사람 때문에 불이익을 당하는 경우도 허다하다.

그러나 우리의 직장이 하나님이 보내신 땅 끝이라고 생각하면 생각이 좀 달라진다. 동료들은 나를 통해 하나님의 사랑과 예수 그리스도의 복음의 위대성을 엿보아야 한다. 그러므로 우리는 모든 사람들과 화목하게 지내고자 노력해야 한다. 이 것이 전도의 문을 여는 열쇠이기 때문이다.

"할 수 있거든 너희로서는 모든 사람과 더불어 화목하라"(로마서 12:18)

직장 상사나 동료 중에는 까다로운 사람들도 있다. 하지만 하나님은 그들에게도 순종하면서 화목하기를 원하신다.

"사환들아 범사에 두려워함으로 주인들에게 순종하되 선하고 관용하는 자들에게만 아니라 또한 까다로운 자들에게도 그리하라"(베드로전서 2:18)

업무를 하며 이 모든 일들을 시행하는 것은 과도하다고 생 각할 수도 있다. 하지만 많은 그리스도인이 시도도 하지 않고 자신의 신분을 숨긴 채 생활한다. 그것이 슬기로운 직장 생활 이라고 생각하기 때문이다. 그렇다면 평생 직장에서 만나는 그들에게는 누가 복음을 전해야 하는가? 누가 그들을 사랑해 야 하는가? 우리가 아니면 도대체 누가 그들을 품고 섬기겠는 가? 직장을 그저 돈만 버는 장소로 생각한다면 그들은 우리 의 돈벌이 도구일 뿐인가?

작은 중소기업에 다니는 집사님이 한 분 계셨다. 그는 학벌 도 짧고 기술도 부족했다. 때문에 겨우 얻은 직장을 누구보다 사랑했다. 아침 일찍 출근해 시키지도 않은 청소를 하고 매일 마지막으로 퇴근하면서 사무실의 전등을 껐다. 무슨 일이든 지 최선을 다했다. 비록 대학을 졸업한 동료들보다 능력은 떨어졌지만 성실함 만큼은 비교할 사람이 없었다.

어쩌다 회식을 할 때면 술을 먹는 척하면서 먹지 않았다. 2차로 간 노래방에서도 누구보다 즐겁게 노래 부르며 춤을 추었다. 그리고 술 취한 동료들을 택시에 태워보내고서야 집으로 돌아왔다. 다음날 아침 그는 변함없이 가장 먼저 출근했다. 그리고 늦잠을 잔 탓에 허겁지겁 달려오는 동료들에게 커피를 타주며 기분 좋게 인사를 나누었다.

시간이 흐르자 집사님은 직장에서 '천사'라는 호칭을 얻었다. 그리고 동료들 중에서 가장 먼저 과장이 되고 부장이 되었다. 그는 변함없이 동료들을 섬기며 사랑했다.

교회에서도 장로가 되었고 새 가족 전도 행사가 있는 날에는 언제나 전도왕을 차지했다. 사람들이 "어떻게 전도를 잘 할 수 있으세요?"라고 물으면 장로님은 "직장은 황금 어장입니다. 내가 그곳에서 모범적으로 생활하고 섬기다 보면 사람들이 따라와 줍니다"라고 말했다.

정말 그렇다. 직장은 돈벌이만 하는 장소가 결코 아니다. 하나님께서 우리를 그곳으로 파송하셨다. 동료들은 하나님께서 내게 붙여주신 사람들이다. 그곳은 우리가 살아가는 땅 끝인 것이다. 그곳에서 왕 같은 제사장으로 예수님의 아름다움을 선전하도록 우리를 보내신 것이다.

"이는 너희를 어두운 데서 불러내어 그의 기이한 빛에 들어가게 하신 이의 아름다운 덕을 선포하게 하려 하심이라"(베드로전서 2:9b)

자, 이제 가슴에 손을 얹고 기도해 보자.

"하나님, 나는 직장에서 선교사로서 그들을 사랑하고
섬기지 못했음을 회개합니다."

"이제부터라도 나의 생각과 태도를 바꾸도록 도와주시옵소서."

"나를 통해 직장 동료들이 하나님의 아름다우심을 보고
그들이 주께로 돌아오도록 역사해 주옵소서."

내용 일기
1. 새롭게 깨닫게 된 것은 무엇인가?
2. 그동안 알고 있는 것 중에 다시 확인된 내용은 무엇인가?
3. 그룹 스터디 시간에 지도자에게 질문이 있다면 기록해 보라.
4. 오늘 깨닫게 된 것이 믿음이 되도록 기도하라. 그리고 내일을 위해 기도하라.
5. 진단 점수 기록하기
이번 주제를 읽고 자신의 점수는 10점 만점에 몇 점인가? (점)

1–3점(위험)			4–5점(위기)		6–7점(분발)		8–10점(건강)		
1	2	3	4	5	6	7	8	9	10

예수를 모르는 자들을
친구로 삼아라

 기도하기(소요시간 3분)

오늘도 성령님께서 깨닫게 하시도록 도움을 요청하는 시간이다. 이 주제를 공부할 때 나의 잘못된 신앙과 인격이 바로 교정되며 깨닫게 된 내용이 삶에 큰 도움과 지혜가 되도록 구한다. 그리고 시작할 때 작정한 세 가지 기도 제목을 주님께 아뢰며 올려드린다.

성경 본문 읽기(소요시간 2분)

● 암송 구절 : "마지막으로 말하노니 너희가 다 마음을 같이하여 동정하며 형제를 사랑하며 불쌍히 여기며 겸손하며 악을 악으로, 욕을 욕으로 갚지 말고 도리어 복을 빌라 이를 위하여 너희가 부르심을 받았으니 이는 복을 이어받게 하려 하심이라"(베드로전서 3:8-9)

● 오늘 본문 : "오직 성령의 열매는 사랑과 희락과 화평과 오래 참음과 자비와 양선과 충성과 온유와 절제니 이 같은 것을 금지할 법이 없느니라"(갈라디아서 5:22-23)

 주제 내용 읽기(소요시간 17분)

매일 제공되는 주제 내용을 천천히, 중요한 부분에는 밑줄을 긋고, 필요할

때 책에 메모를 하면서 정독한다.

📖 **내용 일기 작성하기**(소요시간 5분)**와 마지막 기도**(소요시간 3분)
매일 제공되는 내용의 끝에는 내용 일기와 자신의 상태를 체크하는 표가
있다. 매일 기록하도록 한다.

거룩(Holy)은 세상과 구별되는 것이지 단절하는 것이 결코
아니다. 세상 속으로 들어가 그들과 구별되게 생활하는 것이
거룩(Holy)이다. 그러므로 세상 속으로 들어가지 않고서는 구
별됨을 알 수 없다. 물이 물속에 있으면 다른 것과 구별되는지
알 수 없다. 그러나 물이 기름 속으로 들어가면 확실하게 구별
된다.

교회에서 전도 행사를 하다 보면 많은 사람들이 "주변에 전
도할 사람이 없다"라고 이야기한다. 교회에서만 생활하니 교
회 밖의 사람을 만날 기회가 적은 것이다. 언제부터인가 우리
는 이런 모습의 성도들을 자주 보게 된다. 이들은 거룩하게 살
기 위해 세상과 단절한 듯하다. 그들은 마치 수도사인 양 세상
과 높은 담을 쌓고 살아간다. 교회 기도 모임, 예배, 성경공부,
봉사 활동은 열심히 하지만 세상 속으로 들어가서 교제하고
섬기는 일은 잘 하지 못한다.

왜 이런 일이 벌어지는 것일까?
앞에서도 밝혔듯 이원론적인 신앙관 때문이다. '교회는 거
룩하고 세상은 속되다'라는 잘못된 가치관이 자리 잡고 있기

때문이다. 하나님은 교회를 사랑하시지만 세상도 사랑하신다. 세상을 사랑하셔서 독생자 예수 그리스도를 보내신 것이다.

"하나님이 세상을 이처럼 사랑하사 독생자를 주셨으니 이는 그를 믿는 자마다 멸망하지 않고 영생을 얻게 하려 하심이라"(요한복음 3:16)

교회 밖은 우리가 나아가야 할 선교지이며 우리가 사랑해야 할 대상이다. 우리끼리 모여 북 치고 장구 치는 잔치는 더 이상 성경적이지 않다.

우리 주변을 돌아보면 많은 이웃이 있다. 자녀가 다니는 학교의 학부모들, 피트니스센터의 회원들, 같은 아파트의 또래 엄마들, 직장 동료들이 모두 그들이다. 그 외에도 우리와 가깝게 살아가는 이웃은 더 많다. 하나님은 우리에게 그들을 사랑하라고 말씀하신다.

"…네 이웃 사랑하기를 네 자신과 같이 사랑하라…"(레위기 19:18)

교인들끼리도 사랑해야 하지만 우리의 삶에서 더불어 살아가는 사람들도 사랑해야 한다. 그들과 단절하고 교인들끼리만 어울리면 더 이상 세상 속으로 나아갈 수 없다. 우리는 예수님을 모르는 사람들과 적극적으로 친구가 되어야 한다. 그것을 위해서 피트니스센터에 가입해 활동해야 하고, 학부모 모임에 나가 그들과 교제를 시작해야 하고, 반상회에 나가 이웃들의 친구가 되어야 한다. 그들을 친구로 삼고 사랑하기 시작할 때 한 영혼이라도 구원할 길이 열린다.

중요한 것은 그들과 구별되는 생각, 구별되는 언행을 보여줄 필요가 있다는 것이다. 세상은 죄인들로 가득하며 죄 된 문화가 창궐한 곳이다.

"육체의 일은 분명하니 곧 음행과 더러운 것과 호색과 우상 숭배와 주술과 원수 맺는 것과 분쟁과 시기와 분 냄과 당 짓는 것과 분열함과 이단과 투기와 술 취함과 방탕함과 또 그와 같은 것들이라"(갈라디아서 5:19–21a)

자칫 잘못하면 그 문화에 휩싸여 그들과 같이 행하게 된다. 하지만 포기할 수 없는 곳이다. 왜냐면 예수님은 그들을 위해 그곳으로 오셨기 때문이다. 그리고 우리를 그곳으로 보내셨기 때문이다. 그들과 담쌓고 살아가는 삶이 결코 '경건'이 아니다. 다만 그들과 다르게 생각하고, 다르게 말해야 할 뿐이다. 그들을 본받지 않고 예수님의 사랑으로 주도하기 시작하면 그들에게도 변화가 일어난다.

"너희는 이 세대를 본받지 말고 오직 마음을 새롭게 함으로 변화를 받아 하나님의 선하시고 기뻐하시고 온전하신 뜻이 무엇인지 분별하도록 하라"(로마서 12:2)

그들과 친구가 되기 위해 우리는 성령의 열매를 기억해야 한다. 성령의 열매는 대부분 관계에 대한 것이다.

"오직 성령의 열매는 사랑과 희락과 화평과 오래 참음과 자비와 양선과 충성과 온유와 절제니 이 같은 것을 금지할 법이 없느니라"(갈라디아서 5:22–23)

먼저 이웃을 친구로 삼고 그들이 서로 대하는 방식이 아닌 성령의 방식으로 대해야 한다.

성령의 열매가 알려주는 것은 바로 사랑이다. 사랑 안에 희락이 있다. 소위 예수님을 모르는 사람은 영적으로 어둠 속에 있는 사람이다. 그러므로 결코 밝지 않다. 하지만 우리는 빛 가운데 있다. 본질적으로 우리는 예수님의 보혈로 씻겨 빛 가운데로 행하였기 때문이다.

"그가 빛 가운데 계신 것 같이 우리도 빛 가운데 행하면 우리가 서로 사귐이 있고 그 아들 예수의 피가 우리를 모든 죄에서 깨끗하게 하실 것이요"(요한일서 1:7)

배우처럼 연기하자는 것이 결코 아니다. 나를 구원하신 구원의 기쁨으로 즐거워하면 된다. 믿음 없는 사람들과 친구를 삼고 그들에게 희락을 보여줄 수 있다면 그들은 우리에게 매력을 느낄 것이다. 또한 화평과 오래 참음으로 교제하면 그들은 우리를 좋은 친구라고 생각할 것이다.

가끔은 우리의 자비로움으로 자격 없는 자들을 기꺼이 수용해야 한다. 끼리끼리 어울리기보다 자격이 없다고 생각하는 자의 친구가 되는 것이 자비로움 중에 하나이다. 그것이 사람들 눈에는 양선으로 보일 수도 있다. 양선은 착한 일을 의미하기에 세상 사람들이 우리를 착한 사람으로 인정하면 모두의 마음이 열릴 것이다.

충성은 윗사람에게만 필요한 것이 아니다. 충성은 처음과 끝이 똑같은 마음이다. 이웃을 친구로 삼을 때 변함없는 태도로 대하는 것이 충성이며 이런 태도의 사람을 우리는 진실한 사람으로 인식한다.

온유는 어떠한가?

어떤 사람은 거칠기도 하다. 특히 자기 기분을 상하게 할 때 사람은 돌변해 순식간에 원수가 되기도 한다. 온유함은 결코 연약한 것이 아니다. 부드럽지만 단호하고 단호하지만 고집스럽지 않은 것이 온유이다.

절제는 구별되기 위해 반드시 필요한 성품이다.

세상 사람들은 술 취함과 방탕함을 별것 아닌 것으로 여길 때가 있다. 하지만 성도들은 절제하는 모습을 보여야 한다. 옳고 그름을 인식하고 해가 되는 것은 단호하지만 부드러운 온유로 거절할 줄 알아야 한다. 함께 놀고 재미있게 교제하지만 도를 넘지 않는 절제를 보인다면 배울 것이 있다고 생각할 것이다.

이렇게 성령의 열매를 맺고 이웃과 친구가 된다고 생각해 보라. 그들은 우리를 엄청나게 존경할 것이다. 자존심 때문에 입 밖으로 말은 하지 않아도 마음으로는 분명 그렇게 생각할 것이다.

어떠한가?

교인들끼리 재미있게 교제하는 것도 필요하지만 예수를 모르는 사람과 친구가 되면 복음의 문이 활짝 열릴 것이다. 세상과 담을 쌓고 사는 것은 하나님의 뜻이 아니다. 우리가 살아가는 일상에서 함께하는 이웃들을 친구로 삼아야 한다. 시간이 지나고 때가 되면 그들이 하나 둘 마음을 열고 예수님에 대해 먼저 물어 올 수도 있다. 또한 그리스도인으로 사는 방식에 대해 궁금해하고 매 주일 다니는 교회에 대해 궁금해할 수도 있다. 당장 교회로 인도하지 않아도 무방하다. 주변 이웃들을 친구로 삼아 성경적인 태도와 언행으로 교제하다 보면 자연스럽게 전도가 되어 교회에 나오게 될 것이다. 이것은 불신 가족에도 똑같이 적용된다.

그렇다고 해서 지금껏 교제해 왔던 성도들을 포기하라는 말이 아니다. 우리 모두가 좀 더 세상 속으로 나아가야 한다는 뜻이다. 왜냐하면 하나님은 우리를 이미 세상의 소금과 빛으로 부르셨기 때문이다.

"너희는 세상의 소금이니 소금이 만일 그 맛을 잃으면 무엇으로 짜게 하리요 후에는 아무 쓸 데 없어 다만 밖에 버려져 사람에게 밟힐 뿐이니라 너희는 세상의 빛이라 산 위에 있는 동네가 숨겨지지 못할 것이요"(마태복음 5:13-14)

이제 두 손을 가슴에 얹고 기도해 보라.
"하나님, 우리를 세상 속으로 보내 그들에게
사랑을 실천하라 하셨는데

우리는 세상과 담을 쌓고 살아왔습니다.

우리를 용서하여 주옵소서."

"이제부터 예수 믿지 않는 자들을 친구로 삼아

예수님의 성품으로 섬기고 사랑하는 법을

순종하게 하소서."

내용 일기
1. 새롭게 깨닫게 된 것은 무엇인가?
2. 그동안 알고 있는 것 중에 다시 확인된 내용은 무엇인가?
3. 그룹 스터디 시간에 지도자에게 질문이 있다면 기록해 보라.
4. 오늘 깨닫게 된 것이 믿음이 되도록 기도하라. 그리고 내일을 위해 기도하라.
5. 진단 점수 기록하기
이번 주제를 읽고 자신의 점수는 10점 만점에 몇 점인가? (점)

1–3점(위험)			4–5점(위기)		6–7점(분발)		8–10점(건강)		
1	2	3	4	5	6	7	8	9	10

다른 종교를 가진 사람들을 존중하라

 기도하기(소요시간 3분)

오늘도 성령님께서 깨닫게 하시도록 도움을 요청하는 시간이다. 이 주제를 공부할 때 나의 잘못된 신앙과 인격이 바로 교정되며 깨닫게 된 내용이 삶에 큰 도움과 지혜가 되도록 구한다. 그리고 시작할 때 작정한 세 가지 기도 제목을 주님께 아뢰며 올려드린다.

 성경 본문 읽기(소요시간 2분)

● 암송 구절 : "마지막으로 말하노니 너희가 다 마음을 같이하여 동정하며 형제를 사랑하며 불쌍히 여기며 겸손하며 악을 악으로, 욕을 욕으로 갚지 말고 도리어 복을 빌라 이를 위하여 너희가 부르심을 받았으니 이는 복을 이어받게 하려 하심이라"(베드로전서 3:8-9)

● 오늘 본문 : "서로 친절하게 하며 불쌍히 여기며 서로 용서하기를 하나님이 그리스도 안에서 너희를 용서하심과 같이 하라"(에베소서 4:32)

 주제 내용 읽기(소요시간 17분)

매일 제공되는 주제 내용을 천천히, 중요한 부분에는 밑줄을 긋고, 필요할 때 책에 메모를 하면서 정독한다.

이 세상에는 많은 종교들이 있다.

경전이 존재하고 창시자가 있으며 윤리적인 것을 가르치
는 고등 종교부터, 어디서부터 시작되는지 누구로부터 시작되
었는지도 불분명한 비윤리적인 하등 종교까지, 이루 헤아릴
수 없이 많은 종교들이 생각보다 가까이 우리 주변에 다가와
있다.

우리는 그리스도인으로서 하나님 외에 다른 신을 섬기면
안 된다. 이는 십계명에서 분명하게 말씀하고 계신다.

"너는 나 외에는 다른 신들을 네게 두지 말라"(출애굽기 20:3)

또한 신들의 모양을 새기거나 만들어서도 안된다.

그뿐만 아니라 그것들에 절하는 행위도 금한다

"너를 위하여 새긴 우상을 만들지 말고 또 위로 하늘에 있는 것이나 아
래로 땅에 있는 것이나 땅 아래 물속에 있는 것의 어떤 형상도 만들지
말며 그것들에게 절하지 말며 그것들을 섬기지 말라"(출애굽기 20:4-5a)

성경에서는 우상 숭배가 가장 큰 죄라고 자주 언급하고 있
다. 우상 숭배의 결과는 너무도 참혹해 하나님으로부터 저주
를 받았다.

"본래 알지 못하던 다른 신들을 따르면 저주를 받으리라"(신명기 11:28b)

우상을 숭배하는 자들은 자기뿐 아니라 후대에까지 죗값을 받아야 했다.

"그것들에게 절하지 말며 그것들을 섬기지 말라 나 네 하나님 여호와는 질투하는 하나님인즉 나를 미워하는 자의 죄를 갚되 아버지로부터 아들에게로 삼사 대까지 이르게 하거니와"(출애굽기 20:5)

구약성경에서는 아주 엄격하게 우상 숭배를 금지하고 있다. 그러므로 이방인들과 교제하는 것 자체를 금하였다.

하지만 신약성경에서는 조금 다른 관점으로 봐야 함을 가르치고 계신다. 왜냐하면 우상을 숭배하고 하나님을 믿지 않는 자들을 위해 독생자 예수 그리스도가 오셨기 때문이다. 하나님을 잘 믿고 따르는 자들만을 위해 오신 것이 아니라 종교를 초월해 모든 죄인들을 대신해 죽어야 했던 예수님의 사랑의 실천인 것이다.

"이와 같이 그리스도도 많은 사람의 죄를 담당하시려고 단번에 드리신 바 되셨고"(히브리서 9:28a)

사도 바울은 다른 종교를 가진 나라들을 다니며 예수 그리스도의 복음을 전했다. 이것이 예수 그리스도의 명령이기 때문이었다.

"또 이르시되 너희는 온 천하에 다니며 만민에게 복음을 전파하라"

(마가복음 16:15)

하나님을 믿던 유대인들에게만 보내심을 받은 것이 아니었다. 다른 종교를 가진 이방인들을 위해 부르신 부름이었다.

"주께서 이르시되 가라 이 사람은 내 이름을 이방인과 임금들과 이스
라엘 자손들에게 전하기 위하여 택한 나의 그릇이라"(사도행전 9:15)

가는 곳마다 우상이 가득했지만 그들에게 복음을 전했고
곳곳에 교회들이 세워지기 시작했다.

**그렇다면 오늘날 그리스도인은 다른 종교를 가진 사람들에게
어떤 태도를 가져야 하는가?**

사도 바울은 가는 곳곳마다 복음을 들고 나아갔다. 바울이
들고나간 복음의 본질은 바로 사랑이다.

"하나님의 사랑이 우리에게 이렇게 나타난 바 되었으니 하나님이 자기
의 독생자를 세상에 보내심은 그로 말미암아 우리를 살리려 하심이라"

(요한일서 4:9)

예수님의 십자가의 죽으심은 우리를 사랑하시는 하나님 아
버지의 마음이었다. 그렇다면 우리 주변에 다른 종교를 가진
자들에 대해 우리는 어떻게 반응해야 할지 분명해졌다. 우리
의 신념이나 신앙의 충성을 드러내기 위해 타 종교인을 무시
하거나 거절한다면 복음이 전해질 리가 없다. 하나님은 종교
와 상관없이 한 사람도 구원에서 제외되지 않기를 원하신다.

"하나님은 모든 사람이 구원을 받으며 진리를 아는 데에 이르기를 원
하시느니라"(디모데전서 2:4)

그래서 교회를 세우시고 우리를 그들 가운데로 보내신 것이

다. 하지만 소수의 기독교인은 타 종교를 혐오한다. '저주받은 자들'이라고 하기도 하고 '마귀'라고 손가락질하기도 한다. 일부는 그들과 상종도 하지 않는다. 심한 경우에는 다른 종교의 모임 장소에서 기도를 드리기도 한다.

하나님은 그들조차도 사랑하시고 구원받기를 원하시는데 우리가 도리어 그 구원을 방해하는 사람일 수도 있다. 하나님은 도리어 서로 불쌍히 여기라고 말씀하신다. 인간은 누구나 무엇인가를 의지하고 싶어 한다. 생로병사의 불안한 삶을 살기에 평안을 찾고자 신을 의지하는 불쌍한 존재일 뿐이다.

"서로 친절하게 하며 불쌍히 여기며 서로 용서하기를 하나님이 그리스도 안에서 너희를 용서하심과 같이 하라"(에베소서 4:32)

우리와 다른 종교를 가지고 있더라도 우리는 그들을 한 인간으로서 존중해야 한다. 복음의 열매를 위해서라도 그들에게도 친절해야 하며 다른 신앙을 가지고 있어도 하나님의 구원의 대상임을 잊지 말아야 한다. 물론 이단이나 우리를 해하는 자들에 대해서는 단호해야 하며 교제하지 말아야 한다.

"이단에 속한 사람을 한두 번 훈계한 후에 멀리하라 이러한 사람은 네가 아는 바와 같이 부패하여 스스로 정죄한 자로서 죄를 짓느니라"(디도서 3:10–11)

사도 요한은 이단에게 인사도 하지 말 것을 권면하고 있다.

"누구든지 이 교훈을 가지지 않고 너희에게 나아가거든 그를 집에 들이지도 말고 인사도 하지 말라 그에게 인사하는 자는 그 악한 일에 참여하는 자임이라"(요한이서 1:10–11)

이렇게 교회를 파괴하고 우리에게 직접적으로 피해를 끼치는 이단들과 달리 다른 종교를 가지고 일상의 삶을 잘 살아가는 이들에 대해서는 화목하게 지내는 것이 복음의 정신이다.

인류 역사는 종교전쟁으로 인해 피로 얼룩지기도 했다. 예수 그리스도께서는 모든 인류를 위해 사랑으로 죽으셨지만 역사에서는 종교가 다르다는 이유만으로 서로를 죽였다. 십자군 전쟁으로 수많은 피를 흘렸다. 독일의 나치는 '예수님을 죽인 민족'이라며 유대인을 학살했다. 오늘날 종교 간의 분쟁과 갈등은 인류의 종말까지도 가져올 태세이다.

한스 큉 교수는 "종교 간에 대화가 없이는 종교 간에 평화가 없고 종교 간에 평화가 없이는 세계의 평화도 없다"라고 말했다. 지금도 세계 곳곳에서는 분쟁으로 인해 많은 사람들이 고통당하고 죽어가고 있다. 대부분 종교 간의 유혈 충돌이다.

이제 우리는 삶의 자리에서부터 우리와 다른 종교를 가진 자들을 존중해야 한다. 우리로부터 하나님의 사랑이 그들에게도 흘러가야 하기 때문이다.

다시 말하지만 복음의 정신은 사랑이다. 우리가 사랑해야 할 이웃들은 어쩌면 다른 종교를 가진 자들일 수도 있다.

예수님은 서로 사랑하라고 명령하신다. 이 명령은 교인들끼리만 사랑하라는 것이 결코 아니다. 종교를 추월해 이웃을 사랑하는 것이 가장 중요한 율법이라고 말씀하신다.

"둘째도 그와 같으니 네 이웃을 네 자신같이 사랑하라 하셨으니 이 두

계명이 온 율법과 선지자의 강령이니라"(마태복음 22:39-40)

가족 중에 또는 친구 중에 다른 종교를 가진 자들이 있는가?

그렇다면 그들은 배척의 대상이 아니라 사랑의 대상이다. 우리가 먼저 그들을 존중하면 그들도 마음을 열 것이고 그러면 진정한 대화가 시작된다.

하지만 우리가 배척하고 혐오하면 그들도 마음을 닫고 우리와 싸울 것이다. 결국 예수 그리스도의 복음의 문은 닫히게 될 것이다. 성숙한 그리스도인일수록 나와 다른 사람들을 존중하며 미성숙할수록 다른 것에 대해 선을 긋고 배척한다.

어느 날 스님 한 분이 어떤 가게에 들러 시주를 요청했다고 한다. 마침 그 가게는 교회에 다니는 권사님의 가게였다. 권사님은 시주를 요청하는 스님의 시주 보따리에 성경을 넣었다고 한다. 당황한 스님은 시주 보따리에 들어온 성경책을 빼지도 못하고 당황해하며 나가버렸다. 만약 스님이 교회에 방문해 헌금함에 불경을 넣었다고 가정해 보자. 기분이 어떨까? 역지사지(易地思之) 되지 않는 것이 어떻게 믿음이겠는가?

우리가 살아가는 세상은 이미 다원주의 시대이다. 그곳에서 그리스도인으로 살아가는 교양은 다른 종교인을 존중하는 것이다. 이것이 복음의 문을 여는 방법이기도 하다.

이제 두 손을 가슴에 얹고 기도해 보자.

"하나님, 나는 그동안 종교가 다르다는 이유로
그 사람을 혐오하고 배척한 적도 있었습니다.
예수님이 그들을 위해서도 십자가를 지셨는데
우리만 구원받은 자들이라고 우월했습니다.
용서해 주시고 이제 다른 종교를 가진 사람을 존중하며
사랑할 줄 아는 성숙을 주시고
이것으로 복음의 문이 열리게 도와주시옵소서."

내용 일기
1. 새롭게 깨닫게 된 것은 무엇인가?
2. 그동안 알고 있는 것 중에 다시 확인된 내용은 무엇인가?
3. 그룹 스터디 시간에 지도자에게 질문이 있다면 기록해 보라.
4. 오늘 깨닫게 된 것이 믿음이 되도록 기도하라. 그리고 내일을 위해 기도하라.
5. 진단 점수 기록하기
이번 주제를 읽고 자신의 점수는 10점 만점에 몇 점인가? (점)

1-3점(위험)			4-5점(위기)		6-7점(분발)		8-10점(건강)		
1	2	3	4	5	6	7	8	9	10

주일 그룹 스터디(Group Study)

1. 함께 경배와 찬양드리기(10분)

매주 제공되는 주제 찬양을 함께 부르며 오늘 모임에 하나님께서 함께해 주시기를 간구한다. 인도하는 지도자와 함께 하는 성도들을 위해서도 중보한다. 이 시간에 각자 정해둔 세 가지의 기도 제목을 하나님께 올려드리는 시간도 함께 가진다.

2. 암송 구절 확인하기(5분)

작은 메모지에 암송한 구절을 적어 제출하도록 하면 시간을 단축할 수 있다. 하지만 소그룹일 때는 한 명씩 돌아가며 암송해 보도록 하는 것이 효과적일 것이다.

3. 복습 강의(40분)

지도자는 한 주간 전제 주제에 대해 정리하며 평신도들이 좀 더 알아야 할 중요한 부분들을 다시 복습시키고 좀 더 깊은 내용들을 언급하며 전제 주제를 짚어주는 강의 시간을 가진다.

4. 개인 나누기(20분)

두세 사람이 짝을 지어 앉고 한 주간 새롭게 깨닫게 된 것을 서로 나누어 보도록 시간을 준다. 그리고 자신의 진단 점수를

나누고 이 책 마지막 페이지에 있는 진단 도표에 점수를 기록하도록 한다.

5. 질의응답(10분)

한 주간 개인 공부시간에 갖게 된 질문을 나누는 시간을 갖는다. 모두 나누면 좋겠지만 두세 사람이 대표로 질문하고 지도자는 적절한 답을 주는 방식을 취한다

6. 마지막 기도(5분)

한 주간 대표 주제를 통해 깨닫게 된 내용이 자신의 삶과 믿음에 도움이 되도록 기도하며 또 시작되는 한 주간의 개인 스터디를 주님께 의탁하며 기도하는 시간이다.

제4부 관계가 이끄는 삶(베드로전서 3:8-9)

1. 하나님과 연애하라(시편 25:14)

- 하나님께서도 우리와 (친밀해)지고 싶어 하신다.
- "여호와의 (친밀하심)이 그를 경외하는 자들에게 있음이여 그의 언약을 그들에게 보이시리로다"(시편 25:14)
- 하나님을 향해 (관심)을 가져야 한다.
- 하나님의 말씀에 (집중)해야 한다.
- 우리는 하나님을 (알아)갈 수 있는 길이 열렸다.
- "영생은 곧 유일하신 참 하나님과 그가 보내신 자 예수 그리스도를 (아는) 것이니이다"(요한복음 17:3)
- 하나님과 더 깊은 (교제)와 하나님을 사랑하는 것을 (유지)해야 한다.
- "너는 (마음)을 다하고 (뜻)을 다하고 (힘)을 다하여 네 하나님 여호와를 사랑하라"(신명기 6:5)

2. 가족이 행복하기 위해(에베소서 5:22-25)

- 가족 구성원들의 (정서적인) 상태에 따라 (행복)과 (불행)이 결정된다.
- 인간은 태어나서 두 번의 가족을 경험한다. (원 가족)과 (형성

267

_{가족)}이다.

- 가족의 행복의 키를 잡고 있는 쪽은 (부부)이다.
- 모든 행복은 (부부)로부터 시작되고 모든 불행도 (부부)로부터 시작된다.
- 아내를 향한 남편의 과업은 (사랑)과 (존중)이며, 남편을 향한 아내의 과업은 (복종)과 (존경)이다.
- "남편들아 아내 (사랑)하기를 그리스도께서 (교회)를 사랑하시고 그 교회를 위하여 자신을 주심같이 하라"(에베소서 5:25)
- "그러나 너희도 각각 자기의 아내 사랑하기를 자신같이 하고 아내도 자기 남편을 (존경)하라"(에베소서 5:33)

3. 교우들과 친밀한가?(갈라디아서 6:10)

- "너희는 그리스도의 (몸)이요 지체의 각 (부분)이라"(고린도전서 12:27)
- 교우들끼리 잘 지내지 못하면 결코 (세상)을 향한 (하나님)의 일을 감당하지 못한다.
- 성도들은 어려울 때 서로 (동역자)가 되어 주는 것이다.
- "각각 자기 일을 돌볼뿐더러 또한 각각 (다른 사람)들의 일을 돌아보아 나의 기쁨을 충만하게 하라"(빌립보서 2:4)
- 동역자란 다른 사람들의 일을 (돌보아) 주는 사람이다.
- 로마서 16장에 '문안하라(아스파조마이)'의 세 가지 의미는 무엇인가?
① 핍박 속에서 평안을 유지하고 있는지 (확인)해 보는 것.

② 고난 속에서 서로 (격려)하는 것.

③ 서로의 (필요)를 묻고 도와주며 (기도)해 주는 것.

- "그러므로 우리는 기회 있는 대로 모든 이에게 착한 일을 하되 더욱 (믿음의 가정)들에게 할지니라"(갈라디아서 6:10)

4. 직장 동료들은 하나님이 보낸 사람(골로새서 3:22)

- 성도인 우리는 세상 속으로 보냄 받은 (사명자)들이다.

- 몸담고 있는 직장은 (땅 끝)일 수 있다.

- 그리스도인들은 직장 안에서 유능함과 무능함을 평가하기 전에 (최선)을 다하는 (태도)를 보여야 한다.

- "종들아 모든 일에 육신의 상전들에게 순종하되 사람을 기쁘게 하는 자와 같이 (눈가림만) 하지 말고 오직 주를 두려워하여 성실한 마음으로 하라"(골로새서 3:22)

- 직장에서 모든 사람들과 (화목)하게 지내고자 노력해야 한다.

- "할 수 있거든 너희로서는 모든 사람과 더불어 (화목)하라" (로마서 12:18)

- 직장은 (돈벌이)만 하는 장소가 아니라 (선교지)이기도 하다.

5. 예수를 모르는 자들을 친구로 삼아라(갈라디아서 5:22-23)

- 거룩(Holy)은 세상과 (구별)되는 것이지 (단절)하는 것이 아니다.

- 하나님은 교회를 사랑하시지만 (세상)도 사랑하신다.

- 불신자를 (친구)로 삼고 섬기고 사랑하면 (한 영혼)을 구원할 길이 열리게 된다.
- 그들과 친구되기 우해 우리는 (성령의 열매)를 기억해야 한다.
- "오직 (성령의 열매)는 사랑과 희락과 화평과 오래 참음과 자비와 양선과 충성과 온유와 절제니 이 같은 것을 금지할 법이 없느니라"(갈라디아서 5:22-23)
- 우리는 이미 세상 속의 (소금)과 (빛)으로 부름을 받았다.
- "너희는 세상의 (소금)이니 (소금)이 만일 그 맛을 잃으면 무엇으로 짜게 하리요 후에는 아무 쓸 데 없어 다만 밖에 버려져 사람에게 밟힐 뿐이니라 너희는 세상의 (빛)이라 산 위에 있는 동네가 숨겨지지 못할 것이요"(마태복음 5:13-14)

6. 다른 종교를 가진 사람들을 존중하라(에베소서 4:32)

- 이방인을 위해 (복음)을 전하는 것은 명령이다.
- "또 이르시되 너희는 온 천하에 다니며 (만민)에게 복음을 전파하라"(마가복음 16:15)
- 복음의 본질은 (사랑)이다.
- 하나님은 (종교)에 상관없이 모든 사람이 (구원) 받기를 원하신다.
- "하나님은 (모든 사람)이 구원을 받으며 진리를 아는 데에 이르기를 원하시느니라"(디모데전서 2:4)
- 우리와 다른 종교를 가진 자들을 한 인간으로서 (존중)해야 한다.

- 종교를 초월해 이웃을 (사랑)하는 것이 가장 중요한 (율법) 이다.

- "둘째도 그와 같으니 네 (이웃)을 네 자신같이 사랑하라 하셨으니 이 두 계명이 온 율법과 선지자의 강령이니라"(마가 복음 22:39-40)

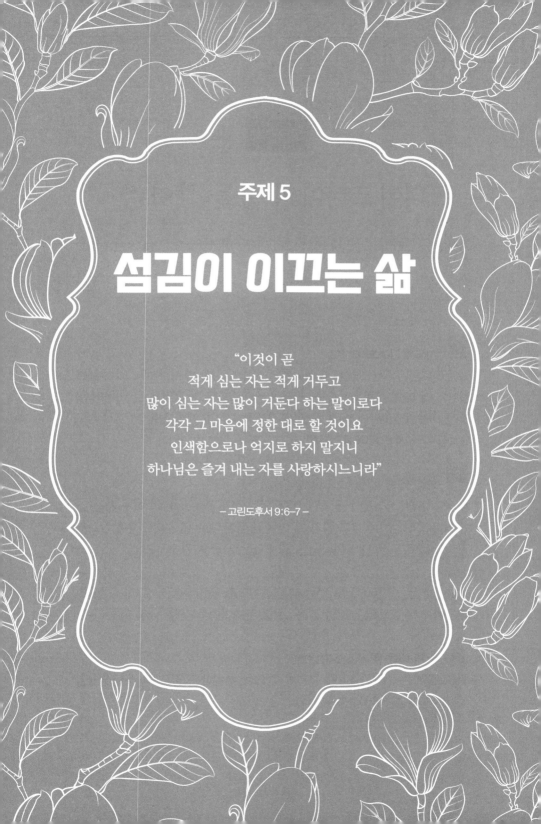

주제 5

섬김이 이끄는 삶

"이것이 곧
적게 심는 자는 적게 거두고
많이 심는 자는 많이 거둔다 하는 말이로다
각각 그 마음에 정한 대로 할 것이요
인색함으로나 억지로 하지 말지니
하나님은 즐겨 내는 자를 사랑하시느니라"

– 고린도후서 9:6–7 –

디아코니아의 삶을 살아라

 기도하기(소요시간 3분)

오늘도 성령님께서 깨닫게 하시도록 도움을 요청하는 시간이다. 이 주제를 공부할 때 나의 잘못된 신앙과 인격이 바로 교정되며 깨닫게 된 내용이 삶에 큰 도움과 지혜가 되도록 구한다. 그리고 시작할 때 작정한 세 가지 기도 제목을 주님께 아뢰며 올려드린다.

 성경 본문 읽기(소요시간 2분)

● 암송 구절 : "이것이 곧 적게 심는 자는 적게 거두고 많이 심는 자는 많이 거둔다 하는 말이로다 각각 그 마음에 정한 대로 할 것이요 인색함으로나 억지로 하지 말지니 하나님은 즐겨 내는 자를 사랑하시느니라"(고린도후서 9:6–7)

● 오늘 본문 : "인자가 온 것은 섬김을 받으려 함이 아니라 도리어 섬기려 하고 자기 목숨을 많은 사람의 대속물로 주려 함이니라"(마가복음 10:45)

 주제 내용 읽기(소요시간 17분)

매일 제공되는 주제 내용을 천천히, 중요한 부분에는 밑줄을 긋고, 필요할 때 책에 메모를 하면서 정독한다.

매일 제공되는 내용의 끝에는 내용 일기와 자신의 상태를 체크하는 표가 있다. 매일 기록하도록 한다.

교회는 건물이 아니라 성도 한 사람, 한 사람이다. 예수 그리스도를 자신의 구주로 고백하는 사람들이 바로 교회이다. 교회의 사명은 우리의 삶과 신앙을 제외하고는 설명될 수 없다. 가장 성경적인 건강한 교회로 세움 받기 위해 우리는 교회에게 부여하신 사명에 순종해야만 한다.

교회에는 5대 사명이 있다.

먼저 성도들끼리 실천해야 할 예배(레이투르기아), 교육(디다케), 친교(코이노니아)와 세상에서 우리가 실천해야 할 전도(케리그마) 그리고 봉사(디아코니아)가 있다. 이 모든 것은 통합되어야 한다. 교회의 5대 사명은 봉사(디아코니아)를 통해 통합된다. 왜냐면 봉사(디아코니아)는 예수 그리스도의 정신이며 교회의 본질이기 때문이다.

예수님께서 어느 날 제자들과 예루살렘으로 올라가셨다. 올라가시면서 제자들에게 자신의 죽음과 부활에 대해 말씀하셨다. 제자 중에는 세배대의 아들 야고보와 요한이 있었다. 그들은 분위기를 파악하지 못하고 예수님의 오른쪽, 왼쪽 자리를 자신들에게 달라고 요청했다.

"여짜오되 주의 영광중에서 우리를 하나는 주의 우편에, 하나는 좌편 예수님은 "가려는 길은 그런 길이 아니다"라고 말씀하셨다. 그 이야기를 들은 다른 제자들은 화를 내면서 항의했다. 예수님은 그들을 불러다가 아주 중요한 이야기를 하셨다. 서로 높은 자리에 앉고자 하는 제자들을 향해 예수님이 오신 목적과 방향성을 알려주신 것이다. 예수님은 제자들처럼 높은 자리에 앉아 섬김을 받고 싶어 이 땅에 오신 것이 아니라고 하셨다. 도리어 자신의 목숨을 내놓고 사람들을 섬기기 위해 오셨다고 말씀하셨다.

"인자가 온 것은 섬김을 받으려 함이 아니라 도리어 섬기려 하고 자기 목숨을 많은 사람의 대속물로 주려 함이니라"(마가복음 10:45)

이때 말씀하신 '섬김'이 '디아코니아'이다. 예수님께서 이 땅에 오신 목적 자체가 섬김(디아코니아)이라고 천명하신 것이다.

"나는 섬기는 자로 너희 중에 있노라"(누가복음 22:27b)

예수님께서 사람의 모습을 입고 이 땅에 성육신(Incanation)하시고 십자가에 죽으신 것은 섬김의 절정이었다.

아버지 하나님은 세상을 사랑하시고 독생자를 주셨다.

아들 예수는 순종하여 십자가에서 모든 인간의 죄를 지고 죽으셨다. 성령 하나님은 무지한 우리가 이것을 깨닫도록 인도하시고 구원에 이르도록 역사하신다. 이처럼 삼위일체 하나님의 섬김(디아코니아)을 통해 우리는 구원을 얻었다.

"하나님이 세상을 이처럼 사랑하사 독생자를 주셨으니 이는 그를 믿

는 자마다 멸망하지 않고 영생을 얻게 하려 하심이라"(요한복음 3:16)

교회는 삼위일체 하나님의 섬김(디아코니아)을 통해 생겨난 공동체이다. 그러므로 교회는 내적 디아코니아를 통해 예배(레이투르기아)하고 친교(코이노니아)해야 한다. 외적 디아코니아를 통해 봉사(디아코이나)하고 전도(케리그마)해야 한다. 이것을 가르치는 것이 교육(디다케)이다. 하지만 제자들의 관심은 정반대였다.

오늘날 성도들의 삶도 이와 같을 수 있다. 하나님은 계속적으로 우리에게 말씀하신다. 부름받은 교회(에클레시아)는 모여 예배하고, 보냄 받은 교회(디아스포라)는 이웃과 세상을 섬기며 사랑해야 한다. 교회로서 우리 성도 한 사람, 한 사람이 이런 삶을 살지 않을 때 우리의 교회는 사데 교회처럼 그 본질을 잃은, 살았으나 죽은 교회가 되는 것이다.

"사데 교회의 사자에게 편지하라 하나님의 일곱 영과 일곱 별을 가지신 이가 이르시되 내가 네 행위를 아노니 네가 살았다 하는 이름은 가졌으나 죽은 자로다"(요한계시록 3:1)

이런 교회라면 아무리 큰 건물을 가지고 많은 교인들이 모여 있다 하더라도 지역주민들은 관심이 없을 것이다. 만약 교회에 문제가 생기거나 이전을 한다 하더라도 지역주민들은 관심도 없을 것이다. 오히려 더 좋아할 수도 있다. 반대로 디아코니아로 살아 있는 교회는 지역사회의 지대한 관심을 받을 것이다.

내가 섬기고 있는 교회는 개척된 작은 교회이다. 전 세계가 코로나19로 팬데믹이 시작될 때 교회가 해야 할 일에 대해 기도했다. 성도들과 함께 강도 만난 지역사회의 이웃이 되자고 마음을 모았다. 코로나 감염 때문에 움츠려 모임도 하지 못할 때 우리는 적극적으로 디아코니아를 실천했다.

마스크를 구입해서 지역사회에 배포했고 아파트마다 손 소독제를 나눠주었다. 관공서와 연합하여 소외계층 100가정을 선정하여 생필품을 나누어 주었다.

여름에는 농어촌 봉사활동으로 휴가 사용하기 프로젝트를 진행했다. 코로나로 인해 일손이 턱없이 모자란 농촌에서 고추 따기 봉사를 하기도 했다. 그리고 방역 기계를 두 대 구입해 지역사회 상가를 돌며 무료 방역을 진행했다.

성탄절에는 사랑의 연탄 나눔 행사로 2,000장의 연탄을 일곱 가정에 배달하는 섬김도 실천하였다.

세상이 위기를 만났을 때가 교회에겐 기회이다.

'코로나 극복 프로젝트'를 8탄까지 진행하자 지역 신문에 기사가 났다. 기독교신문에도 기사가 게재되었다. 결국 CTS 기독교 방송국 뉴스에 우리 교회가 소개되었다. 그런 행보들이 어떤 결과를 가지고 올지 아직은 모르는 일이다. 하지만 교회가 나아가야 할 방향은 '디아코니아'이기에 반드시 좋은 열매가 있다고 믿는다.

엄밀하게 따져 지역사회에 존재감이 없는 교회를 교회라고 할 수 있을까? 전도지를 나누고 큰소리로 "예수천당 불신지옥"을 알리는 것도 필요하지만 디아코니아를 실천할 때 사람들은 마음을 더 열게 된다고 생각된다.

하나님의 선교(Misso Dei)는 성육신적 선교이다.

사람의 몸을 가지신 하나님이 낮은 이곳으로 오셔서 우리를 사랑으로 섬겨주신 것이다. 이것이 우리를 향하신 하나님의 뜻이다. 예수님께서 산상설교를 하실 때 거짓 선지자에 대한 경고를 하신 적이 있다.

"거짓 선지자들을 삼가라 양의 옷을 입고 너희에게 나아오나 속에는 노략질하는 이리라"(마태복음 7:15)

겉으로 보면 누가 선한지 누가 거짓인지 구분하지 못하지만 열매를 보고 알 수 있다고 말씀하신다.

"이러므로 그들의 열매로 그들을 알리라"(마태복음 7:20)

그뿐만 아니라 "주여! 주여!"를 외치는 자들이라도 하나님의 뜻대로 행하지 않고서는 천국에 들어갈 수 없다고도 경고하신다.

"나더러 주여 주여 하는 자마다 다 천국에 들어갈 것이 아니요 다만 하늘에 계신 내 아버지의 뜻대로 행하는 자라야 들어가리라"(마태복음 7:21)

우리가 진정한 교회라면 우리의 신앙과 삶에 하나님이 원하시는 열매가 맺힐 것이다. 하지만 자신의 부귀영화만을 위해 하나님을 이용하려는 사람은 결코 하나님의 나라에 들어갈 수가 없다. 하나님이 원하시는 것은 큰 송아지를 잡아 제사하는 것도 아니요, 많은 곡물을 바치며 자신을 자랑하는 것도 아니다. 하나님의 긍휼을 가지고 세상을 사랑하고 섬기는 것이 하나님의 뜻이다.

"너희는 가서 내가 긍휼을 원하고 제사를 원하지 아니하노라 하신 뜻이 무엇인지 배우라"(마태복음 9:13a)

디아코니아는 긍휼과 인애를 실천하는 삶으로서 이것을 행하는 자가 진정한 교회이다. 이런 신앙과 삶을 살아 내고자 하는 성도는 주님의 친구가 되는 것이다.

"너희는 내가 명하는 대로 행하면 곧 나의 친구라"(요한복음 15:14)

하나님은 세상 속에 교회를 세우셨다. 그리고 우리를 그들 가운데 살게 하셨다. 때문에 우리의 방향성이 주님의 방향성과 일치해야만 한다. 그럴 때 세상 사람들은 우리가 살아가는 모습을 보고 예수님을 궁금해할 것이다.

갈수록 더 강퍅해지는 세상이지만 교회만큼은 사람 사는 냄새가 나야 한다. 더 이기적인 사람들이 늘어가지만 교회는 베풀고 섬겨야 한다. 모두가 자기 살기에 바빠 도망칠 때 교회는 강도 만난 자의 이웃이 되기 위해 강도 만난 장소로 나아가야 한다. 요즘 같은 시기에 교회가 어떻게 살아남을까 고민하기 전에 어떻게 한 알의 밀알이 되어 죽을까를 고민해야 한다.

자, 두 손을 가슴에 얹고 기도해 보라.
"하나님, 나는 교회로 부름받았음에도
이기적인 신앙을 하였습니다. 용서해 주옵소서."
"예수님처럼 우리 이웃을 섬기고 사랑할 줄 아는
교회가 되도록 나를 사용해 주옵소서."

내용 일기

1. 새롭게 깨닫게 된 것은 무엇인가?

2. 그동안 알고 있는 것 중에 다시 확인된 내용은 무엇인가?

3. 그룹 스터디 시간에 지도자에게 질문이 있다면 기록해 보라.

4. 오늘 깨닫게 된 것이 믿음이 되도록 기도하라. 그리고 내일을 위해 기도하라.

5. 진단 점수 기록하기
   이번 주제를 읽고 자신의 점수는 10점 만점에 몇 점인가? (점)

1–3점(위험)			4–5점(위기)		6–7점(분발)		8–10점(건강)		
1	2	3	4	5	6	7	8	9	10

소금과 빛이 된다는 것

 기도하기(소요시간 3분)

오늘도 성령님께서 깨닫게 하시도록 도움을 요청하는 시간이다. 이 주제를 공부할 때 나의 잘못된 신앙과 인격이 바로 교정되며 깨닫게 된 내용이 삶에 큰 도움과 지혜가 되도록 구한다. 그리고 시작할 때 작정한 세 가지 기도 제목을 주님께 아뢰며 올려드린다.

 성경 본문 읽기(소요시간 2분)

● 암송 구절 : "이것이 곧 적게 심는 자는 적게 거두고 많이 심는 자는 많이 거둔다 하는 말이로다 각각 그 마음에 정한 대로 할 것이요 인색함으로나 억지로 하지 말지니 하나님은 즐겨 내는 자를 사랑하시느니라"(고린도후서 9:6–7)

● 오늘 본문 : "너희는 세상의 소금이니 소금이 만일 그 맛을 잃으면 무엇으로 짜게 하리요 후에는 아무 쓸 데 없어 다만 밖에 버려져 사람에게 밟힐 뿐이니라 너희는 세상의 빛이라 산 위에 있는 동네가 숨겨지지 못할 것이요"(마태복음 5:13–14)

 주제 내용 읽기(소요시간 17분)

매일 제공되는 주제 내용을 천천히, 중요한 부분에는 밑줄을 긋고, 필요할

때 책에 메모를 하면서 정독한다.

📖 **내용 일기 작성하기**(소요시간 5분)**와 마지막 기도**(소요시간 3분)
매일 제공되는 내용의 끝에는 내용 일기와 자신의 상태를 체크하는 표가 있다. 매일 기록하도록 한다.

마태복음 5장부터 시작되는 예수님의 설교는 예수님이 공생애를 시작하시면서 공적으로 하신 첫 번째 설교다. 이것을 산 위에서 하신 설교라 하여 산상수훈(山上垂訓)이라고 한다.

"예수께서 무리를 보시고 산에 올라가 앉으시니 제자들이 나아온지라"

(마태복음 5:1)

이는 하나님 나라 시민의 새로운 윤리를 선포하시는 내용이다. 옛사람은 세상의 법과 자신의 욕구를 따라 사는 것이라면, 새사람은 하나님 나라의 강령을 따라 사는 것이다. 구습을 쫓는 옛사람을 벗어 버리는 것이 중요하다.

"너희는 유혹의 욕심을 따라 썩어져 가는 구습을 따르는 옛사람을 벗어 버리고"(에베소서 4:22)

구습은 우리 몸과 생각에 배어있다. 하나님 나라의 백성들이라면 이런 옛것들이 지나가고 새것이 된 것이다.

"이전 것은 지나갔으니 보라 새것이 되었도다"(고린도후서 5:17b)

그러므로 산상수훈의 가르침은 새사람이 된 제자들이 따라야 할 새로운 헌법과 같은 것이다. 현재 우리의 인격과 신앙의 수준을 잴 수 있는 표준 같은 것이다.

죄 아래 살아가는 사람에게는 진정한 행복이 없다. 옛사람의 구습으로는 진정한 행복을 가질 수 없다는 것이다. 그래서 산상수훈은 복에 관한 말씀으로 시작한다.

하나님 나라의 통치와 다스림 가운데 살아가는 자들의 행복은 어떤 모습일까? 소위 팔복이라고 하는 내용은 항상 "복이 있나니"라고 말씀하신다. 하나님 나라의 첫 선언인 것이다. 진정한 행복이 결여되어 있는 사람들에게 참된 행복이 무엇인지 선포하시는 내용이다. 이것은 개인에 대한 말씀이기도 하지만 교회(에클레시아)라는 공동체를 위한 말씀이기도 하다.

하나님은 모세를 통해 시내산에서 십계명을 주셨다. 이스라엘 백성들이 더 이상 이집트의 법 아래 있지 않고 새로운 언약 공동체가 되어 하나님이 주신 새 법 아래 있게 된 것이다. 순종할 것인지, 불순종할 것인지가 문제였다. 순종했을 때 은혜가 가득했고, 불순종했을 때 하나님의 진노와 심판이 있었다.

하나님은 예수님을 통해 산 위에서 산상수훈을 새 법으로 주셨다. 하나님 나라의 백성들이 순종해야 할 새로운 법인 것이다. 특히 새 언약 공동체인 교회의 태도와 자세를 잘 설명하고 있다.

팔복 중 네 번째와 여덟 번째 가르침에 '의'에 관한 내용이 나온다.

"의에 주리고 목마른 자는 복이 있나니 그들이 배부를 것임이요"

(마태복음 5:6)

"의를 위하여 박해를 받은 자는 복이 있나니 천국이 그들의 것임이라"

(마태복음 5:10)

'의'의 헬라어 원문인 '디카이오쉬네'를 풀어 설명하면 하나님 앞에서 인간이 취해야 할 올바른 태도이다. 즉 어떤 유혹과 핍박 속에서도 하나님의 뜻에 맞는 공정함에 순복하는 자세이다. 하나님의 뜻에 맞는 공정함을 위해 '주리고 목마른 자'가 되어야 복이 있다고 말씀하신다. '주리고 목마른'의 의미 또한 강렬하다. 무엇인가 열렬히 갈망한다는 의미이다. 사모하고 갈망하는 자들에게 언제나 만족을 주시고 좋은 것으로 채워주시기 때문이다.

"그가 사모하는 영혼에게 만족을 주시며 주린 영혼에게 좋은 것으로
채워주심이로다"(시편 107:9)

세상 속의 교회로 부름받은 우리가 가지고 있어야 할 태도와 상태가 이러해야 한다는 것이다.

그리고 팔복에 이어 바로 선포되는 말씀이 '소금'과 '빛'에 관한 선포이다.

"너희는 세상의 소금이니 소금이 만일 그 맛을 잃으면 무엇으로 짜게
하리요 후에는 아무 쓸 데 없어 다만 밖에 버려져 사람에게 밟힐 뿐이
니라 너희는 세상의 빛이라 산 위에 있는 동네가 숨겨지지 못할 것이

요"(마태복음 5:13-14)

교회로 부름받은 우리는 어떤 상태로 세상에 존재해야 하는지에 대한 설명인 셈이다. "너희는 세상의 소금과 빛이 되어라"라고 말씀하신 것이 아니다. 이미 소금과 빛이라는 선언이시다.

'소금'은 신약성경에 6회 등장한다.

헬라어 '할라스'는 다양한 상징으로 사용된다. 유대교 문헌에는 생명을 유지하는 필수불가결한 요소라고 설명한다. 외경 바룩1서에는 방부제로 설명되는가 하면 제물의 부패를 방지하고 정결하게 하는 도구로 묘사된다. 구약성경에서는 신생아의 몸을 정결하게 하는 도구로 사용되기도 한다.

"네가 난 것을 말하건대 네가 날 때에 네 배꼽 줄을 자르지 아니하였고 너를 물로 씻어 정결하게 하지 아니하였고 네게 소금을 뿌리지 아니하였고 너를 강보로 싸지도 아니하였나니"(에스겔 16:4)

썩어가고 어둡고 병든 세상에서 교회는 소금으로 부름을 받은 것이다. 세상의 부패를 막고 살맛 나는 세상이 되도록 맛을 불어 넣는 것이다. 교회가 맛을 잃고 소금의 역할을 못한다면 세상의 비웃음거리가 되고 마는 것이다. 사람들에게 조롱당하거나 무시당하게 되는 것이다. 우리의 가정에서, 직장에서, 교회 안에서조차도 소금의 역할을 감당해야 하는 것이다. 왜냐하면 우리는 이미 소금이기 때문이다.

'빛'은 히브리어로 '오르'라고 한다. 그것은 하나님의 속성을 설명할 때 사용하는 말이다.

"…하나님은 빛이시라…"(요한일서 1:5)

예수님께서도 이 땅에 참 빛으로 오셨다고 설명한다.

"참 빛 곧 세상에 와서 각 사람에게 비추는 빛이 있었나니"(요한복음 1:9)

뿐만 아니라 하나님은 사도 바울을 통해서도 같은 증언을 하고 있다. 우리 모두가 주안에서 빛이다. 그러므로 빛처럼 행동하라고 촉구하신다.

"너희가 전에는 어둠이더니 이제는 주 안에서 빛이라 빛의 자녀들처럼 행하라 빛의 열매는 모든 착함과 의로움과 진실함에 있느니라"(에베소서 5:8–9)

시간이 지날수록 세상은 더 타락하게 될 것이다.

죄성은 결코 선한 곳으로 발전하지 않는다. 그러므로 세상은 더 어두워지게 되어 있다. 교회로 부름받은 우리 각자는 빛을 비춰야 한다. 예수 그리스도의 복음 안에서 착함과 의로움과 진실함이 빛의 원료들이다.

우리가 살아가는 가정 안에서, 교회가 세워진 지역 사회 안에서 우리의 모습은 빛의 윤리를 드러내야 한다. 우리 때문에 더 우울해지고, 우리 때문에 더 어두워진다면 불행한 일일 것이다.

하지만 우리의 독선 또는 고집스러운 종교적 신념이 세상을 더 어둡게 만들 때가 종종 있다. 이는 결코 아름다운 교회의 모습일 리 없다. 빛은 모든 만물의 고유한 색깔을 드러내게 하고 모든 생명체가 살아가도록 에너지를 제공한다. 그뿐만 아니라 다양한 빛으로 삶을 이롭게 하며 병든 몸을 진단하고 치료하기도 한다. 교회는 바로 이런 역할을 위해 세워진 것이다.

내가 부교역자 생활을 할 때 이야기다.

어느 날 교회 사무실에 있는데 교회 주차장에서 고성이 들렸다. 누군가가 심하게 말다툼을 하는 것이었다. 밖으로 나가보니 교회를 관리하는 집사님과 근처에 볼일을 보러 온 방문자 사이에 싸움이 일어난 것이었다. 이유는 교회 주차장에 차를 주차했다는 것이었다. 방문자는 "교회가 지역을 위해 이 정도도 못하냐"라며 화를 냈고 관리 집사님은 "당신 같은 사람들 위해 돈 들여 주차장을 만든 줄 아느냐"라며 소리를 치고 있었다. 나는 그때 가슴 깊은 곳에서부터 우러나오는 소리를 들었다.

"교회는 저런 사람들을 위해 주차장을 만들어야 하는 거야."

그 후에도 이런 갈등은 자주 벌어졌다. 개인적으로는 교회가 지역 사회를 위해 평일에는 주차장을 개방하고 지역을 섬기는 것이 올바른 태도라고 믿는다.

그 후 나는 개척을 했다. 그리고 우리 교회의 주차장과 본당은 지역 사회에서 필요로 하는 단체나 모임에 무상으로 대여하기 시작했다. 그러자 우리 교회는 더 많은 사람들이 방문하는 곳이 되었다.

관리하는 입장에서는 강경할 필요가 있지만 본질적으로 교회는 세상을 위해 세움 받은 곳이다. 세상의 소금과 빛으로 세움 받은 것이다. 이웃을 섬기고 사랑하는 것이 소금으로 사용 받는 것이다. 지역 사회를 위해 봉사하고 섬기는 것이 빛으로 쓰임 받는 것이다. 교회가 담이 높아지고 이기적인 곳이 될 때 세상은 더 이상 관심을 갖지 않을 것이다. 도리어 세상 속에서 고립된 섬처럼 어떤 영향력도 행사할 수 없는 무능한 교회로 전락할 것이다. 교회는 세상의 소금과 빛임을 반드시 기억하자.

자, 이제 가슴에 손을 얹고 기도해 보자.
"하나님, 나를 세상의 소금으로, 빛으로 불러주셔서
감사합니다."
"그러나 그동안 나의 삶은 소금으로 맛을 내지 못하고
빛으로 그 역할을 다 하지 못했습니다.
이제부터라도 하나님 나라의 백성으로서
소금과 빛으로 살아낼 수 있도록 도와주옵소서."

내용 일기

1. 새롭게 깨닫게 된 것은 무엇인가?

2. 그동안 알고 있는 것 중에 다시 확인된 내용은 무엇인가?

3. 그룹 스터디 시간에 지도자에게 질문이 있다면 기록해 보라.

4. 오늘 깨닫게 된 것이 믿음이 되도록 기도하라. 그리고 내일을 위해 기도하라.

5. 진단 점수 기록하기

　이번 주제를 읽고 자신의 점수는 10점 만점에 몇 점인가? (　　　점)

1–3점(위험)			4–5점(위기)		6–7점(분발)		8–10점(건강)		
1	2	3	4	5	6	7	8	9	10

물질로 하나님을 섬길 수 있는가?

 기도하기(소요시간 3분)

오늘도 성령님께서 깨닫게 하시도록 도움을 요청하는 시간이다. 이 주제를 공부할 때 나의 잘못된 신앙과 인격이 바로 교정되며 깨닫게 된 내용이 삶에 큰 도움과 지혜가 되도록 구한다. 그리고 시작할 때 작정한 세 가지 기도 제목을 주님께 아뢰며 올려드린다.

 성경 본문 읽기(소요시간 2분)

● 암송 구절 : "이것이 곧 적게 심는 자는 적게 거두고 많이 심는 자는 많이 거둔다 하는 말이로다 각각 그 마음에 정한 대로 할 것이요 인색함으로나 억지로 하지 말지니 하나님은 즐겨 내는 자를 사랑하시느니라"(고린도후서 9:6-7)

● 오늘 본문 : "나와 내 백성이 무엇이기에 이처럼 즐거운 마음으로 드릴 힘이 있었나이까 모든 것이 주께로 말미암았사오니 우리가 주의 손에서 받은 것으로 주께 드렸을 뿐이니이다"(역대상 29:14)

 주제 내용 읽기(소요시간 17분)

매일 제공되는 주제 내용을 천천히, 중요한 부분에는 밑줄을 긋고, 필요할

때 책에 메모를 하면서 정독한다.

📖 **내용 일기 작성하기**(소요시간 5분)**와 마지막 기도**(소요시간 3분)
매일 제공되는 내용의 끝에는 내용 일기와 자신의 상태를 체크하는 표가
있다. 매일 기록하도록 한다.

하나님 나라는 심고 거두는 거대한 법칙이 작동하는 나라
이다.
 "스스로 속이지 말라 하나님은 업신여김을 받지 아니하시나니 사람이
 무엇으로 심든지 그대로 거두리라"(갈라디아서 6:7)
코로나19 팬데믹도 인간이 탐욕과 교만을 심었기 때문에
그것을 고스란히 거두고 있는 것이다. 우리의 현재 모습이 마
음에 들던 들지 않던 모두 과거 우리가 심은 것의 결과이다.
특히 재물에 관해서는 더 민감하게 작동된다. 재물은 망아지
와 같다. 우리가 길들이지 않으면 재물이 우리를 길들인다.

성경은 돈에 관해 많은 말씀을 하고 있다. 사복음서에서 예
수님의 설교를 분석하면 절반 이상이 돈에 관련된 설교나 가
르침이다. 그만큼 돈 문제는 예나 지금이나 예민한 문제이다.
사도 바울도 고린도 교회에 편지하면서 "물질을 많이 심으라"
라고 가르치고 있다. 많이 심으면 많이 거두게 되고 적게 심으
면 적게 거둔다고 가르친다.
 "이것이 곧 적게 심는 자는 적게 거두고 많이 심는 자는 많이 거둔다
 하는 말이로다"(고린도후서 9:6)

우리는 땀 흘려 번 돈을 누군가를 위해 사용할 때 머뭇거린다. 하지만 성경은 하나님 나라를 위해 돈을 사용할 때는 머뭇거리지 않기를 원하신다.

'물질을 심는다'는 것을 '쌓는다'라고 표현하기도 한다. 우리의 보물을 땅에 쌓아 두지 말고 하늘에 쌓아 두라고 권면하신다.

"너희를 위하여 보물을 땅에 쌓아 두지 말라 거기는 좀과 동록이 해하며 도둑이 구멍을 뚫고 도둑질하느니라 오직 너희를 위하여 보물을 하늘에 쌓아 두라 거기는 좀이나 동록이 해하지 못하며 도둑이 구멍을 뚫지도 못하고 도둑질도 못하느니라"(마태복음 6:19-20)

땅에 쌓아 두는 것은 탐욕과 이기심으로 자신을 위해서만 사용하는 것이지만 하늘에 쌓는 것은 하나님 나라와 의를 위해 사용하는 것을 의미한다. 하지만 '돈'이라는 주제가 주어지면 결코 쉽게 해결할 수가 없다. 물질만능주의가 가득한 세상에서 살며 돈의 유익을 경험한 우리는 이것을 쉽게 받아들일 수 없다.

자본주의 시장경제 속에서 힘들게 번 돈이기에 더더욱 어려운 문제다. 하지만 '이 재물이 우리의 땀과 수고로 벌어들인 것인가?'라는 본질적인 질문을 먼저 해야 한다. '국가의 경제 정책에 맞게 노동을 하고 그 대가로 벌어들인 것'이라고 생각하면 우리는 돈에 집착하게 된다.

성경을 하나님의 말씀으로 믿는 믿음의 사람이라면 이 본질적인 질문을 먼저 정리해야 한다. 모든 재물은 하나님으로부터 시작됐다는 것이 하나님 나라 백성들의 기본적인 신앙 고백이다. 비록 내가 땀 흘려 일한 대가를 받은 것이지만 이 모든 재물의 시작은 하나님으로부터라는 것이다.

> "은도 내 것이요 금도 내 것이니라 만군의 여호와의 말이니라"(학개 2:8)

그리고 재물을 얻는데 필요한 능력이 나의 기술이나 노동으로 시작된 것이 아니라 하나님께서 주신 능력으로부터 시작된 것이다.

> "그러나 네가 마음에 이르기를 내 능력과 내 손의 힘으로 내가 이 재물을 얻었다 말할 것이라 네 하나님 여호와를 기억하라 그가 네게 재물 얻을 능력을 주셨음이라"(신명기 8:17-18a)

이것이 나의 기본적인 신앙고백이 되지 못하면 결코 하늘에 쌓는 자의 삶을 살 수 없다. 분명한 것은 이 신앙고백이 없다면 우리는 물질을 주인으로 섬길 수밖에 없을 것이다.

> "집 하인이 두 주인을 섬길 수 없나니 혹 이를 미워하고 저를 사랑하거나 혹 이를 중히 여기고 저를 경히 여길 것임이니라 너희는 하나님과 재물을 겸하여 섬길 수 없느니라"(누가복음 16:13)

나는 가난한 신학도였다. 부모로부터 학업에 대한 지원을 받지 못했다. 늦게 신학대학원을 다니며 공부를 했다. 졸업하고 나니 2000만 원의 빚을 지게 되었다. 당시 나에게 2000만 원은 엄청나게 큰 금액이었다. 그러다가 교회 개척을 위해 다니던 교회를 사임하였다. 퇴직금과 전별금이 공교롭게도 딱 2000만 원이었다. 이것으로 빚을 청산할 계획을 세웠다.

그런데 교회가 개척되면서 가난한 개척 멤버들이 은행에 빚을 얻어 필요한 자금을 헌금하는 상황이 되었다. 예배를 드릴 예배당을 얻기 위해 재정을 준비하고 있었기 때문이다. 하나님께서 우리 부부의 마음에 개척 자금으로 2000만 원을 헌금할 것을 말씀하셨다.

우리는 나중에 돈을 모아 빚을 갚기로 하고 당장 급한 교회 자금으로 헌금을 했다. 당연한 것이지만 그때 우리에게 2000만 원은 전 재산이자 앞으로도 만질 수 없는 거액이었다. 하지만 우리 부부는 망설이지 않았고 하늘에 쌓기로 결심했다.

우리 가정의 2000만 원과 개척 멤버들의 자금을 다 모아도 예배당을 얻기에는 턱없이 부족했다. 하지만 우리 모두는 각자의 입장에서 최선을 다했다. 하나님은 그 심을 것을 거두게 하셨다. 갑자기 초등학교 교장선생님께서 자신의 학교 강당을 교회로 사용하라고 허락해 주셨다. 그뿐 아니라 아파트 단지 내의 상가 4층에 비어있는 예배당을 알게 되었다. 앞에 사용하던 교회가 보증금 없이 월세로 사용할 수 있도록 허락을 해서 졸지에 예배당과 교육관이 생기게 된 것이다.

심는 대로 거두는 것을 나는 믿는다.
하늘에 쌓다 보면 그 이상을 거두게 된다. 그 후 딸이 꿈의 학교라 불리는 기독교 대안학교에 입학하게 되었다. 하나님께서 주신 은혜다. 딸이 입학하는 그 해 처음으로 목회자 자녀 장학제도가 생겼다. 그래서 학교로부터 많은 지원을 받을 수 있었다. 딸이 학교를 다녔던 5년 동안 꿈의 학교로부터 받은 혜택은 2000만 원보다 훨씬 더 많았다. 또한 딸은 고등학교 2학년을 졸업하고 대학에 합격하게 되어 1년의 학자금을 벌게 되기도 했다.

우리 하나님의 계산은 결코 쩨쩨하지 않으시다.

많이 심으면 많이 거두게 하신다. 돈으로 살 수도 구할 수도 없는 것으로 돌려주시기도 하신다. 물질로 하나님을 섬긴다는 것을 오해하면 안 된다. 하나님이 돈이 없어 헌금하라거나 기부하라고 하신 것이 결코 아니다.

인간이 만들어 낸 돈의 속성은 참으로 무섭다. 돈이 전지전능한 신처럼 여겨질 때도 있다. 하나님은 그런 재물 앞에서 온전한 신앙 고백을 하기 원하신다. 오직 하나님만 섬기며 돈을 우상으로 숭배하는 것을 원치 않으신다. 돈을 주인으로 삼고 살아가면 인간만 비참하게 될 뿐이기 때문이다.

우리는 로또 당첨으로 갑자기 갑부가 된 사람들의 이야기를 어렵지 않게 듣는다. 그들은 로또 당첨으로 인해 빤짝 좋았다가 비참하게 끝을 맺는 경우가 대부분이다. 로또 당첨으로 인간관계가 깨어지고 일상이 무너진 경우가 많다. 그리고 로또 당첨자 중에는 돈을 펑펑 사용한 사람은 있었지만 유익하게 사용한 사람은 별로 없다. 많은 사람들이 음란과 마약, 도박 등에 빠졌다. 어떤 사람은 자살로 생을 마감했고 어떤 사람은 약물 중독으로 폐인이 되기도 했다.

돈은 가치중립적인 것이다. 어떻게 사용하느냐에 따라 선하기도 하고 악하기도 하다. 물질로 하나님을 섬긴다는 것은 돈을 다스린다는 의미다. 돈이 요구하는 대로 선택하지 않고 하나님이 원하시는 대로 돈을 사용하는 것이다. 헌금은 그런 것을 표현하는 행동 신앙 고백인 것이다.

'신학적으로 십일조를 해야 한다. 아니다. 오늘날은 필요 없다'라는 주장도 있다. 하지만 돈을 다스려 하나님이 원하시는 대로 사용하려면 나의 가치관이 중요하다.

십일조는 명백한 신앙 고백적 행동이다.

'모든 돈이 하나님으로부터 왔다'라는 상징이다. '나머지 십의 구도 하나님 것이지만 내가 사용하도록 하나님이 허락하신 것이다'라는 신앙 고백이다.

과도한 헌금을 요구하는 교회는 잘못된 것이지만 공동체가 필요로 하는 재정을 위해 자발적으로 헌금하는 것은 필요하다. 우리의 헌금은 사실 하나님이 주신 것을 하나님께 돌려드리는 것이다.

"나와 내 백성이 무엇이기에 이처럼 즐거운 마음으로 드릴 힘이 있었나이까 모든 것이 주께로 말미암았사오니 우리가 주의 손에서 받은 것으로 주께 드렸을 뿐이니이다"(역대상 29:14)

우리가 드리는 헌금은 섬김이 된다. 건물을 유지하고 관리하는 도구가 된다. 우리를 대신하여 교회가 선한 일과 선교에 사용하는 것의 재료가 된다. 헌금 무용론을 주장하는 자들에게 묻고 싶다.

우리가 어떤 모임에 나아가 공동적인 일을 한다고 해도 회비나 필요한 사업 자금을 모금하지 않는가?

이처럼 헌금은 성경의 원리를 떠나서 일반적인 상식으로 사용해야 되는 것은 아닌가?

만약 헌금이 필요 없다고 생각한다면 여러분이 가입한 모든 회의 회비를 내지 않는 것이 당연하지 않을까? 만약 그렇다면 무슨 일이 일어날까? 그 모임은 운영이 힘들어질 것이다.

물질로 하나님을 섬긴다는 것은 사실 교회의 몸인 우리 스스로를 위한 것이며 지역 사회와 이웃을 위한 기부인 것이다. 이것이 소금으로, 빛으로 세상을 섬기는 도구가 된다는 것을 알아야 한다.

자, 이제 두 손을 가슴에 얹고 기도해 보라.
"하나님, 그동안 모든 재물은
나의 수고로부터 얻게 된 것이라
생각했습니다.

이제부터라도 생각을 바꾸어
하나님께로부터 옴을 기억하게 하소서."
"나에게 허락하신 물질 중에 일부분을
하나님 나라와 의를 위해 사용하도록
역사해 주옵소서."

내용 일기

1. 새롭게 깨닫게 된 것은 무엇인가?

2. 그동안 알고 있는 것 중에 다시 확인된 내용은 무엇인가?

3. 그룹 스터디 시간에 지도자에게 질문이 있다면 기록해 보라.

4. 오늘 깨닫게 된 것이 믿음이 되도록 기도하라. 그리고 내일을 위해 기도하라.

5. 진단 점수 기록하기

   이번 주제를 읽고 자신의 점수는 10점 만점에 몇 점인가? (점)

1–3점(위험)			4–5점(위기)		6–7점(분발)		8–10점(건강)		
1	2	3	4	5	6	7	8	9	10

물질로 이웃을 섬겨보라

 기도하기(소요시간 3분)

오늘도 성령님께서 깨닫게 하시도록 도움을 요청하는 시간이다. 이 주제를 공부할 때 나의 잘못된 신앙과 인격이 바로 교정되며 깨닫게 된 내용이 삶에 큰 도움과 지혜가 되도록 구한다. 그리고 시작할 때 작정한 세 가지 기도 제목을 주님께 아뢰며 올려드린다.

✝ **성경 본문 읽기**(소요시간 2분)

● 암송 구절 : "이것이 곧 적게 심는 자는 적게 거두고 많이 심는 자는 많이 거둔다 하는 말이로다 각각 그 마음에 정한 대로 할 것이요 인색함으로나 억지로 하지 말지니 하나님은 즐겨 내는 자를 사랑하시느니라"(고린도후서 9:6–7)

● 오늘 본문 : "만일 형제나 자매가 헐벗고 일용할 양식이 없는데 너희 중에 누구든지 그에게 이르되 평안히 가라, 덥게 하라, 배부르게 하라 하며 그 몸에 쓸 것을 주지 아니하면 무슨 유익이 있으리요 이와 같이 행함이 없는 믿음은 그 자체가 죽은 것이라"(야고보서 2:15–17)

 주제 내용 읽기(소요시간 17분)

매일 제공되는 주제 내용을 천천히, 중요한 부분에는 밑줄을 긋고, 필요할

때 책에 메모를 하면서 정독한다.

📖 **내용 일기 작성하기**(소요시간 5분)**와 마지막 기도**(소요시간 3분)
매일 제공되는 내용의 끝에는 내용 일기와 자신의 상태를 체크하는 표가
있다. 매일 기록하도록 한다.

우리는 재산을 축적하고 자신을 위해 사용하는 것에는 익
숙하지만 다른 사람의 유익을 위해 물질을 사용하는 것에는
인색할 때가 많다. 하지만 다른 사람을 위해 물질을 사용하면
하나님은 우리를 극찬하신다.

21세기 포스트 모던 시대의 특징 중 하나는 나르시시즘이
다. 자신을 사랑하고 자신을 위해 모든 자원을 투자한다. 이런
현상은 가속화되어 가고 있다. 특히 부의 분배는 실패한 지 오
래다. 경제적인 양극화로 인해 한 쪽은 자원을 낭비하고 한 쪽
은 굶어죽어 간다.

우리나라에서 한 해 음식물 쓰레기 수거 비용만 8조 원 이
상이 든다고 한다. 영국에서는 상태가 좋은데 버려지는 음식
이 한 해 1,020만 톤으로 돈으로 환산하면 약 30조 원이라고
한다. 자본주의 사회에서 당연한 일처럼 생각되지만 하나님
나라의 관점으로 보면 심각한 문제다.

세계적인 추세인 경제 양극화라는 거시적인 문제를 논하기
전에 우리 자신의 삶을 돌아보아야 한다. 어려움에 처한 이웃
은 우리 주변에도 너무나 많다. 서울역이나 인근 지하철역에

서는 수백 명의 노숙자들이 종이 박스를 이불 삼아 잠을 잔다. 시청 복지과에 연락을 하면 차상위 계층, 즉 우리의 도움이 필요한 사람들이 얼마나 많은지 확인할 수 있다. 아프리카의 가난한 나라를 찾을 필요 없이 우리 주변에도 가난한 사람들은 너무나 많다. 우리는 그리스도인으로서 우리의 물질을 그들을 위해 얼마나 사용하고 있는가?

예수님께서 세상 끝에 있을 일들을 말씀하신 적이 있다. 심판을 앞두고 양과 염소를 구분하신다고 하셨다.

"모든 민족을 그 앞에 모으고 각각 구분하기를 목자가 양과 염소를 구분하는 것 같이 하여 양은 그 오른편에 염소는 왼편에 두리라"(마태복음 25:32-33)

양으로 구분되는 사람들은 가난한 사람들에게 먹을 것과 마실 것과 입을 것을 제공한 사람들이라고 말씀하셨다. 그리고 염소로 구분된 사람들은 그런 삶을 산 적이 없는 사람들이라고 말씀하셨다.

양의 자리에 있는 사람들이 물었다. 자신들은 예수님에게 먹을 양식이나 입을 옷을 제공한 적이 없다고 솔직하게 말했다. 그러자 예수님은 가난한 자들에게 한 것이 나에게 한 것이라고 분명하게 알려주셨다.

"임금이 대답하여 이르시되 내가 진실로 너희에게 이르노니 너희가 여기 내 형제 중에 지극히 작은 자 하나에게 한 것이 곧 내게 한 것이니라 하시고"(마태복음 25:40)

하나님 나라의 윤리는 가난한 자들을 제외하고는 설명할 수 없다. 우리가 가지게 된 물질을 흘려보내는 것은 중요한 명령이다. 그것은 기념비처럼 기억하신다.

사도행전에 등장하는 인물 중에 이방인 고넬료가 있다. 그는 로마 군대의 백부장이었다. 어느 날 기도 중에 천사가 찾아온다. 그리고 고넬료를 향한 하나님의 평가를 전달해 준다. 하나님의 평가는 감동적인 것이었다. 그의 기도뿐 아니라 구제하는 것을 하나님이 기억하시고 기념비처럼 생각하신다는 것이었다.

"천사가 이르되 네 기도와 구제가 하나님 앞에 상달되어 기억하신 바가 되었으니"(사도행전 10:4b)

'기억하신 바'라는 헬라어 원문은 '므네모쉬논'이다. 이 단어의 의미는 '기념하는 비석이 되었다'는 것이다. 하나님이 보실 때 고넬료의 기도와 구제의 삶은 기념비같이 아름답다는 뜻이다. 고넬료는 종교 생활로서 기도만 하는 사람이 아니었다. 로마 식민지 백성의 가난한 자들을 위해 물질을 사용했던 것이다. 하나님은 행함이 있는 믿음을 기뻐하신다. 기도생활을 하는 믿음의 사람이지만 사랑을 실천하는 행동이 없다면 그 믿음은 죽은 것이다.

"만일 형제나 자매가 헐벗고 일용할 양식이 없는데 너희 중에 누구든지 그에게 이르되 평안히 가라, 덥게 하라, 배부르게 하라 하며 그 몸에 쓸 것을 주지 아니하면 무슨 유익이 있으리요 이와 같이 행함이 없는

믿음은 그 자체가 죽은 것이라"(야고보서 2:15-17)

행함으로 우리 믿음을 증명하는 것이다. 우리의 물질 사용이 구제하는 것으로 사용되고 있다면 우리의 믿음을 하나님께 증명하는 것이다.

사도행전에는 다비다라는 여제자의 이야기가 기록되어 있다. 그녀는 과부였다. 하지만 더 어려운 과부들을 위해 최선을 다해 섬겼다. 겉옷과 속옷까지 지어 주며 이웃을 보살폈다. 하지만 그는 병들어 죽고 말았다. 수많은 과부들이 울면서 사도 베드로를 모시고 왔다. 베드로가 도착했을 때 그 과부들은 다비다가 만들어 준 옷들을 내보이며 살려 달라고 호소했다.

"베드로가 일어나 그들과 함께 가서 이르매 그들이 데리고 다락방에 올라가니 모든 과부가 베드로 곁에 서서 울며 도르가가 그들과 함께 있을 때에 지은 속옷과 겉옷을 다 내보이거늘"(사도행전 9:39)

결국 베드로를 통해 다비다는 다시 살아나게 된다.

다비다에게 은혜받은 사람들의 간절한 호소가 아니었다면 다비다가 살아 날 수 있었을까? 우리가 죽는다면 나를 위해 살려 달라고 애원해 줄 사람은 얼마나 될까?

나에게 은혜를 입은 사람들은 과연 얼마나 될까?

성경은 다비다를 소개할 때 선행과 구제가 심히 많았다고 소개하고 있다.

"욥바에 다비다라 하는 여제자가 있으니 그 이름을 번역하면 도르가라

선행과 구제하는 일이 심히 많더니"(사도행전 9:36)

성경의 표현대로 '심이 많다'라는 헬라어 원문은 '플레레스' 이다. 이것은 가득 찬 상태를 넘어 넘쳐나는 것을 의미한다. 다비다의 삶은 적당한 정도를 넘어 넘치도록 구제하고 있었 다. 이런 삶은 죽음을 생명으로 바꿔 놓는 기적이 되었다. 이 기적인 삶이 만연한 오늘날에는 찾아보기 힘든 모습이다.

우리를 향한 예수 그리스도의 사랑도 이와 같다. 하늘 보좌 를 버리고 낮은 인간의 모습으로 오셨다.

"오히려 자기를 비워 종의 형체를 가지사 사람들과 같이 되셨고 사람 의 모양으로 나타나사 자기를 낮추시고 죽기까지 복종하셨으니 곧 십 자가에 죽으심이라"(빌립보서 2:7–8)

이것은 그야말로 '플레레스' 그 자체다. 사랑은 언제나 낭비 를 전제로 한다. 하지만 부모가 자식을 위해 청춘을 바치는 것 을 낭비라고 하지 않는다. 사랑하게 되면 우리가 가진 것을 낭 비하게 된다.

하나님은 이웃을 사랑하라고 명령하신다.

사랑하는 방식은 자유겠지만 그들의 필요를 채우는 것이 중요하다. 그들도 우리처럼 먹고 마셔야 하며 기본적인 생활 을 할 수 있는 돈이 필요할 수도 있다. 그들은 대화할 친구가 필요할 수도 있고 계절에 맞는 옷이 필요할 수도 있다. 이런 것 들이 필요한 이웃이 우리 주변에 너무나 많다. 우리가 파송한 선교사들도 우리의 도움이 필요한 사람들이다.

그들은 누가 책임져야 하는가? 국가가 그 일을 해야 하지만 많은 경우 충분한 복지가 그들에게 전달되지 못한다. 이것이 현실이다. 많은 물질로 이웃을 섬기자는 말이 아니다. 우리가 할 수 있는 만큼만 하면 된다.

어떤 사람은 다비다처럼, 고넬료처럼 차고 넘치도록 할 수도 있다. 분명한 것은 하나님은 금액보다 우리 마음의 중심을 보신다는 것이다. 우리가 얼마를 벌든지 간에 일부분은 나 아닌 다른 사람을 위해 사용하기를 바라신다. 이것이 하나님 나라 백성들의 가장 기본적인 윤리라는 것을 잊지 말아야 한다. 이런 사람들이 모여 교회를 이루고 이웃을 향해 물질을 흘려보낸다면 이것이 곧 이웃을 사랑하는 것이다.

예수님의 비유 중에 선한 사마리아인 비유를 기억하는가? 그는 강도 만난 사람을 보게 되고 적지 않은 에너지와 돈을 사용하였다. 그리고 더 필요하면 돈을 기꺼이 지불하겠다고도 했다. 적어도 이틀 품삯을 아낌없이 사용하였다.

"그 이튿날 그가 주막 주인에게 데나리온 둘을 내어 주며 이르되 이 사람을 돌보아 주라 비용이 더 들면 내가 돌아올 때에 갚으리라 하였으니"(누가복음 10:35)

오늘 하나님은 우리에게 강도 만난자의 이웃이 되기를 원하신다. 우리의 물질이 잘 흘러가기를 원하신다.

자, 이제 가슴에 손을 얹고 기도해 보라.

"하나님, 나에게 물질을 주셔서 감사합니다.

그동안 나 자신과 가족을 위해 아끼지 않았으나

가난한 이웃을 위해 사용한 것은 부족합니다.

이제부터라도 이웃을 위해 물질을 흘려보내는

삶을 살 수 있도록 믿음을 주옵소서."

내용 일기

1. 새롭게 깨닫게 된 것은 무엇인가?

2. 그동안 알고 있는 것 중에 다시 확인된 내용은 무엇인가?

3. 그룹 스터디 시간에 지도자에게 질문이 있다면 기록해 보라.

4. 오늘 깨닫게 된 것이 믿음이 되도록 기도하라. 그리고 내일을 위해 기도하라.

5. 진단 점수 기록하기

　　이번 주제를 읽고 자신의 점수는 10점 만점에 몇 점인가? (　　점)

1–3점(위험)			4–5점(위기)		6–7점(분발)		8–10점(건강)		
1	2	3	4	5	6	7	8	9	10

하나님이 세우신 지도자를 존경하고 섬겨라

 기도하기(소요시간 3분)

오늘도 성령님께서 깨닫게 하시도록 도움을 요청하는 시간이다. 이 주제를 공부할 때 나의 잘못된 신앙과 인격이 바로 교정되며 깨닫게 된 내용이 삶에 큰 도움과 지혜가 되도록 구한다. 그리고 시작할 때 작정한 세 가지 기도 제목을 주님께 아뢰며 올려드린다.

 성경 본문 읽기(소요시간 2분)

● 암송 구절 : "이것이 곧 적게 심는 자는 적게 거두고 많이 심는 자는 많이 거둔다 하는 말이로다 각각 그 마음에 정한 대로 할 것이요 인색함으로 나 억지로 하지 말지니 하나님은 즐겨 내는 자를 사랑하시느니라"(고린도후서 9:6-7)

● 오늘 본문 : "가르침을 받는 자는 말씀을 가르치는 자와 모든 좋은 것을 함께 하라"(갈라디아서 6:6)

 주제 내용 읽기(소요시간 17분)

매일 제공되는 주제 내용을 천천히, 중요한 부분에는 밑줄을 긋고, 필요할 때 책에 메모를 하면서 정독한다.

매일 제공되는 내용의 끝에는 내용 일기와 자신의 상태를 체크하는 표가 있다. 매일 기록하도록 한다.

　우리는 어린 시절 학교생활에서 중요한 경험을 한 적이 있다. 어떤 선생님을 존경하고 좋아하게 되면 그 선생님이 가르치는 과목의 성적이 좋아진다는 것이다. 누구나 한 번쯤은 이런 경험이 있을 것이다. 존경하는 선생님을 신뢰하게 되고 그분이 가르치는 과목도 집중하게 된다.

　뿐만 아니라 선생님에게 관심받기 위해 그 과목을 더 열심히 공부하고 그 결과 성적도 좋아진다. 하지만 반대로 선생님이 싫어지면 해당 과목도 함께 싫어진다. 수업 시간에 도망가고 싶기도 하고 졸리기도 하며 싫어하는 선생님의 모든 것이 이유 없이 싫어진다.

　신앙생활도 다르지 않다.

　하나님의 말씀을 가르치고 지도하는 목회자가 존경스러우면 하나님 말씀을 더 경청하게 된다. 반대로 목회자가 싫어지면 설교가 귀에 들어오지도 않고 관심도 줄어든다. 이런 이유 외에도 아주 단순한 문제로 모든 가치를 잃어버릴 때가 종종 있다. 이와 같이 불행한 일이 일어나지 않기 위해 우리는 함께 노력해야 한다. 특별히 가르침을 받는 성도들은 말씀을 가르치는 자와 좋은 관계를 유지하는 것만큼 중요한 것은 없다.

"가르침을 받는 자는 말씀을 가르치는 자와 모든 좋은 것을 함께 하라"

(갈라디아서 6:6)

왜냐면 그것은 내 영혼을 위함이기 때문이다.

신앙생활의 가장 중요한 기본은 하나님의 말씀을 통해 배우게 된다. 나아가 더 깊은 교훈과 구원에 이르는 지혜도 성경을 통해 알아간다. 성도로서 하나님의 뜻을 이루도록 능력을 얻게 하는 것도 성경 말씀을 통해서이다.

"모든 성경은 하나님의 감동으로 된 것으로 교훈과 책망과 바르게 함과 의로 교육하기에 유익하니 이는 하나님의 사람으로 온전하게 하며 모든 선한 일을 행할 능력을 갖추게 하려 함이라"(디모데후서 3:16-17)

우리 자신에게 이처럼 중요한 하나님의 말씀을 가르치는 자들과 좋은 관계를 유지하는 것은 분명 나 자신을 위한 것이다. 간혹 지나친 복종과 존경을 요구하는 목회자가 있는데 이것은 문제가 있다고 생각한다. 우리를 위해 최선을 다해 말씀을 가르치고 지도하고자 하는 대부분의 목회자들은 그렇지 않다. 그렇다면 우리 자신을 위해서라도 그들을 존경해야 한다.

성경은 목회자 편에 서 있는 것이 결코 아니다. 만약 말씀을 가르치는 자를 존경하라고 했다면 그것은 목회자를 위함이 아니라 우리 자신을 위해서이다. 사도 바울은 자신의 영적 아들 디모데에게 편지를 하면서 이 부분을 분명하게 가르쳤다.

"잘 다스리는 장로들은 배나 존경할 자로 알되 말씀과 가르침에 수고

하는 이들에게는 더욱 그리할 것이니라"(디모데전서 5:17)

말씀과 가르침에 수고하는 이들을 배나 존경하고 더욱 존경하라는 것이다.

목회자는 말씀을 가르치는 역할도 함께 부여받은 자들이다. 오랜 시간 신학을 공부하고 그것으로 성경을 풀어 성도들에게 영적 양식으로 먹인다. 그리고 성도들이 하나님 보실 때 온전한 모습으로 성장하도록 돕는다. 이것은 목회자 자신이 설정한 역할이 아니다. 하나님께서 맡겨주신 역할이요, 사명이다.

"그가 어떤 사람은 사도로, 어떤 사람은 선지자로, 어떤 사람은 복음 전하는 자로, 어떤 사람은 목사와 교사로 삼으셨으니"(에베소서 4:11)

어떤 사람에게 하나님은 목사(포이맨)로 부르시면서 목양을 하게 하셨고 교사(디다스칼로스)의 역할을 하나 더 위임하신 것이다. 그래서 목사는 목양과 가르치는 것을 주 사명으로 부름 받았다.

이런 사명을 통해 하나님이 이루고자 하시는 목표는 무엇일까?

그것은 성도들이 온전하게 되는 것이다. 하나님이 원하시는 것은 성도들이 하나님 나라 백성으로서 온전한 모습으로 세워지는 것이다. 그리고 그 모습을 통해 하나님의 교회와 세상을 섬기며 복음을 전하는 도구가 되도록 하신다. 성도들이 가르침을 통해 이런 모습이 될 때 교회 또한 건강하게 세워지는 것이다.

"이는 성도를 온전하게 하여 봉사의 일을 하게 하며 그리스도의 몸을 세우려 하심이라"(에베소서 4:12)

그러므로 기도하는 일과 말씀을 가르치는 일에 전무하도록 목회자를 이끄신다. 2,000여 년 전 예루살렘 교회에 구제하는 일로 분란이 생겼다. 그때 하나님은 사도들에게 이 문제가 어디서부터 시작된 것인지 진단하게 하셨다. 본질적인 문제는 하나님의 말씀을 가르치고 선포하는 일을 제쳐 놓고 다른 일에 집중했기 때문이라고 하셨다.

"열두 사도가 모든 제자를 불러 이르되 우리가 하나님의 말씀을 제쳐 놓고 접대를 일삼는 것이 마땅하지 아니하니"(사도행전 6:2)

그래서 그들은 다른 모든 일을 담당할 일곱 집사를 세우게 되었다. 그들은 기도하고 말씀을 전하는 일에 집중할 것이라고 선언한다.

"우리는 오로지 기도하는 일과 말씀 사역에 힘쓰리라 하니"(사도행전 6:4)

일부 성도들은 목회자에 대해 요구 사항이 많다. 목회자가 자신의 필요를 충족시키지 못하면 마음이 상한다. 그리고 자신이 정한 목회자의 수준에 미달이라고 판단하면 교회를 떠나기도 한다. 목회자는 소수이고 성도는 다수이다. 한 사람이 다양한 사람들의 필요를 다 맞추기는 어려운 일이다.

우리는 부부지간에도 서로 맞추지 못해 이혼하거나 별거를 하는 경우도 있다. 결혼 생활을 유지하지만 관계가 건강하지 못할 경우도 의외로 많다. 하물며 한 사람이 수십 명 또는 수백 명의 스타일을 어떻게 다 만족시킬 수 있는가? 목회자는 신이 아니다. 한계가 있고 목회자마다 성격과 스타일이 모두 다르다.

우리가 회사를 설립해서 전문경영인을 채용한다고 생각해 보자. 우리가 가장 중요하게 보는 부분은 경영의 전문성일 것이다.

우리가 식당을 창업하고 주방장을 채용한다고 생각해 보자. 우리가 가장 중요하게 여기는 부분은 요리 솜씨일 것이다. 또한 자동차 운전기사를 모집한다면 길눈이 밝고 안전하게 운전할 수 있는 사람을 뽑을 것이다.

전문 경영 지식, 요리 실력, 안전 운전 능력 외의 다른 사항은 2차적인 고려 사항이 될 것이다. 성품이나 외모, 유머 감각 등은 본질적인 고려 사항이 될 수 없다.

만약 운전기사가 성품이 좋고 유머 감각도 탁월한데 길을 잘 모르고 운전 실력도 초보에 가깝다면 운전기사로 채용할 것인가? 아마도 나와 가족의 안전을 먼저 고려할 것이다. 이것이 운전기사의 본질이기 때문이다.

목회자도 마찬가지다.
일부 성도는 높은 기준을 가지고 목회자를 판단하지만 목회자는 기도하는 사람, 하나님의 말씀을 건강하게 잘 가르치는 사람이라면 합격이다. 그의 외모나 유머 감각이나 성격이 모든 성도와 맞을 수는 없다. 그의 기도와 가르침은 내 영혼의 안전과 직결되어 있기 때문이다.

목회자에게 부족한 부분이 많을 수 있다. 하지만 목회자는 나의 영혼을 살찌우고 우리가 하나님의 뜻을 이루도록 이끌고 가르치는 사람이다. 그들과 갈등을 일으키고 불평하고 불만만 늘어놓는다면 자신에게는 어떤 유익도 없다.

그러므로 자신이 다니는 교회의 목회자를 신뢰하고 존경하는 것은 자신을 위해 필요하다.

● 그들을 격려해 보라.
● 그들을 칭찬해 보라.
● 그들과 좋은 것을 함께해보라.

그럴 때 하나님의 말씀이 귀와 마음에 더 잘 다가올 것이다. 그들을 존경하고 잘 섬기다 보면 우리 믿음이 건강해질 것이다. 목회자에 대한 불평과 불만은 자신의 영혼을 병들게 한다. 물론 건전한 비판은 필요하다. 그런 일들이 필요하다고 여길 때는 공식적인 자리를 통해 겸손히 이야기하거나 필요에 따라 목회자에게 직접 말하는 것이 지혜롭다. 이것은 모든 일에 원망이나 시비를 만들지 않기 때문이다.

"모든 일을 원망과 시비가 없이 하라"(빌립보서 2:14)

이제 우리 자신을 위해 목회자와 더 좋은 관계에 있도록 노력하자. 그리고 그것을 위해 무엇이 필요한 지 생각해 보자. 목회자를 존경하고 섬기는 것은 하나님의 명령이다. 목회자에게도 좋고 나 자신도 좋은 일이다.

지금 목회자와 어떤 갈등 관계에 있다면 용기를 내어 먼저 다가가 보자. 목회자도 연약한 인간이기에 어쩌면 망설이고 있을 수 있다. 이제 우리가 먼저 손을 내밀 기회이다. 목회자와의 좋은 관계는 우리를 살게 한다. 또한 목회자는 성도들의 기도와 격려를 먹고 힘을 얻는다. 적어도 목회자는 당신의 기도를 필요로 하는 사람이다.

자, 이제 두 손을 가슴에 얹고 기도해 보자.
"하나님, 나에게 말씀을 가르치는 자와
얼마나 좋은 관계에 있는지 생각해 봅니다.
더 신뢰하고 존경할 수 있는 마음을 주시고
좋은 것을 함께 하는 동역자가 되게 해 주세요."

내용 일기

1. 새롭게 깨닫게 된 것은 무엇인가?

2. 그동안 알고 있는 것 중에 다시 확인된 내용은 무엇인가?

3. 그룹 스터디 시간에 지도자에게 질문이 있다면 기록해 보라.

4. 오늘 깨닫게 된 것이 믿음이 되도록 기도하라. 그리고 내일을 위해 기도하라.

5. 진단 점수 기록하기

   이번 주제를 읽고 자신의 점수는 10점 만점에 몇 점인가? (점)

1–3점(위험)			4–5점(위기)		6–7점(분발)		8–10점(건강)		
1	2	3	4	5	6	7	8	9	10

교회에만 바라지 말고
교회를 섬겨 보라

 기도하기(소요시간 3분)

오늘도 성령님께서 깨닫게 하시도록 도움을 요청하는 시간이다. 이 주제를 공부할 때 나의 잘못된 신앙과 인격이 바로 교정되며 깨닫게 된 내용이 삶에 큰 도움과 지혜가 되도록 구한다. 그리고 시작할 때 작정한 세 가지 기도 제목을 주님께 아뢰며 올려드린다.

 성경 본문 읽기(소요시간 2분)

● 암송 구절 : "이것이 곧 적게 심는 자는 적게 거두고 많이 심는 자는 많이 거둔다 하는 말이로다 각각 그 마음에 정한 대로 할 것이요 인색함으로나 억지로 하지 말지니 하나님은 즐겨 내는 자를 사랑하시느니라"(고린도후서 9:6–7)

● 오늘 본문 : "몸 가운데서 분쟁이 없고 오직 여러 지체가 서로 같이 돌보게 하셨느니라"(고린도전서 12:25)

 주제 내용 읽기(소요시간 17분)

매일 제공되는 주제 내용을 천천히, 중요한 부분에는 밑줄을 긋고, 필요할 때 책에 메모를 하면서 정독한다.

📖 **내용 일기 작성하기**(소요시간 5분)**와 마지막 기도**(소요시간 3분)

매일 제공되는 내용의 끝에는 내용 일기와 자신의 상태를 체크하는 표가 있다. 매일 기록하도록 한다.

우리는 신앙생활을 하기 위해 교회를 선택한다.

누군가의 인도로 교회에 나아가기도 하지만 기도하면서 교회를 선택하기도 한다.

교회를 선택할 때 우리가 가장 중요하게 생각하는 부분은 무엇인가?

- 첫째, 목회자가 은혜로운 설교를 하는지 살핀다.
- 둘째, 다양한 프로그램을 운영하여 성장할 수 있는 지도 살핀다.
- 셋째, 좋은 시설의 건물을 소유하고 있는지와 자녀를 위한 교육 프로그램도 살펴보게 된다.
- 넷째, 사람들이 친절하고 나에게 따뜻하게 대해주는 지도 중요한 요소들이다.

하지만 '내가 하나님이 세우신 교회에 무슨 도움이 될 수 있을까?'를 생각하기 전에 '교회가 나와 우리 가정에 얼마나 도움이 되는가?'를 따져보는 것이 먼저일 것이다. 어쨌든 우리는 교회를 선택하고 교회 공동체 생활을 시작하게 된다.

사실 우리가 교회를 선택할 수 있었던 것은 우리가 원하는 부분들을 갖추기 위해 헌신하는 다른 성도들이 있기 때문이다. 그들도 우리처럼 교회를 선택했다면 그전에 다른 성도들의 헌신이 있었기에 가능했을 것이다. 큰 교회든 작은 교회든, 건물이 있든지 없든지 간에 교회는 그리스도의 몸이다.

"교회는 그의 몸이니 만물 안에서 만물을 충만하게 하시는 이의 충만함이니라"(에베소서 1:23)

그리고 성도들은 그 몸의 지체이다.

"너희는 그리스도의 몸이요 지체의 각 부분이라"(고린도전서 12:27)

교회를 선택해서 함께 신앙생활을 하면 몸의 지체로서 혜택도 있지만 의무도 함께 존재한다. 만약 우리가 몸의 지체 중에서 새끼발가락이라고 생각해 보자. 몸을 지탱하는 한 부분으로서 걷고 뛰고 균형을 잡도록 해야 할 의무가 생기는 것이다. 소화 기관의 다른 지체들을 통해 영양을 공급받는다. 그래서 새끼발가락의 피와 근육과 뼈를 유지할 수 있도록 도움을 받는다. 하나님께서 교회를 설명하실 때 몸과 지체라고 말씀하신 분명한 이유가 있을 것이다. 우리는 지체가 되는 순간부터 서로 돌보는 의무가 주어진다. 이 사실을 잊어서는 안 된다.

"몸 가운데서 분쟁이 없고 오직 여러 지체가 서로 같이 돌보게 하셨느니라"(고린도전서 12:25)

그러나 이런 말씀에도 불구하고 우리는 습관적으로 '교회가 나에게 무엇을 해 줄 것인가?'를 먼저 생각할 때가 많다. 이 교회를 출석하면서 내가 얻을 수 있는 유익이 무엇인지 따진다. 그래서 얻는 것이 적거나 부족하다고 생각하면 가차 없이 교회를 옮기기도 한다. 그러나 교회를 옮긴다고 해도 이 성경의 원리는 옮겨간 교회에서도 똑같이 적용된다.

쇼핑하듯이 교회를 골라 옮겨 다니다 보면 그 어디에서도 만족을 얻을 수 없다. 만약 여러분의 신앙생활에서 불가항력적인 이유를 제외하고 교회를 여러 번 옮겼다면 자신을 잘 돌아보아야 한다. 지금 다니는 교회에서도 옮길 가능성이 높기 때문이다. 교회를 옮기는 것은 습관이 될 수도 있다.

목회자와 불화가 있거나 성도 간에 다툼이 있다면 그곳에서 기도하며 해결해야 한다. 사람이 모이는 곳에 갈등이 없을 수 없다. 가장 갈등이 심한 교회 중에 하나가 바로 고린도 교회였다. 하나님은 바울을 통해 하나 됨을 위해 노력해야 할 것을 말씀하셨다. 말과 마음 그리고 뜻을 합하는 것에 노력하라고 권면하고 있다.

"형제들아 내가 우리 주 예수 그리스도의 이름으로 너희를 권하노니 모두가 같은 말을 하고 너희 가운데 분쟁이 없이 같은 마음과 같은 뜻으로 온전히 합하라"(고린도전서 1:10)

분쟁이나 갈등이 생겼을 때 자신은 노력하지 않고 상대가 노력해 주기를 기다리다가 교회를 옮길 때도 많다. 항상 남이 나에게 어떻게 해줄까만 생각하지 말고 내가 교회를 위해 어떻게 할 것인가?를 생각해야 한다. 감정의 문제로 교회를 습관적으로 옮겨 다니는 자들은 건강한 믿음을 소유했을 턱이 없다. 나무는 시냇가에 가만히 심겨져 있을 때 성장하고 열매를 맺는다.

"그는 시냇가에 심은 나무가 철을 따라 열매를 맺으며 그 잎사귀가 마르지 아니함 같으니 그가 하는 모든 일이 다 형통하리로다"(시편 1:3)

한 교회에 뿌리를 깊이 내리고 그곳에서 비바람도 맞고 따가운 햇볕도 견뎌야 무럭무럭 자라게 되는 것이다.

그렇다면 교회를 위해 우리는 무엇을 해야 할까? 먼저는 기도를 해야 한다. 하나님이 나를 위해 세우신 목회자들과 리더들을 위해 기도하는 일은 중요하다. 그 일을 통해 우리의 믿음도 자라기 때문이다. 교회 공동체는 여러 가지의 많은 사건 사고를 당한다. 그럴 때마다 문제가 없는 교회를 찾겠다며 떠나는 종교인이 되어서는 안 된다.

예루살렘 교회의 리더였던 베드로가 옥에 갇히는 일이 발생했다. 최대의 위기였지만 교회는 함께 기도했다. 교회가 기도했다는 것은 각 성도들이 기도의 의무를 다했다는 말이기도 하다.

"이에 베드로는 옥에 갇혔고 교회는 그를 위하여 간절히 하나님께 기도하더라"(사도행전 12:5)

그 후 놀라운 기적을 경험하면서 베드로가 풀려났다.

교회는 여러 환경에서 살아가는 성도들이 모인 곳이다. 때문에 학력의 차이를 비롯해 빈부의 차이도 날 수 있다. 하지만 각각의 성도들은 삶의 여러 가지 짐을 가지고 살아간다. 그러므로 우리는 나 자신만을 생각하지 않아야 한다. 서로의 필요를 묻고 기도하며 도와야 한다.

"각각 자기 일을 돌볼뿐더러 또한 각각 다른 사람들의 일을 돌보아 나의 기쁨을 충만하게 하라"(빌립보서 2:4)

또한 교회는 공동체이기 때문에 운영할 수 있는 재정이 필요하다. 건물을 유지하고 보수하는 일도 필요하며 청소하고 꾸미는 일도 필요하다. 다음 세대를 위해 재정을 투입하고 매주 식사를 위한 일손도 필요하다. 이것은 목회자나 특정인이 감당해야 할 짐이 아니라 우리가 함께 져야 할 우리 모두의 짐이다.

"너희가 짐을 서로 지라 그리하여 그리스도의 법을 성취하라"(갈라디아서 6:2)

이런 짐을 함께 나누어질 때 우리는 가벼워짐을 느낀다. 이것은 그리스도의 법을 성취하는 중요한 사명이라고 말씀하신다.

교회에는 은혜로운 예배를 드리기 위해 영상 음향을 담당하는 자들이 있다. 자신의 달란트인 음악으로 섬기는 자들도 필요하고 아이들을 가르치는 교사도 필요하며 지역 사회를 위한 봉사에 물질과 일손을 보태야 할 때도 있다.

교회가 반드시 해야 할 사명들을 실천하기 위해서는 모두 사람의 손길이 필요한 것이다. 교회에 처음 방문한 사람들에게는 이 같은 요구를 하지 않겠지만 시간이 지나면 그들도 반드시 그리스도의 몸인 교회를 위해 그 역할을 감당해야만 한다.

우리는 목회자들이 어떤 사역을 요청할 때 거부하지 말고 감당할 수 있는 부분을 기도해야 한다. 우리가 감당할 수 없는 지나친 사역이라는 생각이 들면 겸손하게 말해야 한다. 또한 교회에 출석한지 수년이 되었지만 주일 예배만 참석하고 있다면 신앙은 결코 자라지 않을 것이다.

어느 날 나는 기타를 배우고 싶었다. 기타를 치며 찬양할 수 있다면 얼마나 좋을까?라는 생각에 친구에게 기타를 빌려 처음 기타를 잡았다. 하지만 기본으로 알려진 C코드조차도 쉽지 않았다. 왼손으로 코드를 잡아야 했고 오른손으로는 기타 줄을 쳐야 했다. 이것은 여간 어려운 일이 아니었다. 하지만 기타를 잡고 하루 이틀 시간이 지나자 발전하기 시작했다. 손가락 끝에는 굳은살이 여러 번 생겼고 갈라져 피가 나기도 했다.

손가락 근육이 아파 포기하고 싶었다. 하지만 계속적으로 연습하다 보니 찬양을 인도하는 자리까지 성장했다. 이쯤에 만족한 나는 더 이상 배우려 하지도 않았고 연습도 하지 않았다. 그리고 30년이 흘렀다. 나의 기타 연주 실력은 그때 그대로다. 어떤 성장과 성숙도 없다.

믿음 생활도 마찬가지다.

교회는 기타와 같은 곳이다. 힘들고 어려워도 교회를 위해 봉사하기 시작하면 믿음이 자란다. 그 교회로 보내신 하나님은 우리 자신이 은혜받을 뿐 아니라 우리를 통해 교회가 세워지기를 원하신다. 어린아이처럼 교회에 계속 바라고 요구만 하다 보면 어린아이 상태로 계속 머물고 만다. 이제 교회에 바라지만 말고 교회를 위해 무엇이든 섬겨보라. 전과 다른 믿음의 진보가 있게 될 것이다.

자, 이제 두 손을 가슴에 얹고 기도해 보라.
"하나님, 이 교회로 나를 불러 주셔서 감사합니다.
그동안 교회에 요구하고 바라기만 했다면 이제 교회를 위해
섬길 줄 아는 믿음의 사람이 되도록 인도해 주세요."
"그리스도의 몸인 교회에서 지체로서 그 역할을 다 하도록
역사해 주옵소서."

내용 일기

1. 새롭게 깨닫게 된 것은 무엇인가?

2. 그동안 알고 있는 것 중에 다시 확인된 내용은 무엇인가?

3. 그룹 스터디 시간에 지도자에게 질문이 있다면 기록해 보라.

4. 오늘 깨닫게 된 것이 믿음이 되도록 기도하라. 그리고 내일을 위해 기도하라.

5. 진단 점수 기록하기

　이번 주제를 읽고 자신의 점수는 10점 만점에 몇 점인가? (　　　점)

1-3점(위험)			4-5점(위기)		6-7점(분발)		8-10점(건강)		
1	2	3	4	5	6	7	8	9	10

주일 그룹 스터디(Group Study)

1. 함께 경배와 찬양드리기(10분)

매주 제공되는 주제 찬양을 함께 부르며 오늘 모임에 하나님께서 함께해 주시기를 간구한다. 인도하는 지도자와 함께 하는 성도들을 위해서도 중보한다. 이 시간에 각자 정해둔 세 가지의 기도 제목을 하나님께 올려드리는 시간도 함께 가진다.

2. 암송 구절 확인하기(5분)

작은 메모지에 암송한 구절을 적어 제출하도록 하면 시간을 단축할 수 있다. 하지만 소그룹일 때는 한 명 한 명 돌아가며 암송해 보도록 하는 것이 효과적일 것이다.

3. 복습 강의(40분)

지도자는 한 주간 전체 주제에 대해 정리하며 평신도들이 좀 더 알아야 할 중요한 부분들을 다시 복습시키고 좀 더 깊은 내용들을 언급하며 전체 주제를 짚어주는 강의 시간을 가진다.

4. 개인 나누기(20분)

두세 사람이 짝을 지어 앉고 한 주간 새롭게 깨닫게 된 것을 서로 나누어 보도록 시간을 준다. 그리고 자신의 진단 점수를

나누고 이 책 마지막 페이지에 있는 진단 도표에 점수를 기록
하도록 한다.

5. 질의응답(10분)

한 주간 개인 공부 시간에 갖게 된 질문을 나누는 시간을 갖
는다. 모두 나누면 좋겠지만 두세 사람이 대표로 질문하고 지
도자는 적절한 답을 주는 방식을 취한다.

6. 마지막 기도(5분)

한 주간 대표 주제를 통해 깨닫게 된 내용이 자신의 삶과 믿
음에 도움이 되도록 기도하며 또 시작되는 한 주간의 개인 스
터디를 주님께 의탁하며 기도하는 시간이다.

제5부 섬김이 이끄는 삶(고린도후서 9:6-7)

1. 디아코니아의 삶을 살아라(마가복음 10:45)

● 디아코니아는 (봉사)이다.

● 교회는 (건물)이 아니라 우리 (한 사람), (한 사람)이다.

● (디아코니아)는 예수 그리스도의 정신이며 교회의 본질이다.

● "인자가 온 것은 (섬김)을 받으려 함이 아니라 도리어 (섬기려) 하고 자기 목숨을 많은 사람의 대속물로 주려 함이니라"(마가복음 10:45)

● 부름받은 교회는 모여 (예배)하고 보낸 받음 교회는 이웃과 세상을 (섬기며) 사랑해야 한다.

● (디아코니아)로 살아 있는 교회는 지역사회의 지대한 관심을 받는다.

● "나더러 주여 주여 하는 자마다 다 천국에 들어가는 것이 아니요 다만 하늘에 계신 내 아버지의 뜻대로 (행하는) 자라야 들어가리라"(마태복음 7:21)

2. 소금과 빛이 된다는 것(마태복음 5:13-14)

● 산상수훈은 하나님 나라 시민의 (새로운 윤리)를 선포하는 것이다.

- "(의)에 주리고 목마른 자는 복이 있나니 그들이 배부를 것임이요"(마태복음 5:6)
- "(의)를 위하여 박해를 받는 자는 복이 있나니 천국이 그들의 것임이라"(마태복음 5:10)
- 의는 하나님 앞에서 인간이 취해야 하는 (올바른 태도)이다.
- 우리는 이미 세상의 (소금)과 (빛)으로 부름을 받았다.
- "너희는 세상의 (소금)이니 (소금)이 만일 그 맛을 잃으면 무엇으로 짜게 하리요 후에는 아무 쓸 데 없어 다만 밖에 버려져 사람에게 밟힐 뿐이니라 너희는 세상의 (빛)이라 산 위에 있는 동네가 숨겨지지 못할 것이요"(마태복음 5:13-14)
- 지역사회 안에서 교회는 (소금)과 (빛)의 역할을 하는 것이다.

3. 물질로 하나님을 섬길 수 있는가?(역대상 29:14)
- 하나님 나라는 (심고) (거두는) 거대한 법칙이 작동하는 나라이다.
- "스스로 속이지 말라 하나님은 업신여김을 받지 아니하시나니 사람이 무엇으로 (심든지) 그대로 (거두리라)"(갈라디아서 6:7)
- 물질을 하늘에 쌓는다는 것은 (하나님 나라)와 (의)를 위해 사용하는 것이다.
- 모든 재물은 (하나님)으로부터 시작된다.
- 재물을 얻는 능력이 나의 기술이나 노동으로부터가 아닌 (하나님의 능력)으로부터 시작된다.

- "그러나 네가 마음에 이르기를 내 능력과 내 손의 힘으로 내가 이 재물을 얻었다 말할 것이라 네 하나님 여호와를 기억하라 그가 네게 (재물) 얻을 (능력)을 주셨음이라"(신명기 8:17-18a)
- (돈)은 가치중립적이다. 어떻게 사용하느냐에 따라 선하기도 하고 악하기도 하다.
- (헌금)은 교회의 몸인 우리 스스로를 위한 것이며 지역사회와 이웃을 위한 기부이다.

4. 물질로 이웃을 섬겨보라(야고보서 2:15-17)

- "모든 민족을 그 앞에 모으고 각각 구분하기를 목자가 (양)과 (염소)를 구분하는 것 같이 하여 (양)은 그 오른편에 (염소)는 왼편에 두리라"(마태복음 25:32-33)
- 양과 염소를 나누는 기준은 가난한 자들을 (섬기는) 것이다.
- 우리가 가지고 있는 (물질)을 흘려보내는 것은 중요한 하나님의 (명령)이다.
- "네 기도와 (구제)가 하나님 앞에 상달되어 기억하신 바가 되었으니"(사도행전 10:4b)
- 사랑을 실천하는 (행동)이 없다면 그 믿음은 죽은 것이다.
- "만일 형제나 자매가 헐벗고 일용할 양식이 없는데 너희 중에 누구든지 그에게 이르되 평안히 가라 덥게 하라 배부르게 하라 하며 그 몸에 (쓸 것을) 주지 아니하면 무슨 유익이 있으리요 이와 같이 (행함)이 없는 믿음은 그 자체가 죽은 것이라"(야고보서 2:15-17)

5. 하나님이 세우신 지도자를 존경하고 섬겨라 (갈라디아서 6:6)

● 가르침을 받는 성도들은 말씀을 (가르치는 자)와 좋은 관계를 유지해야 한다.

● "가르침을 받는 자는 말씀을 가르치는 자와 모든 좋은 것을 (함께) 하라" (갈라디아서 6:6)

● 신앙생활의 중요한 부분은 하나님의 (말씀)을 통해 배우게 된다.

● "모든 성경은 하나님의 감동으로 된 것으로 교훈과 책망과 바르게 함과 의로 (교육)하기에 유익하니 이는 하나님의 사람으로 (온전)하게 하며 모든 선한 일을 행할 능력을 (갖추게) 하려 함이라" (디모데후서 3:16-17)

● 목회자를 존경하는 것은 (자신)을 위함이다.

● "잘 다스리는 장로들은 배나 (존경)할 자로 알되 말씀과 (가르침)에 수고하는 이들에게는 더욱 그리할 것이니라"
  (디모데전서 5:17)

● 목회자의 기도와 가르침은 나의 (영혼)의 (안전)과 직결되어 있다.

6. 교회에만 바라지 말고 교회를 섬겨보라 (고린도전서 12:25)

● 교회는 그리스도의 (몸)이다.

● "너희는 그리스도의 (몸)이요 (지체)의 각 부분이라"
  (고린도전서 12:27)

● 신앙생활은 몸의 지체로서 (혜택)도 있지만 (의무)도 함께 존

재한다.

- "몸 가운데 분쟁이 없고 오직 여러 지체가 서로 같이 (돌보게) 하셨느니라"(고린도전서 12:25)

- 교회를 위해 우리가 해야 할 네 가지는 무엇인가?
  ① 기도 ② (다른 사람을 돌보는 것) ③ 헌금 ④ (사역 봉사)

- "너희가 (짐)을 서로 (지라) 그리하여 그리스도의 법을 성취하라"(갈라디아서 6:2)

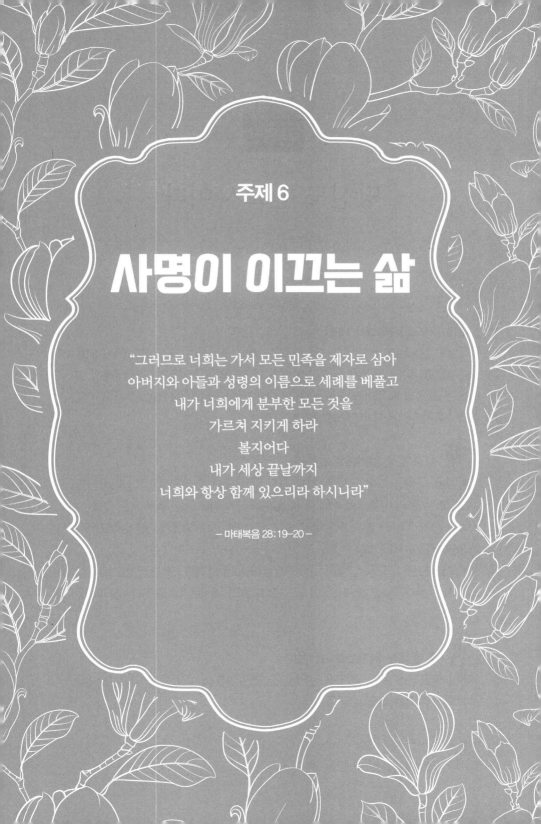

주제 6

사명이 이끄는 삶

"그러므로 너희는 가서 모든 민족을 제자로 삼아
아버지와 아들과 성령의 이름으로 세례를 베풀고
내가 너희에게 분부한 모든 것을
가르쳐 지키게 하라
볼지어다
내가 세상 끝날까지
너희와 항상 함께 있으리라 하시니라"

— 마태복음 28:19–20 —

당신도 선교사이다

 기도하기(소요시간 3분)

오늘도 성령님께서 깨닫게 하시도록 도움을 요청하는 시간이다. 이 주제를 공부할 때 나의 잘못된 신앙과 인격이 바로 교정되며 깨닫게 된 내용이 삶에 큰 도움과 지혜가 되도록 구한다. 그리고 시작할 때 작정한 세 가지 기도 제목을 주님께 아뢰며 올려드린다.

 성경 본문 읽기(소요시간 2분)

● 암송 구절 : "그러므로 너희는 가서 모든 민족을 제자로 삼아 아버지와 아들과 성령의 이름으로 세례를 베풀고 내가 너희에게 분부한 모든 것을 가르쳐 지키게 하라 볼지어다 내가 세상 끝날까지 너희와 항상 함께 있으리라 하시니라"(마태복음 28:19-20)

● 오늘 본문 : "오직 성령이 너희에게 임하시면 너희가 권능을 받고 예루살렘과 온 유대와 사마리아와 땅 끝까지 이르러 내 증인이 되리라 하시니라"
(사도행전 1:8)

 주제 내용 읽기(소요시간 17분)

매일 제공되는 주제 내용을 천천히, 중요한 부분에는 밑줄을 긋고, 필요할 때 책에 메모를 하면서 정독한다.

매일 제공되는 내용의 끝에는 내용 일기와 자신의 상태를 체크하는 표가 있다. 매일 기록하도록 한다.

'선교사(宣敎師)'는 두산 백과사전에 다음과 같이 설명되어 있다.

"그리스도의 복음을 널리 전하기 위하여 이교 국가, 즉 타국에 파견되는 신부, 목사, 넓은 뜻으로 직접 선교 활동에 종사하는 자 외에 교육, 의료 사업 등에 종사하는 성직자·평신도도 포함된다."

사전의 정의는 가장 기본적인 설명이다. 하지만 이 정의 대로라면 타문화권이 아닌 자국에 있다면 선교사가 될 수 없는 것인가? 결코 그렇지 않다. 선교(Mission)는 보냄을 받은 것을 의미한다. 임무이거나 사명이라고 번역할 수도 있다. 우리 모두는 주님으로부터 보냄을 받은 사람들이다. 그러므로 우리 모두가 선교사이다. 예수 그리스도를 자신의 구주로 고백할 때 우리는 하나님의 자녀가 된다.

"영접하는 자 곧 그 이름을 믿는 자들에게는 하나님의 자녀가 되는 권세를 주셨으니"(요한복음 1:12)

회개하고 세례를 받은 자들에게는 성령을 선물로 주셨다.

"베드로가 이르되 너희가 회개하여 각각 예수 그리스도의 이름으로 세례를 받고 죄 사함을 받으라 그리하면 성령의 선물을 받으리니"(사도행전 2:38)

또한 성령을 받게 되면 우리는 권능을 받게 된다. 권능을 받은 자들은 모두가 증인의 삶을 살게 되고 살아야 한다. 곧 선교사의 삶을 살아야 한다는 말이다.

"오직 성령이 너희에게 임하시면 너희가 권능을 받고 예루살렘과 온 유대와 사마리아와 땅 끝까지 이르러 내 증인이 되리라 하시니라"(사도행전 1:8)

사실 선교사는 특별한 훈련이나 과정이 필요한 것이 아니다. 예수 그리스도 안에서 새롭게 거듭나고 성령을 받은 자들은 모두 부르심을 받은 선교사가 되는 것이다.

오늘날 선교사는 각 교단이나 선교 단체에서 특정한 과정을 거치는 훈련을 수료할 때 주어진다. 그리고 선교 정책에 의해 각기 다른 나라로 보냄을 받아 각기 다른 사역들을 진행한다. 너무나 당연한 과정이다. 하지만 일반 성도들 중 일부는 이것을 오해하기도 한다. 선교사는 특별한 사람이, 특별한 자격을 갖추고, 훈련을 받아야 할 수 있다고 생각하는 것이다. 초대교회 바울이나 다른 전도자들은 타문화권으로 나아갈 때 특별한 선교사 교육이 없었다. 교회는 기도하고 안수하여 보내곤 했다.

"주를 섬겨 금식할 때에 성령이 이르시되 내가 불러 시키는 일을 위하여 바나바와 사울을 따로 세우라 하시니 이에 금식하며 기도하고 두 사람에게 안수하여 보내니라"(사도행전 13:2–3)

바울과 바나바도 안디옥 교회에서 그렇게 파송 받은 선교사였다.

나는 오늘날 각 교단이나 선교 단체에서 하는 모든 훈련과 선교 정책을 부인하지는 않는다. 요즘 시대에는 각 단체의 선교 정책에 따라 훈련하고 그 사역에 맞는 선교사를 양성해야 하기 때문이다. 하지만 선교사의 역할과 일반 성도들의 역할이 이원화되어 있어 세계 선교에 걸림돌이 된다고도 생각한다. 우리는 성경의 본 취지대로 모두가 선교사여야 한다. 타문화권으로 나가는 자들과 자문화권에서 선교를 지원하고 돕는 모두가 선교사인 셈이다. 아니 교회가 선교를 위해 부름받은 공동체이기 때문에 교회 자체가 선교사인 것이다. 그러므로 본질적으로는 우리도 선교사다.

하나님은 우리 모두에게 만민에게 복음을 전하라고 하셨다. "또 이르시되 너희는 온 천하에 다니며 만민에게 복음을 전파하라"

(마가복음 16:15)

성도 중에 예외는 없다. 교회 중에도 예외는 없다. 다만 선교 전략의 문제이다. 전쟁을 할 때 모든 군인이 전방으로 나갈 수는 없다. 후방을 지키는 군인들도 있어야 하고 보급품을 나르고 자원을 지원하는 보급 부대도 필요하다. 그 외에도 수백 가지의 임무를 가진 군인들이 모여 부대를 만들고 그것을 통해 성공적인 전쟁을 수행하게 된다. 우리는 전방에 나가 싸우는 군인만을 군인이라고 하지 않는다. 모든 역할을 맡은 자들이 군인이다. 민간인도 그것에 동원되면 민병대가 되는 것이다. 하나님의 선교는 바로 이런 전략을 가지고 진행되어 왔다.

한 사람이 타문화권으로 나아갈 때 많은 재정이 필요하며 행정적인 지원도 필요하다. 자녀 교육과 비자 문제를 돕는 자들도 필요하며, 그들을 수송하고 물자를 운반하는 자들, 필요한 정보를 인터넷으로 제공하는 자들도 필요하다. 이 모든 것이 만민에게 복음을 전하는 선교에 협력이 되고 있다면 모두가 선교사인 것이다. 조금 달리 설명하면 우리는 모두 선교사적 삶을 살고 있는 것이다. 마지막이 가까워올수록 이 일은 신속하게 이루어질 것이다. 몇 명의 선교사를 통해서만이 아니라 모든 교회를 통해 이루어질 것이기 때문이다. 성경에서는 이 복음 전파가 강력한 재림의 징조라고 말씀하신다.

"이 천국 복음이 모든 민족에게 증언되기 위하여 온 세상에 전파되리니 그제야 끝이 오리라"(마태복음 24:14)

그러므로 타국에서 선교활동을 하는 선교사들이 외롭거나 재정이 모자라 힘들다는 것은 교회의 수치다. 이 땅의 모든 교회들은 선교를 위해 부름받았다. 성령님도 선교의 영이시다. 성령님이 임하시면 권능을 받게 되고 땅 끝까지 나아가 증인의 삶을 살게 된다.

우리의 기도는 선교사적인 기도인가?
우리의 재정 중에 선교비로 보내지는 것은 어느 정도인가?
우리는 인생의 얼마 동안 선교지를 방문하고 도왔는가?
모든 것을 드릴 수는 없겠지만 우리의 관심과 방향은 언제나 선교여야 한다. 왜냐하면 우리는 선교사로 부름받은 자들이기 때문이다. 다만 우리는 우리의 자리에서 타문화권에 있는 선교사들을 후원하고 돕고 있는 것뿐이다.

이제 우리는 구체적으로 선교사의 삶을 살아야 한다.
어떻게 하는 것이 선교사적 삶을 사는 것일까?

● 첫 번째는 기도하는 일이다.

여러분의 기도 제목 중에 선교사를 위한 기도를 가지고 있는가? 선교지의 상황을 놓고 기도하고 있는가? 특별한 날 목회자의 요청으로 기도하는 것을 말하는 것이 아니다. 적어도 우리 교회가 파송한 선교사의 이름 정도는 알아야 한다. 어느 나라, 어느 지역에서 무슨 사역을 하고 있는지 정도는 알아야 한다. 지속적으로 기도 제목을 알아가기 위해 소통해야 한다. 기도 선교사가 된다는 것은 가장 기본적인 사역인 것이다.

● 두 번째는 재정을 보내는 것이다.

타문화권의 생활은 외롭고 거칠다. 언어가 다르고 음식이 다른 곳에서 살아간다는 자체가 어려움이다. 그들은 날마다 불안해하며 사역한다. 자신의 나라에서보다 훨씬 많은 생활비와 사역비를 필요로 한다. 바울의 사역에도 재정적으로 돕는 교회와 성도들이 함께 했다.

"데살로니가에 있을 때에도 너희가 한 번뿐 아니라 두 번이나 나의 쓸 것을 보내었도다"(빌립보서 4:16)

이것을 공급하는 일은 자동차가 계속 달리도록 기름을 주유하는 것만큼 중요한 일이다. 100달러를 위해 선교사가 금식 기도를 해야 한다면 얼마나 고달프고 힘든 일이겠는가? 물론 소수의 삯군 선교사들은 복음을 전하는 일보다 선교비를 모금하는 일에 혈안이 되어 있다. 하지만 대다수 선교사들은 힘든 상황에서 생활하며 사역을 지속하고 있다. 우리의 물질이 흘러가야 할 곳이다. 물질을 흘려보낼 때는 교회의 선교 전략에 발맞추어 지도를 받으며 동참하는 것이 중요하다.

● 세 번째는 우리의 인생 100년 중에 단 1년이라도 선교지를 방문하기를 권한다.

선교사들을 격려하고 사역을 도와주기를 바란다. 이럴 때 주의할 점은 선교사들의 사역에 민폐를 끼치는 행위를 삼가는 것이다. 우리가 돌아간 후 남게 될 선교사를 생각하며 도와야 하는 것이다.

요즘은 세계 여행이 자유로워지고 경제적인 여유가 생기면서 해외여행을 자주 가게 된다. 이럴 때 목적이 없는 여행보다 지속적인 선교지 방문을 통해 선교사를 돕는다면 여러 가지 유익이 발생할 것이다. 구체적인 사역지를 보았기 때문에 구체적인 기도를 할 수 있을 것이고 사역지를 방문하고 나면 선교사를 더 잘 이해하게 되고 동참할 마음도 생길 것이다. 선교사들이 격려 받고 힘을 얻기에 훨씬 효과적인 사역이 진행될 것이다.

이것을 해야 하는 이유는 다시 말하지만 우리 모두가 선교
사이기 때문이다. 선교사들을 더 이상 외롭게 하지 마라. 당신
의 작은 도움이 선교사들에게는 응답받는 기적이 된다.

자, 이제 가슴에 손을 얹고 기도해 보라.
"하나님, 우리를 선교사로 부르시니 감사합니다."
"그동안 등한시했던 선교에
기도로, 물질로 시간으로 동참하여
선교사적 삶을 살도록 도와주옵소서."

내용 일기

1. 새롭게 깨닫게 된 것은 무엇인가?

2. 그동안 알고 있는 것 중에 다시 확인된 내용은 무엇인가?

3. 그룹 스터디 시간에 지도자에게 질문이 있다면 기록해 보라.

4. 오늘 깨닫게 된 것이 믿음이 되도록 기도하라. 그리고 내일을 위해 기도하라.

5. 진단 점수 기록하기

   이번 주제를 읽고 자신의 점수는 10점 만점에 몇 점인가? (점)

1–3점(위험)			4–5점(위기)		6–7점(분발)		8–10점(건강)		
1	2	3	4	5	6	7	8	9	10

세계 열방을 품으라

 기도하기(소요시간 3분)

오늘도 성령님께서 깨닫게 하시도록 도움을 요청하는 시간이다. 이 주제를 공부할 때 나의 잘못된 신앙과 인격이 바로 교정되며 깨닫게 된 내용이 삶에 큰 도움과 지혜가 되도록 구한다. 그리고 시작할 때 작정한 세 가지 기도 제목을 주님께 아뢰며 올려드린다.

 성경 본문 읽기(소요시간 2분)

● 암송 구절 : "그러므로 너희는 가서 모든 민족을 제자로 삼아 아버지와 아들과 성령의 이름으로 세례를 베풀고 내가 너희에게 분부한 모든 것을 가르쳐 지키게 하라 볼지어다 내가 세상 끝날까지 너희와 항상 함께 있으리라 하시니라"(마태복음 28:19-20)

● 오늘 본문 : "이 일 후에 내가 보니 각 나라와 족속과 백성과 방언에서 아무도 능히 셀 수 없는 큰 무리가 나와 흰옷을 입고 손에 종려 가지를 들고 보좌 앞과 어린 양 앞에 서서 큰 소리로 외쳐 이르되 구원하심이 보좌에 앉으신 우리 하나님과 어린 양에게 있도다 하니"(요한계시록 7:9-10)

 주제 내용 읽기(소요시간 17분)

매일 제공되는 주제 내용을 천천히, 중요한 부분에는 밑줄을 긋고, 필요할

때 책에 메모를 하면서 정독한다.

매일 제공되는 내용의 끝에는 내용 일기와 자신의 상태를 체크하는 표가
있다. 매일 기록하도록 한다.

'선교의 아버지'라 불리는 윌리엄 캐리 선교사는 평생을 인
도 남부지역에서 선교 사역을 했다. 그의 삶은 인도뿐 아니라
세계 선교에 엄청난 업적을 남겼다.
허드슨 테일러 선교사는 중국 내륙으로 들어가 오지 사역
을 감당하며 의료 선교사로서 많은 영향력을 남겼다.

1884년 4월 부활절 아침 인천 제물포항으로 배 한 척이 들
어온다. 그 배에는 '언더우드와 아펜젤러' 선교사가 타고 있었
다. 두 사람은 공식적으로 우리나라에서 가장 먼저 선교를 시
작한 선교사들이다. 그 후 수많은 선교사들이 우리나라를 찾
았다. 학교를 세우고 병원을 세우고 교회를 세웠다. 이렇게 복
음이 들어온 지 백여 년이 지난 지금의 대한민국에는 83,883
개의 교회가 있고 1000만 명의 기독교 인구가 생겼다고 한다.
이는 기독교 윤리 실천 운동 단체에서 제공한 2019년의 통계
자료에 의한 것이다.

서울 지하철 합정역 근처에는 양화진 선교사 묘역이 있다.
그곳에는 400여 명의 선교사와 그 가족들의 묘가 세워져 있

다. 그들은 미지의 땅, 흑암의 땅으로 달려왔고 순교하면서까지 우리 민족을 사랑했다. 그들의 헌신이 없었다면 우리는 여전히 무속 신앙과 우상 숭배로 가득한 민족이었을 지도 모른다.

우리나라에 복음이 전해지기까지 오랜 세월이 걸렸지만 가장 적절할 때 복음이 전해졌다고 믿는다. 이처럼 시대마다 세계 곳곳에는 주님의 명령에 순종하는 자들을 통해 하나님 나라가 확장되었다.

하나님은 꿈이 있다. 모든 민족이 구원받아 다양한 언어로 찬양하며 어린 양 예수님을 경배하는 그날을 기다리신다.

"이 일 후에 내가 보니 각 나라와 족속과 백성과 방언에서 아무도 능히 셀 수 없는 큰 무리가 나와 흰옷을 입고 손에 종려 가지를 들고 보좌 앞과 어린 양 앞에 서서 큰 소리로 외쳐 이르되 구원하심이 보좌에 앉으신 우리 하나님과 어린 양에게 있도다 하니"(요한계시록 7:9-10)

이 비전이 하나님의 비전이라면 우리의 비전이기도 해야 한다. 마지막 날에 이루어질 이 놀라운 광경을 이루도록 하나님은 우리 모두를 모든 민족에게 보내셨다.

"또 이르시되 너희는 온 천하에 다니며 만민에게 복음을 전파하라"

(마가복음 16:15)

앞에서 다루었던 '우리 모두가 선교사인 이유'가 바로 이것이다. 하나님의 꿈이 나의 꿈이 되도록 살아가는 것이 필요하다. 설사 우리가 선교에 관심이 없다 하더라도 하나님은 하나님의 사람들을 통해 이 일을 계속 진행하신다는 것을 명심해야 한다.

지난 2020년 10월 '2020 세계 교회 지도자 미전도 종족 개척 선교대회(2020 Global Assembly of Pastors for Finishing The Task)'가 인천에서 열렸다. 미국 선교 단체인 '남은 과업 성취 운동(Finishing The Task)'과 '세계협력선교회(GAP)'가 주최한 이 행사의 목적은 남은 미전도 종족에 대한 복음 전파이다.

행사의 공식 홈페이지 자료에 따르면 지구상에 4,800개의 미전도 종족, 약 18억 명이 남아 있다고 한다.

행사 주최 측의 첫 번째 우선순위는 233개 미개척 미전도 종족에 복음을 전하는 것이다. 복음화율 0%에 해당하는 그들이 예수 그리스도의 복음을 기다리고 있는 것이다.

두 번째 우선순위는 0.1%의 복음화율을 기록하고 있는 4,500개 미개척 미전도 종족의 선교이다. 이곳은 사역자가 턱없이 부족하고 교회와 성경책이 너무나 부족한 상태라고 알려져 있다. 하지만 불과 20년 전만 해도 8,000~12,000개의 미전도 종족이 있다고 보고되었다. 그에 비하면 불과 20년 만에 절반 정도에게 복음이 전해진 것이다.

우리가 선교에 관심 없이 살아갈 때에도 세계 선교는 왕성하게 진행되고 있었다. 더 진취적인 선교 단체는 "우리 시대에 주님이 재림하시도록 복음을 전하자"라고 구호를 외치기도 한다. 왜냐면 모든 민족에게 복음이 전해질 때 주님이 오신다고 약속하셨기 때문이다.

"이 천국 복음이 모든 민족에게 증언되기 위하여 온 세상에 전파되리니 그제야 끝이 오리라"(마태복음 24:14)

우리 모든 성도들은 열방을 가슴에 품어야 한다. 왜냐하면 하나님이 열방을 가슴에 품고 계시기 때문이다. 하나님을 인정하는 것이 마치 물이 바다를 덮은 것 같이 될 것을 믿는 사람들은 열방을 가슴에 품을 수밖에 없다.

"이는 물이 바다를 덮음같이 여호와의 영광을 인정하는 것이 세상에 가득함이니라"(하박국 2:14)

국제 표준화 기구에 의하면 지구상에는 249개의 나라가 있고 각기 다른 문화와 언어를 사용하는 25,000의 종족이 있다고 보고되어 있다. 그중에 이제 4,800 정도의 종족이 남아 있는 셈이다. 20,000여 종족에게는 세계를 품은 그리스도인에 의해 지난 2,000여 년 동안 복음이 전해졌다.

지난 2,000여 년 동안 복음화된 종족보다 지난 200년간 복음화된 종족이 더 많다. 지난 200년 동안 복음화된 종족보다 지난 20년 동안 복음화된 종족이 훨씬 많다.

이것은 무엇을 의미하는가?

미전도 종족이 복음화되는 속도가 엄청나게 빨라졌다는 것이다. 과학이 발달하고 교통수단과 통신이 발달한 21세기는 지난날 선교 전략과는 확연히 다르다. 더 신속해졌고 더 과감해졌다. 숨어 있는 미지의 종족들을 위성을 통해 찾아가는 시대이다.

그러므로 열방을 품은 그리스도인은 하나님의 거시적인 꿈에 나의 미시적인 꿈을 연결시켜야 한다. 기도할 때도 열방을 구하는 시편 기자의 마음을 가져야 한다.

"내게 구하라 내가 이방 나라를 네 유업으로 주리니 네 소유가 땅 끝까지 이르리로다"(시편 2:8)

기도의 입을 크게 열고 열방을 위한 기도자가 되어야 한다.

"하나님이여 주는 하늘 위에 높이 들리시며 주의 영광이 온 세계 위에 높아지기를 원하나이다"(시편 57:5)

이방인들처럼 입고 먹고 마시는 것을 구하는 기복적인 신앙이 아니어야 한다. 하나님의 초점에 나의 초점을 맞추고 기도하는 것이 지혜다. 해 뜨는 곳부터 해 지는 곳까지 예수 그리스도의 이름이 높아질 것을 꿈꾸는 것이다. 그들이 하나님 앞으로 나아와 우리처럼 예배하는 것을 꿈꾸는 것이다.

"만군의 여호와가 이르노라 해 뜨는 곳에서부터 해 지는 곳까지의 이방 민족 중에서 내 이름이 크게 될 것이라 각처에서 내 이름을 위하여 분향하며 깨끗한 제물을 드리리니 이는 내 이름이 이방 민족 중에서 크게 될 것임이니라"(말라기 1:11)

이것은 특정한 선교사들만 가지는 비전이 아니라 우리 모두가 가져야 할 하나님의 비전인 것이다.

나는 청년 12명과 2008년 4월에 교회를 개척했다. 교회를 개척한 원래 목적은 마음껏 선교를 하고 싶어서였다. 누군가에게 결제를 받고 허락을 받아서 하는 선교가 아니라 마음에 있는 대로 마음껏 선교하고 싶은 소원 때문이었다.

하나님의 은혜로 교회가 개척되고 1주년이 되었을 때 1주년 기념 선교사를 중국에 파송했다. 그리고 북한 선교를 위해 매진했다. 선교사를 보내고 물질을 보냈다. 매년 방문하여 선교 전략을 돕고 진행했다. 그 외에도 다양한 선교지를 방문하고 선교사들을 돕기 시작했다.

선교사 가족이 한국을 방문하면 최선을 다해 지원하고 섬겼다. 성도들에게도 그렇게 가르쳤다. 교회는 성도들이 늘어갔고 재정이 늘어 갔다. 개척 1년 만에 10배 이상의 성장을 했다. 우리는 개척 4주년 때 한국 컴패션과 연계하여 행사를 해 많은 성도들이 결연을 맺었다.

교회는 개척 5년 만에 1,000평에 가까운 교회 부지를 임대하였으며 성도가 300명이 넘게 성장했다. 하지만 여러 가지 이유로 재정이 줄어들 때마다 선교를 축소하기 시작했다. 선교 지원금을 줄이고 선교 사역을 축소했다. 결과는 참담했다. 교회에는 더 많은 어려움이 찾아왔다. 교회 부지가 경매에 넘어가게 되었다. 성도들이 교회를 지키기 위해 경매에 참여했으나 1원 차이로 다른 사람에게 낙찰되고 말았다. 그 후에도 선교 사역에 회복이 일어나지 않는 이상 교회도 힘을 잃어가고 있었다.

교회의 존재 목적은 세계 선교다. 당장은 지역사회를 위해 봉사하고 복음을 전해야 하지만 동시에 세계 열방을 품고 기도하며 선교 사역을 협력하는 것을 결코 잃어서는 안 된다.

존재 목적을 상실한 교회가 교회이겠는가? 성도들도 선교 사역에 무관심해지고 겨우 명목상으로만 선교하고자 한다면 그런 교회는 이 땅에 한 개 더 있을 필요가 없다.

현재 우리나라에만 83,883개의 교회가 있다고 한다. 우리 동네에는 20여 개의 교회가 있다. 교회가 무슨 일에 비전을 갖고 있는지, 실제로 선교에 동참하고 있는지 하나님이 지켜보실 것이다. 교회는 성도다. 성도가 열방을 품지 않으면 그 교회는 열방을 품지 않는 교회가 된다. 열방을 품고 선교하는 교회가 될 때 하나님은 부흥을 허락하실 것이다. 우리는 하나님의 꿈에 헌신하는 자들이 되기를 소원해야 한다.

자, 이제 두 손을 가슴에 얹고 기도해 보라.
"하나님, 나는 그동안 하나님의 꿈에 관심이 없었습니다.
용서해 주옵소서.
이제부터라도 선교사의 삶을 살게 하시고
열방을 가슴에 품은

세계를 가슴에 품은
그리스도인이 되게 하소서."

내용 일기
1. 새롭게 깨닫게 된 것은 무엇인가?
2. 그동안 알고 있는 것 중에 다시 확인된 내용은 무엇인가?
3. 그룹 스터디 시간에 지도자에게 질문이 있다면 기록해 보라.
4. 오늘 깨닫게 된 것이 믿음이 되도록 기도하라. 그리고 내일을 위해 기도하라.
5. 진단 점수 기록하기 　이번 주제를 읽고 자신의 점수는 10점 만점에 몇 점인가? (　　　점)

1–3점(위험)			4–5점(위기)		6–7점(분발)		8–10점(건강)		
1	2	3	4	5	6	7	8	9	10

전도는 은사가 아니라 명령이다

 기도하기(소요시간 3분)

오늘도 성령님께서 깨닫게 하시도록 도움을 요청하는 시간이다. 이 주제를 공부할 때 나의 잘못된 신앙과 인격이 바로 교정되며 깨닫게 된 내용이 삶에 큰 도움과 지혜가 되도록 구한다. 그리고 시작할 때 작정한 세 가지 기도 제목을 주님께 아뢰며 올려드린다.

 성경 본문 읽기(소요시간 2분)

● 암송 구절 : "그러므로 너희는 가서 모든 민족을 제자로 삼아 아버지와 아들과 성령의 이름으로 세례를 베풀고 내가 너희에게 분부한 모든 것을 가르쳐 지키게 하라 볼지어다 내가 세상 끝 날까지 너희와 항상 함께 있으리라 하시니라"(마태복음 28:19-20)

● 오늘 본문 : "너는 말씀을 전파하라 때를 얻든지 못 얻든지 항상 힘쓰라 범사에 오래 참음과 가르침으로 경책하며 경계하며 권하라"(디모데후서 4:2)

 주제 내용 읽기(소요시간 17분)

매일 제공되는 주제 내용을 천천히, 중요한 부분에는 밑줄을 긋고, 필요할 때 책에 메모를 하면서 정독한다.

매일 제공되는 내용의 끝에는 내용 일기와 자신의 상태를 체크하는 표가
있다. 매일 기록하도록 한다.

목회자들이 가장 많이 강조하는 것은 전도이다. 복음을 전
하는 것은 예수 그리스도의 명령이기 때문이다. 때와 장소를
가리지 않고 복음을 전하라고 명령하신다.

"너는 말씀을 전파하라 때를 얻든지 못 얻든지 항상 힘쓰라 범사에 오
래 참음과 가르침으로 경책하며 경계하며 권하라"(디모데후서 4:2)

이 말씀은 에베소 교회를 목회하는 디모데에게 바울이 보
낸 편지 내용이다. 하지만 디모데는 나이가 어렸고 경험도 부
족했다. 오늘날같이 특별한 학교에서 신학을 공부한 적도 없
다. 외할머니와 어머니의 믿음을 이어 받아 어릴 적부터 성경
을 읽고 배운 것이 전부다.

"이는 네 속에 거짓이 없는 믿음이 있음을 생각함이라 이 믿음은 먼저
네 외조모 로이스와 네 어머니 유니게 속에 있더니 네 속에도 있는 줄
을 확신하노라"(디모데후서 1:5)

그렇다면 이 말씀은 디모데에게만 적용되는 것이 아니다. 오
늘날 모든 그리스도인에게 주시는 말씀으로 받아야 한다.

우리는 전도가 불편하고 부담스럽기 때문에 전도에 핑계가
많다. 마음속으로 전도는 특별한 은사를 가진 사람들만 하는
것이라고 생각하기도 한다. 또는 말주변이 좋은 사람들이 하

거나 지식이 많은 사람들이 하는 것이라고 생각한다. 이런 생각들은 성경적인 것이 아니다. '전도는 특별한 은사를 가진 사람들이 하는 것'이라고 성경은 말씀하신 적이 없다. 자주 강조되는 성경 구절이지만 만민에게 복음을 전하는 것은 모든 그리스도인에게 주신 것이다.

"또 이르시되 너희는 온 천하에 다니며 만민에게 복음을 전파하라"

(마가복음 16:15)

예수님께서는 12명의 제자를 부르신 목적도 전도 때문이라고 밝히고 있다.

"이에 열둘을 세우셨으니 이는 자기와 함께 있게 하시고 또 보내사 전도도 하며"(마가복음 3:14)

오늘날 우리 모두는 부름받은 예수 그리스도의 제자들이다. 그렇다면 우리에게도 전도하는 사명이 주어진 것이다. 이는 어떤 핑계도 할 수 없는 위대한 명령이다. 왜냐하면 우리가 예수 그리스도를 믿게 된 것을 생각해 보라. 이 명령에 순종한 어떤 그리스도인의 전도 때문일 것이다.

전도(傳道)는 말 그대로 진리를 전하는 것을 의미한다. 인도(引導)는 길이나 어떤 장소로 안내하는 것을 의미한다. 전도는 복음을 직접 전하는 행위를 말하는 것이며 인도는 사람들을 교회로 이끌어 오는 것을 의미한다.

우리 그리스도인은 사람들을 전도해야 할까? 인도해야 할까? 물론 두 가지 모두 해야 한다. 하지만 성도들은 전도를 부담스러워한다. 이는 복음에 대한 성경 지식이 부족해서 일 수도 있고 사람들에게 무엇을 전하는 것이 낯설고 부끄러워서이기도 하다. 특히 모르는 사람에게 예수님을 전한다는 것은 보통 용기로는 되지 않는 일이다. 그래서 교회마다 전도를 강조하지만 결코 쉬운 일은 아니다.

하지만 인도는 전도보다 쉽다. 교회에서 사람을 초청하는 날을 정하고 참석한 사람들에게 선물을 주기도 한다. 소위 새생명축제, 전도 대축제 등의 이름으로 행사를 마련하는 것이다. 서로 경쟁적으로 사람들을 초청한다.

교회는 소그룹별로 경쟁을 붙여 전도상을 수여하기도 한다. 그러나 전도 행사가 지난 후 재방문하거나 예수님을 영접하는 사람의 수는 그리 많지 않다. 그렇다고 해서 안 할 수는 없다. 안 하는 것보다는 유익이 많기 때문이다. 인도되어 온 사람들 중에 예수님을 인격적으로 영접하고자 하는 사람이 단 한 명이라도 있다면 그 전도 축제는 성공한 것이다.

우리는 이런 전도 행사 때만 사람을 교회로 인도할 것이 아니라 삶 속에서 전도자로 살아가야 한다는 것이 중요하다.

어떻게 하면 사람들을 교회로 인도하거나 복음을 전할 수 있을까?

그것은 우리 삶 자체가 전도지가 되어야 한다. 우리 주변의 불신자들은 예수님이 누군지 모른다. 관심도 없다. 하지만 우리의 언행을 지켜보며 살아간다. 성경은 그것을 향기라고 표현한다. 우리는 주변에 여러 가지 향기를 풍기며 살아간다. 역겨운 냄새를 풍길 수도 있고 아로마 향기 같은 좋은 향기를 풍길 수도 있다. 전도는 그리스도의 향기를 내뿜으며 시작하는 것이다.

"우리는 구원받는 자들에게나 망하는 자들에게나 하나님 앞에서 그리스도의 향기니"(고린도후서 2:15)

거리에서 "예수천당 불신지옥"을 외치는 시대와 인쇄한 전도지를 마구 돌리는 시대도 지나가 비효율적이라고 말하고 있다. 교회 전도 사역 전문가들은 이미 관계 전도라는 말을 만들었다. 관계를 통해 예수 그리스도를 전하는 것이 남아 있는 가장 지혜로운 전도 방법이라는 것이다. 왜냐면 복음을 불특정 다수에게 전할 때 그들은 우리를 어리석다고 생각한다. 우리에게는 복음이 능력이지만 불신자들에게는 받아들일 수 없는 미련한 것일 수도 있기 때문이다.

"십자가의 도가 멸망하는 자들에게는 미련한 것이요 구원을 받는 우리에게는 하나님의 능력이라"(고린도전서 1:18)

그래서 결국 우리 삶이 전도지가 되어야 하는 것이다.

그들이 우리에게 있는 참된 기쁨을 보아야 한다. 우리에게 주시는 참된 평안을 보아야 한다. 그들과 다른 무언가가 있어야 그들의 관심을 끌게 될 것이다. 섬기고 사랑하는 삶의 태도가 그들에게는 이질적이면서도 매력적일 것이다. 왜냐하면 이것은 예수님으로부터 시작되는 아름다움이기 때문이다. 이것을 선전하는 것이 그리스도인의 삶이다.

"그러나 너희는 택하신 족속이요 왕 같은 제사장들이요 거룩한 나라요 그의 소유가 된 백성이니 이는 너희를 어두운 데서 불러내어 그의 기이한 빛에 들어가게 하신 이의 아름다운 덕을 선포하게 하려 하심이라"

(베드로전서 2:9)

부산에서 사역할 때의 일이다.

시장 근처에 교회가 있었다. 어느 해 봄 '새생명축제'라고 하여 전도를 하게 되었는데 시장 한쪽에서 리어카를 놓고 사과를 파는 아저씨께서 교회로 인도되어 오셨다. 그분은 행사가 끝난 후에도 계속 교회에 출석하셨다.

시간이 지난 후 교회 식당에서 사과 파는 아저씨와 잠시 이야기를 하다가 나는 놀라운 사실을 전해 들었다. 그가 지하철역 근처 노점에서 사과를 팔고 있었는데 단골 중에 아주머니 한 분이 있었다고 한다. 아주머니는 쌓아 놓은 사과를 헤집어 빛깔 좋고 큰 놈만 골라 가는 바람에 사과가 땅바닥으로 떨어져 멍든 적이 한두 번이 아니라고 했다. 아저씨는 마음이 불편했지만 참았다고 한다.

어느 날 그 아주머니께서 다니는 교회에서 전도 행사가 있는데 와보라며 초청장을 건넸다. 아저씨는 불쾌하기 짝이 없었다고 한다. 그리고 '저런 사람이 교회에 다니는구나' 싶어 교회를 욕했다고 했다.

그런데 다른 할머니 한 분도 단골이었는데 올 때마다 멍들고 상처 난 사과만 봉지에 담아 가곤 했다. 아저씨께서 "이쁘고 큰 걸로 담아 가세요"라고 하면 할머니는 "에이! 내가 그것들 골라서 다 사가면 이 못난 놈들은 누가 사가요?"라며 극구 흠이 많은 사과를 골라 가셨다는 것이다. 그러던 어느 날 그 할머니가 "우리 교회에 전도 행사가 있는데 한 번만 와보세요"라며 초청장을 건네주었다는 것이다.

단골 아주머니를 생각하면 교회가 싫었지만 이 할머니를 생각하면 교회가 궁금하고 예수님이 궁금해졌다고 한다. 그런데 그 할머니는 내가 섬기는 교회의 권사님이셨다. 권사님께서 사과 파는 아저씨를 전도하신 것이다. 권사님의 삶의 태도가 전도지가 된 것이다. 이런 예는 얼마든지 많다.

이처럼 우리의 삶이 전도지여야 한다. 가족뿐 아니라 주변의 친구들, 직장 동료들 그리고 자녀가 다니는 학교의 학부형들까지…. 누구든지 우리 삶에 풍기는 향기와 예수님의 사랑을 알게 될 것이다. 사람들은 이기적이고 말만 잘 하는 그리스도인을 혐오하기까지 한다. 전도지를 뿌린다고 전도가 되는 것이 결코 아니다. 교회에 한 번쯤 따라 나올 수는 있어도 예수님을 영접하는 일은 드물다. 초대교회 성도들은 구제라는 것을 통해 전도를 성공적으로 이루었다.

"그중에 가난한 사람이 없으니 이는 밭과 집 있는 자는 팔아 그 판 것의 값을 가져다가 사도들의 발 앞에 두매 그들이 각 사람의 필요를 따라 나누어 줌이라"(사도행전 4:34–35)

삶 속에서 디아코니아(봉사)를 통해 전도한 것이다. 훗날 일곱 명의 집사를 세워 더 지혜롭게 이 일을 감당했다. 교회는 더 크게 부흥하게 되었다.

"하나님의 말씀이 점점 왕성하여 예루살렘에 있는 제자의 수가 더 심히 많아지고 허다한 제사장의 무리도 이 도에 복종하니라"(사도행전 6:7)

결국 영혼을 구원하는 일은 다른 방도가 없다. 전도라는 미련한 방법으로 구원의 역사가 이루어진다.

"하나님의 지혜에 있어서는 이 세상이 자기 지혜로 하나님을 알지 못하므로 하나님께서 전도의 미련한 것으로 믿는 자들을 구원하시기를 기뻐하셨도다"(고린도전서 1:21)

그래서 하나님은 우리 모두를 전도자로 부르신 것이다. 특정한 소수가 전도하는 것이 아니다. 또한 특별한 은사를 받은 자들이 전도하는 것이 아니다. 전도는 은사가 아니라 명령이다. 그래서 할 것인지 말 것인지 선택하는 것이 아니라 반드시 순종해야 할 우리의 사명인 것이다.

지금 우리의 삶은 전도지가 되고 있는지 살펴야 한다. 그리고 교회로 인도할 수 있는 용기를 달라고 기도해 보라. 한 영혼이 구원받게 될 때 하나님은 잔치를 벌이실만큼 기뻐하신다.

"내가 너희에게 이르노니 이와 같이 죄인 한 사람이 회개하면 하늘에서는 회개할 것 없는 의인 아흔아홉으로 말미암아 기뻐하는 것보다 더하리라"(누가복음 15:7)

우리는 이 일에 쓰임 받을 수 있다. 하나님의 교회가 회개하여 주께 돌아오는 자들로 넘치는 것만큼 즐거운 일은 없다. 그리고 이 일에 대한 상급도 약속되어 있습니다.

"보라 내가 속히 오리니 내가 줄 상이 내게 있어 각 사람에게 그가 행한 대로 갚아 주리라"(요한계시록 22:12)

전도는 하나님, 나, 구원받은 영혼 모두가 좋은 일이다.

자, 이에 두 손을 가슴에 얹고 기도해 보자.
"하나님, 전도자로 불러주셔서 감사합니다."
"내 삶이 전도지가 되어
많은 영혼을 구원하게 도와주옵소서."
"나도 죽어가는 영혼에 대해 불쌍한 마음을 품게 하시고
교회로 인도하거나 삶 속에서 전도할 수 있도록
용기와 믿음을 주옵소서."

내용 일기

1. 새롭게 깨닫게 된 것은 무엇인가?

2. 그동안 알고 있는 것 중에 다시 확인된 내용은 무엇인가?

3. 그룹 스터디 시간에 지도자에게 질문이 있다면 기록해 보라.

4. 오늘 깨닫게 된 것이 믿음이 되도록 기도하라. 그리고 내일을 위해 기도하라.

5. 진단 점수 기록하기

   이번 주제를 읽고 자신의 점수는 10점 만점에 몇 점인가? (점)

1–3점(위험)			4–5점(위기)		6–7점(분발)		8–10점(건강)		
1	2	3	4	5	6	7	8	9	10

청지기는 부담이 아니라
특권이다

 기도하기(소요시간 3분)

오늘도 성령님께서 깨닫게 하시도록 도움을 요청하는 시간이다. 이 주제를 공부할 때 나의 잘못된 신앙과 인격이 바로 교정되며 깨닫게 된 내용이 삶에 큰 도움과 지혜가 되도록 구한다. 그리고 시작할 때 작정한 세 가지 기도제목을 주님께 아뢰며 올려드린다.

 성경 본문 읽기(소요시간 2분)

● 암송 구절 : "그러므로 너희는 가서 모든 민족을 제자로 삼아 아버지와 아들과 성령의 이름으로 세례를 베풀고 내가 너희에게 분부한 모든 것을 가르쳐 지키게 하라 볼지어다 내가 세상 끝날까지 너희와 항상 함께 있으리라 하시니라"(마태복음 28:19-20)

● 오늘 본문 : "각각 은사를 받은 대로 하나님의 여러 가지 은혜를 맡은 선한 청지기같이 서로 봉사하라"(베드로전서 4:10)

 주제 내용 읽기(소요시간 17분)

매일 제공되는 주제 내용을 천천히, 중요한 부분에는 밑줄을 긋고, 필요할 때 책에 메모를 하면서 정독한다.

매일 제공되는 내용의 끝에는 내용 일기와 자신의 상태를 체크하는 표가 있다. 매일 기록하도록 한다.

청지기(Steward)란 '집을 지키는 자', 또는 '집을 관리하는 자'이다. 예전에는 부유한 가정에서 집안의 다양한 업무를 맡은 사람을 청지기라고 불렀다. 주인의 식사 시중부터 재산 관리, 하인들 감독, 자녀를 양육하는 일, 상속 분배까지 다양한 일을 담당했다.

하나님은 천지를 창조하시고 인간을 창조하신 다음에 창조 세계를 우리에게 위탁하시면서 우리 인간을 청지기로 세우셨다.

"하나님이 그들에게 복을 주시며 하나님이 그들에게 이르시되 생육하고 번성하여 땅에 충만하라, 땅을 정복하라, 바다의 물고기와 하늘의 새와 땅에 움직이는 모든 생물을 다스리라 하시니라"(창세기 1:28)

이는 창조 세계의 주인이 하나님이라는 고백이다. 아울러 우리는 그 주인의 명령에 순종해야 할 청지기라는 것이다. 우리는 우리가 가진 모든 것이 우리 것이라고 착각하며 살 때가 많다. 성경은 이 세상에 존재하는 모든 것이 다 하나님의 것이라고 선포한다.

"땅과 거기에 충만한 것과 세계와 그 가운데에 사는 자들은 다 여호와의 것이로다"(시편 24:1)

우리가 세상에 태어날 때 우리가 한 것은 없다. 우리는 빈손으로, 벌거벗은 상태로 태어났다. 그리고 인간은 하나님의 창조 세계를 빌려 세상의 문명과 문화를 만들어 왔다. 땅은 더더욱 인간의 것이 아니다. 국가의 소유도 아니다. 모두 하나님이 주인이시다.

"토지를 영구히 팔지 말 것은 토지는 다 내 것임이니라 너희는 거류민이요 동거하는 자로서 나와 함께 있느니라"(레위기 25:23)

다만 인간은 청지기로서 하나님의 것을 빌려 관리하고 있을 뿐이다. 인간이 만든 법에 따라 거래를 하며 잠시 소유할 뿐 본래는 하나님의 것이다. 무에서 유를 창조해낸 것은 인류 역사상 하나도 없다. 모두 하나님이 만드신 재료를 빌려 우리가 가공하고 제작해 사용하는 것이다. 유에서 유를 만든 것뿐이다.

원재료는 모두 하나님의 것이다. 그럼에도 우리는 하나님께 무엇을 지불한 적이 없다. 하나님이 우리에게 맡기신 것뿐이다. 우리가 땀 흘려 모은 동산이나 부동산 모두가 하나님의 것이다. 내가 주인이라고 생각하는 것은 주인이신 하나님을 부인하는 불신앙이다. 예수님께서도 "주여, 주여"라고 입으로만 고백하는 자들을 거부하셨다. 행동으로 하나님이 주인이라는 것을 증명해야 구원을 받을 수 있다고 하셨다.

"나더러 주여 주여 하는 자마다 다 천국에 들어갈 것이 아니요 다만 하늘에 계신 내 아버지의 뜻대로 행하는 자라야 들어가리라"(마태복음 7:21)

언어 고백과 함께 행동 고백으로 우리는 신앙을 고백해야 한다. 세상에는 '조물주 위에 건물주'라는 말이 유행처럼 돌아다닌다. 얼마나 교만한 말인가? 하나님이 허락하시지 않으면 어느 날 갑자기 모두 거두어 가시기도 한다. 우리가 이만큼이라도 유지하며 사는 것은 주인이신 하나님의 허락이 있기 때문이다.

"하나님은 이르시되 어리석은 자여 오늘 밤에 네 영혼을 도로 찾으리니 그러면 네 준비한 것이 누구의 것이 되겠느냐 하셨으니 자기를 위하여 재물을 쌓아 두고 하나님께 대하여 부요하지 못한 자가 이와 같으니라"(누가복음 12:20-21)

그래서 우리는 모두 하나님의 청지기로서의 신분을 잊지 말아야 한다.

선한 청지기가 되기 위해 가장 중요한 부분은 무엇일까? 그것은 "내 삶의 모든 것의 주인은 내가 아니라 하나님이시다"라는 신앙 고백이다. 이 고백이 있고서야 다음 단계로 나아갈 수 있다.

어떤 사람은 억울할 수도 있다. 뼈 빠지게 고생하고 땀 흘려 번 돈으로 마련한 모든 것이 하나님 것이라는 것을 받아들이기가 쉽지 않을 수도 있다. 앞에서도 설명한 것처럼 우리가 재물을 다스리지 않으면, 재물이 우리를 다스린다. 우리가 재물의 주인 행세를 하고자 하지만 결국 돈의 종이 되어 살아갈 가능성이 높다. 우리 주변을 보면 결코 부인할 수 없는 일이다. 그래서 우리가 땀 흘려 번 것이라도 하나님의 것이라고 고백할 때 그 재물은 우리에게 맥을 못 춘다. 그것이 하나님 자녀의 권세이다.

하나님은 베드로를 통해 우리 모두가 선한 청지기처럼 서로 봉사하라고 말한다.

"각각 은사를 받은 대로 하나님의 여러 가지 은혜를 맡은 선한 청지기 같이 서로 봉사하라"(베드로전서 4:10)

우리는 주인이신 하나님이 주신 선물을 가지고 서로 봉사해야 한다. 내가 주인이라고 생각하면 결코 나눌 수 없다. 이기적이고 나눌 줄 모르는 사람은 신앙생활한 기간과 직분에 관계없이 청지기가 아니다. 결국 믿음의 사람이 될 수도 없다.

또한 우리가 받은 은사들은 우리의 것이 아니다. 교회와 공동체를 위해 사용하라고 하나님께서 주신 것이다. 우리는 은사의 청지기이기 때문이다.

"그러므로 너희도 영적인 것을 사모하는 자인즉 교회의 덕을 세우기 위하여 그것이 풍성하기를 구하라"(고린도전서 14:12)

우리는 우리가 가지고 있는 시간이나 달란트를 사용해 봉사하는 것이다. 가지고 있는 재능을 통해 기부하고 봉사하는 행위는 청지기만 할 수 있는 행동들이다. 이것을 하나님은 충성이라고 말씀하신다. 우리가 청지기라면 맡은 모든 것들을 통해 섬기는 것이 충성인 것이다.

"그리고 맡은 자들에게 구할 것은 충성이니라"(고린도전서 4:2)

간혹 교회 안에서도 주인 행세를 하는 자들이 있다. 목회자도 장로도 교회의 주인이 아니다. 교회의 주인은 머리 되신 예수 그리스도이다.

"또 만물을 그의 발아래에 복종하게 하시고 그를 만물 위에 교회의 머리로 삼으셨느니라"(에베소서 1:22)

교회는 개척 멤버들이나 헌금을 가장 많이 한 사람들의 것도 아니다. 우리는 다만 청지기일 뿐이다.

성가대 대장이 주인 행세를 하여 성가대원들의 마음이 불편하다는 이야기를 들은 적이 있다. 찬양팀을 이끄는 인도자가 교회의 모든 악기의 주인처럼 행세하는 바람에 찬양팀이 깨지는 경우도 보았다. 방송실을 담당하는 집사가 방송실을 자신의 사무실처럼 사용하거나 다른 사람들이 사용할 경우에는 허락받을 것을 강요하는 바람에 분란이 일어난 경우도 보았다. 교회 주방에서는 권사님이 주인 행세를 해서 이에 상처받은 집사님이 교회를 떠나는 일도 있었다.

우리는 교회 안에서 이런 모습들을 종종 보게 된다. 만약 우리가 청지기라는 확실한 신앙고백이 있다면 결코 일어나지 않을 일들이다. 교회에서 함께 봉사하고 사역할 때 원망과 시비가 없이 하는 것은 주님의 뜻이다.

"모든 일을 원망과 시비가 없이 하라"(빌립보서 2:14)

우리는 청지기들로서 서로 협력하고 서로 섬겨야 한다. 이것은 우리의 주인이신 예수 그리스도의 성품이셨다.

청지기는 봉사할 때 주인의 뜻대로 하는 것이 중요하다. 청지기의 태도와 자세는 주인을 닮을 뿐이지 주인 행세를 해서는 안 된다.

"너희 안에 이 마음을 품으라 곧 그리스도 예수의 마음이니"(빌립보서 2:5)

우리가 살면서 소유하고 있는 재산이나 능력 역시 우리가 주인이 아니다. 단지 우리는 청지기라는 것을 잊지 말아야 한다. 교회에서 맡은 역할이나 직분 역시 청지기로서 충성을 다할 뿐이다.

교회의 목회자를 비롯해 모든 성도들이 이런 청지기 신앙을 가지고 있다면 얼마나 아름답겠는가? 그런 교회는 주인이신 하나님과 그분의 청지기들이 신실하게 충성하는 곳이 될 것이다. 그들이 직장이나 가정으로 돌아가서도 겸손하게 살아갈 것이다. 모든 것이 하나님께로부터 왔음을 기억하는 청지기로서 신실하게 살 것이다. 교회 안에서는 분란이 없어지고 세력 다툼이나 재산 다툼 등이 아예 사라질 것이다. 목회자와 장로의 다툼은 권력 다툼이거나 재산 다툼이 대부분이다. 모두가 자신이 주인이라는 착각 때문에 생기는 죄악이다.

우리 교회는 승합차가 한 대 있었는데 주차장에 세워두는 경우가 많았다. 어느 날 선교사님 가정이 한국을 방문했다. 차량이 없는 선교사님 가정을 위해 사용하시라고 몇 개월을 내어드렸다. 그때 성도 한 분이 "여러 사람들이 차량을 사용하면 관리도 안 되고 차가 빨리 망가집니다"라고 불평했다. 나는 불편한 표정으로 따끔하게 말했다.

"승합차의 주인은 하나님이십니다."

교회는 주어진 모든 물건을 최선을 다해 잘 관리해야 한다. 왜냐면 교회의 모든 것은 교회의 것이 아니라 하나님의 성물이기 때문이다. 그러나 성경적으로 위배되지 않는다면 가장 유익하게 사용하면 되는 것이다. 하나님은 주차장에 세워놓은 승합차보다 선교사님이 타고 다니는 승합차를 더 기뻐하실 것이기 때문이다. 청지기 정신을 가지면 이런 나눔도 한결 쉬워진다.

우리가 하나님의 청지기임을 믿는가?

이 청지기라는 사실이 부담스러운가?

언젠가는 주인이신 하나님께서 청지기에게 결산하자고 할 날이 올 것이다. 예수님께서는 열 므나 비유를 통해 우리에게 분명하게 말씀하셨다. 마지막 때가 되면 주인이 와서 청지기에게 결산하자고 하시고 착하고 충성된 청지기들에게는 열 고을을 다스릴 권세를 주신다고 하셨다.

"주인이 이르되 잘하였다 착한 종이여 네가 지극히 작은 것에 충성하였으니 열 고을 권세를 차지하라 하고"(누가복음 19:17)

369

또한 게으르고 악한 종들에 대해서는 원수라고 표현하시며 있는 것을 빼앗고 죽이라고까지 말씀하신다.

"그리고 내가 왕 됨을 원하지 아니하던 저 원수들을 이리로 끌어다가 내 앞에서 죽이라 하였느니라"(누가복음 19:27)

우리는 결국 청지기로서 주인 앞에 서게 될 것이다. 기왕 그렇게 될 것이라면 신실한 청지기로 살아야 한다. 청지기의 삶은 부담이 아니라 특권임을 알아야 한다.

자, 이제 두 손을 가슴에 올리고 기도해 보자.
"하나님, 그동안 내가 주인인 줄 착각하고 살아왔습니다.
이제부터라도 주인은 하나님 한 분임을 기억하게 하시고
청지기로서 신실하게 살아갈 수 있도록
나를 인도해 주옵소서."

내용 일기

1. 새롭게 깨닫게 된 것은 무엇인가?

2. 그동안 알고 있는 것 중에 다시 확인된 내용은 무엇인가?

3. 그룹 스터디 시간에 지도자에게 질문이 있다면 기록해 보라.

4. 오늘 깨닫게 된 것이 믿음이 되도록 기도하라. 그리고 내일을 위해 기도하라.

5. 진단 점수 기록하기

   이번 주제를 읽고 자신의 점수는 10점 만점에 몇 점인가? (점)

1–3점(위험)			4–5점(위기)		6–7점(분발)		8–10점(건강)		
1	2	3	4	5	6	7	8	9	10

목장(소그룹)에 소속되고 함께 부흥하라

기도하기(소요시간 3분)

오늘도 성령님께서 깨닫게 하시도록 도움을 요청하는 시간이다. 이 주제를 공부할 때 나의 잘못된 신앙과 인격이 바로 교정되며 깨닫게 된 내용이 삶에 큰 도움과 지혜가 되도록 구한다. 그리고 시작할 때 작정한 세 가지 기도 제목을 주님께 아뢰며 올려드린다.

성경 본문 읽기(소요시간 2분)

● 암송 구절 : "그러므로 너희는 가서 모든 민족을 제자로 삼아 아버지와 아들과 성령의 이름으로 세례를 베풀고 내가 너희에게 분부한 모든 것을 가르쳐 지키게 하라 볼지어다 내가 세상 끝 날까지 너희와 항상 함께 있으리라 하시니라"(마태복음 28:19-20)

● 오늘 본문 : "모이기를 폐하는 어떤 사람들의 습관과 같이 하지 말고 오직 권하여 그날이 가까움을 볼수록 더욱 그리하자"(히브리서 10:25)

주제 내용 읽기(소요시간 17분)

매일 제공되는 주제 내용을 천천히, 중요한 부분에는 밑줄을 긋고, 필요할 때 책에 메모를 하면서 정독한다.

매일 제공되는 내용의 끝에는 내용 일기와 자신의 상태를 체크하는 표가 있다. 매일 기록하도록 한다.

'가정은 작은 교회, 교회는 큰 가정'이라는 표현이 있다. 가정과 교회가 서로 다르지 않음을 강조하는 것이다. 가정에서도 하나님을 모시고 예배하며 서로 사랑해야 함을 강조하는 것이다. 교회는 가족처럼 사랑하며 지내야 함을 말하는 것이다.

2,000여 년 전 초대 예루살렘 교회는 성도수가 많았다. 교회가 태동할 때부터 120명이나 되는 사람들이 모여 함께 시작했다.

"모인 무리의 수가 약 백이십 명이나 되더라"(사도행전 1:15a)

오순절 날 그들이 한곳에 모여 기도할 때 성령이 임하셨다. 그곳에 모인 자들이 모두 성령이 충만했고 방언으로 말하기 시작했다.

"그들이 다 성령의 충만함을 받고 성령이 말하게 하심을 따라 다른 언어들로 말하기를 시작하니라"(사도행전 2:4)

이것이 초대교회의 시작이다.

성령이 충만한 베드로가 설교하기 시작했다. 그들은 세례를 받고 초대교회 성도들이 되었다. 그때 성도가 된 사람의 수는 3,000명이나 되었다.

"그 말을 받은 사람들은 세례를 받으매 이날에 신도의 수가 삼천이나 더하더라"(사도행전 2:41)

초대교회는 갑자기 부흥했다. 그렇다 보니 수천 명이나 되는 성도들이 함께 모일 예배당 건물이 없었다. 그들은 날마다 예루살렘 성전으로 모여들었다. 그뿐만 아니라 각각 마을로 흩어져 친족끼리 모이기도 하고 이웃들과 가정집에서 소그룹으로 모이기도 했다.

"날마다 마음을 같이하여 성전에 모이기를 힘쓰고 집에서 떡을 떼며 기쁨과 순전한 마음으로 음식을 먹고"(사도행전 2:46)

그들은 모일 때마다 성만찬으로 떡을 나누고 음식도 만들어 먹으며 아름다운 친교를 경험했다. 수천 명의 성도들을 관리할 수 있는 조직도 없었고 시스템도 없었다. 그들은 삼삼오오 모여 하나님을 찬미하였고 이웃을 위해 구제하는 일에 힘썼다.

"또 재산과 소유를 팔아 각 사람의 필요를 따라 나눠 주며"(사도행전 2:45)

이웃 사람들은 성도들을 칭송하기 시작했다. 자신들의 삶과 전혀 다른 삶의 방식을 지켜보았다. 그럴 때마다 구원받는 사람들은 날마다 늘어갔다.

"하나님을 찬미하며 또 온 백성에게 칭송을 받으니 주께서 구원받는 사람을 날마다 더하게 하시니라"(사도행전 2:47)

이 대목에서 우리가 집중할 부분이 있다. 그들이 모인 곳은 가정집이었다. 사도들이 소그룹을 만든 것이 아니다. 그들이 자발적으로 가정집에 모인 것이다. 예루살렘 교회는 그 이후에도 성도들이 늘어갔지만 어떤 건물도 짓지 않았다.

이 부분이 바로 오늘날 우리가 깊이 적용해 보아야 할 대목이다. 많은 교회들이 메가처치(Megachurch)를 동경하고 있다. 그곳은 시설이 좋고 프로그램이 다양하기 때문이다. 이에 비해 메타처치(MetaChurch)를 지향하는 교회는 많지 않다. 하지만 시대를 변화시키는 주도적인 교회는 메타처치(MetaChurch)이다.

오늘날 성도가 10,000명 모이는 교회 하나보다 1,000명 모이는 교회 10개가 하나님 나라를 위해 더 전략적이다. 1,000명 모이는 교회 1개보다 100명 모이는 교회 10개가 더 귀한 일을 할 수 있다.

사실 초대형 교회는 조직 관리를 위해 큰 조직을 소그룹으로 나누어야 한다. 실제로 대부분의 교회는 셀이나 구역, 목장 등 다양한 이름으로 소그룹을 운영하고 있다. 이 글을 읽고 있는 여러분도 모두 이 소그룹에 소속되어 있을 것이다. 우리 교회는 9개의 목장이 있다. 각각의 목장은 그 자체가 교회이며 교회의 사명을 담당하고 있다. 이것은 성경적인 방식이다. 바울을 통해 분열된 고린도 교회에 편지하면서 하나님은 우리를 몸과 지체로 비유하셨다.

"몸은 하나인데 많은 지체가 있고 몸의 지체가 많으나 한 몸임과 같이 그리스도도 그러하니라"(고린도전서 12:12)

각기 다른 은사와 달란트를 가진 자들이 한 몸을 이루고 있는 것이 교회이다. 교회에는 다른 문화에서 살던 사람들이 모여 있다. 다른 종교를 경험한 사람들이 모이기도 한다. 습관이 다르고 가치관이 다른 상태에서 한 몸인 교회를 이루고 있는 것이다.

중요한 것은 우리가 한 몸을 이루어야 한다는 사실이다. 어떤 교인들은 여러 가지 이유로 한 몸이 되고자 하는 것을 거부한다. 교회에서 만든 목장(소그룹)에 출석하기를 싫어한다. 하지만 성경적인 교회는 모두가 지체가 되고 그 지체들이 한 몸을 이루고자 해야 한다. 모두가 목장(소그룹) 안에서 온전히 하나 됨을 노력해야 한다. 이것은 선택의 문제가 아니다. 하나님의 명령이다.

"형제들아 내가 우리 주 예수 그리스도의 이름으로 너희를 권하노니 모두가 같은 말을 하고 너희 가운데 분쟁이 없이 같은 마음과 같은 뜻으로 온전히 합하라"(고린도전서 1:10)

교회 공동체는 외부인도 아니고 지나가는 나그네도 아니다. 하나님 나라의 시민이며 하나님의 가족이다.

"그러므로 이제부터 너희는 외인도 아니요 나그네도 아니요 오직 성도들과 동일한 시민이요 하나님의 권속이라"(에베소서 2:19)

그러므로 모든 성도들은 목장(소그룹) 안에서 서로 연결된다. 그러면 목장(소그룹)과 목장(소그룹)이 연결되어 주님 안에서 아름다운 성전이 되어 간다. 그뿐만 아니라 성도들은 모임 안에서 함께 지어져 간다.

"그의 안에서 건물마다 서로 연결하여 주 안에서 성전이 되어 가고 너희도 성령 안에서 하나님이 거하실 처소가 되기 위하여 그리스도 예수 안에서 함께 지어져 가느니라"(에베소서 2:21–22)

신앙생활은 혼자 열심히 한다고 해서 건강한 신앙을 가질 수 있는 것이 결코 아니다. 지체가 몸에서 분리된다는 것은 썩는다는 것을 의미한다. 몸을 떠나서는 아무것도 할 수 없다. 신앙의 열매를 맺을 수도 없다.

"내 안에 거하라 나도 너희 안에 거하리라 가지가 포도나무에 붙어 있지 아니하면 스스로 열매를 맺을 수 없음 같이 너희도 내 안에 있지 아니하면 그러하리라"(요한복음 15:4)

공동체 안에 머문다는 것은 우리 영혼의 안전을 위해 중요한 문제이다. 공동체를 벗어나 혼자 신앙생활을 한다는 논리는 성경적이지 않다. 위험천만한 도박과 같은 것이다.

"사람이 내 안에 거하지 아니하면 가지처럼 밖에 버려져 마르나니 사람들이 그것을 모아다가 불에 던져 사르느니라"(요한복음 15:6)

그러므로 우리는 그리스도의 몸인 공동체에 소속되어 있어야 한다. 그 공동체 안에서 운영되는 목장(소그룹)에 소속되어 있어야 한다. 이것을 거부하는 것은 그리스도의 몸을 거부하는 것이다.

그렇다면 목장(소그룹)에서 우리가 해야 할 일은 무엇인가?
가장 먼저는 모이기를 힘써야 한다. 모든 역사는 모일 때 일어난다. 다락방에 120명이 모였을 때 성령 강림으로 교회가 세워졌다. 구약의 다윗 시대에서도 아둘람 굴에 사람들이 모일 때 이스라엘의 제2의 건국이 가능했다.

"그러므로 다윗이 그곳을 떠나 아둘람 굴로 도망하매 그의 형제와 아버지의 온 집이 듣고 그리로 내려가서 그에게 이르렀고 환난 당한 모든 자와 빚진 모든 자와 마음이 원통한 자가 다 그에게로 모였고 그는 그들의 우두머리가 되었는데 그와 함께 한 자가 사백 명가량이었더라" (사무엘상 22:1-2)

모여야 힘이 나고 서로 의지가 된다. 그리고 유익이 많다. 전도서는 솔로몬의 지혜서이다. 세상에서 가장 지혜로웠던 솔로몬은 한 사람보다 두 사람이 훨씬 낫다고 모든 인간에게 권면한다.

"두 사람이 한 사람보다 나음은 그들이 수고함으로 좋은 상을 얻을 것임이라 혹시 그들이 넘어지면 하나가 그 동무를 붙들어 일으키려니와 홀로 있어 넘어지고 붙들어 일으킬 자가 없는 자에게는 화가 있으리라" (전도서 4:9-10)

우리는 죄 많은 세상에서 혼자 고전분투하며 영적 전쟁을 감당할 수 없다. 함께 해야 맞설 수 있고 쉽게 패하지 않는다.

"또 두 사람이 함께 누우면 따뜻하거니와 한 사람이면 어찌 따뜻하랴 한 사람이면 패하겠거니와 두 사람이면 맞설 수 있나니 세 겹 줄은 쉽게 끊어지지 아니하느니라"(전도서 4:11-12)

우리 영혼의 안전을 위해서라도 목장(소그룹) 모임에 참석하는 것에 헌신해야 한다. 모이기를 거절하는 것은 잘못된 영적 습관이다. 마지막 때가 가까울수록 더욱 모이기를 힘써야 한다.

"모이기를 폐하는 어떤 사람들의 습관과 같이 하지 말고 오직 권하여 그날이 가까움을 볼수록 더욱 그리하자"(히브리서 10:25)

또한 목장(소그룹)에 모일 때마다 아름다운 사랑의 교제(코이노니아)를 나누어야 한다. 식구(食口)가 되기 위해 음식을 나누어 먹는 것을 추천한다. 초대교회에서도 그들은 모일 때마다 음식을 나누어 먹으며 기쁨이 넘쳤다.

"기쁨과 순전한 마음으로 음식을 먹고"(사도행전 2:46b)

목장(소그룹)에서 가능한 음식을 만들어 먹고 또는 가져와서 나누어 먹다 보면 식구(食口)가 되는 것이다.

그리고 리더의 집에만 모이지 말고 돌아가면서 자신의 집을 모임 장소로 헌신하는 것이 좋다. 의무적인 것은 아니지만 장소를 공개하고 함께 그곳에서 기도하고 예배한다면 얼마나 유익한 공간이 되겠는가?

어떤 목장(소그룹)의 리더는 자신의 집에서 목장(소그룹) 모임을 하기 위해 더 넓은 집으로 이사를 했다고 한다. 또 다른 목장(소그룹) 리더는 자동차를 승합차로 바꾸는 일도 있었다. 이유는 목장(소그룹)의 이동 차량으로 사용하기 위해서였다. 얼마나 아름다운 모습인가? 이것이 한 가족의 모습이 아니겠는가?

이렇게 모였다면 우리는 그곳에 모인 사람들과 삶을 나누어야 한다. 삶을 나누다 보면 서로 격려할 일을 알게 된다. 함께 위로하고 기도해야 할 일을 알게 된다. 서로 섬기는 아름다운 가족이 되어 가는 것이다.

"서로 돌아보아 사랑과 선행을 격려하며"(히브리서 10:24)

이처럼 목장(소그룹)의 모임에 나아가면 은혜가 넘치게 된다. 신앙생활에서 함께 성장하게 된다. 힘들고 외로울 때 힘이 되는 가족이 생기는 것이다. 이것이 곧 부흥이다. 이런 목장(소그룹)들이 많아진다면 당연히 교회는 부흥할 것이다. 그 힘으로 지역사회와 열방을 위해 힘 있게 사역할 수도 있을 것이다. 이것이 우리에게 주어진 또 하나의 사명이다.

자, 이제 두 손을 가슴에 얹고 기도해 보라.
"하나님, 그동안 목장(소그룹) 모임에
함께 하지 못한 저를
용서해 주옵소서."
"이제부터라도 한 몸의 지체로서 모임에
최선을 다하기를 소망합니다."
"함께 지어져 가는 성도가 되도록 역사해 주옵소서."

내용 일기

1. 새롭게 깨닫게 된 것은 무엇인가?

2. 그동안 알고 있는 것 중에 다시 확인된 내용은 무엇인가?

3. 그룹 스터디 시간에 지도자에게 질문이 있다면 기록해 보라.

4. 오늘 깨닫게 된 것이 믿음이 되도록 기도하라. 그리고 내일을 위해 기도하라.

5. 진단 점수 기록하기

　이번 주제를 읽고 자신의 점수는 10점 만점에 몇 점인가? (　　　점)

1–3점(위험)			4–5점(위기)		6–7점(분발)		8–10점(건강)		
1	2	3	4	5	6	7	8	9	10

제자가 되어 제자를 삼으라

 기도하기(소요시간 3분)

오늘도 성령님께서 깨닫게 하시도록 도움을 요청하는 시간이다. 이 주제를 공부할 때 나의 잘못된 신앙과 인격이 바로 교정되며 깨닫게 된 내용이 삶에 큰 도움과 지혜가 되도록 구한다. 그리고 시작할 때 작정한 세 가지 기도 제목을 주님께 아뢰며 올려드린다.

 성경 본문 읽기(소요시간 2분)

● 암송 구절 : "그러므로 너희는 가서 모든 민족을 제자로 삼아 아버지와 아들과 성령의 이름으로 세례를 베풀고 내가 너희에게 분부한 모든 것을 가르쳐 지키게 하라 볼지어다 내가 세상 끝 날까지 너희와 항상 함께 있으리라 하시니라"(마태복음 28:19-20)

● 오늘 본문 : "네가 이것으로 형제를 깨우치면 그리스도 예수의 좋은 일꾼이 되어 믿음의 말씀과 네가 따르는 좋은 교훈으로 양육을 받으리라"(디모데전서 4:6)

 주제 내용 읽기(소요시간 17분)

매일 제공되는 주제 내용을 천천히, 중요한 부분에는 밑줄을 긋고, 필요할 때 책에 메모를 하면서 정독한다.

내용 일기 작성하기(소요시간 5분)**와 마지막 기도**(소요시간 3분)

매일 제공되는 내용의 끝에는 내용 일기와 자신의 상태를 체크하는 표가 있다. 매일 기록하도록 한다.

달라스 윌라드의 「잊혀진 제자도」에서 그는 다음과 같이 지적한다.

"예수님께서 제자가 되어 제자를 삼으라고 하셨지만 제자가 되지 않고도 영원히 그리스도인으로 살 수 있다는 가르침이 교회 안에서 용인되고 있다."

나는 이 말에 전적으로 동의한다. 교회는 성도들의 심기를 건드리지 않기 위해 노력하는 모양새가 많다. 성도가 교회를 옮길까 봐, 헌금이 줄까 봐 또는 설교자를 싫어할까 봐 등의 이유로 불편한 가르침을 절제한다.

오늘날의 기독교는 기복적인 방향으로 나아가고 있다. 일월성신(日月星辰)에게 비는 것들을 하나님께 버젓이 빈다. 물론 하나님은 기도와 간구로 우리 구할 것을 감사함으로 구하라고 말씀하셨다.

"아무것도 염려하지 말고 다만 모든 일에 기도와 간구로, 너희 구할 것을 감사함으로 하나님께 아뢰라"(빌립보서 4:6)

하지만 우리에게 맡겨진 사명은 아랑곳하지 않고 복만을 빌고 있다면 저급한 미신과 무엇이 다른가?

예수님께서는 이 땅을 떠나시면서 우리에게 분명하게 명령하셨다. 다시 오실 재림 때까지 우리가 해야 할 일이 무엇인지 헷갈리지 않게 하셨다. 유언과 같은 말씀으로 제자를 삼을 것을 명령하셨다.

> "그러므로 너희는 가서 모든 민족을 제자로 삼아 아버지와 아들과 성령의 이름으로 세례를 베풀고 내가 너희에게 분부한 모든 것을 가르쳐 지키게 하라 볼지어다 내가 세상 끝 날까지 너희와 항상 함께 있으리라 하시니라"(마태복음 28:19-20)

이것을 우리는 위대한 명령(The Great Commission)이라고 일컫는다. 하지만 이 위대한 명령대로 순종하는 자들이 얼마나 될까? 이미 오신 예수 그리스도와 아직 재림하지 않으신 그리스도 사이에서 우리는 살아가고 있다.

'이미'와 '아직' 사이에서 우리가 해야 할 가장 본질적인 사명은 바로 예수 그리스도의 제자가 되는 것과 또 다른 제자를 삼는 일이다. 이것은 그 어떤 것과도 비교할 수 없으며 양보할 수도 없는 사명이다.

우리는 모세의 위대한 업적을 이야기할 때 열 가지 재앙을 펼쳐 보이는 것이나 홍해를 가르는 극적인 장면들을 떠올리곤 한다. 하지만 모세의 가장 위대한 업적 중 하나는 그의 제자 여호수아를 세운 일이다. 그는 언제나 여호수아와 함께했다. 십계명을 받을 때에도 여호수아를 대동하고 호렙산으로 올라갔다. 40일 동안 여호수아를 곁에 두고 일어나는 모든 일들을 함께 경험했다.

"모세가 그의 부하 여호수아와 함께 일어나 모세가 하나님의 산으로 올라가며"(출애굽기 24:13)

오늘날로 표현하면 모세는 여호수아를 제자 삼았다. 그리고 훗날 모세를 대신하여 멋지게 이스라엘 백성을 이끌게 된다. 하나님께서도 여호수아를 인정하시고 모세의 후계자로 사용하시기 시작했다.

"내 종 모세가 죽었으니 이제 너는 이 모든 백성과 더불어 일어나 이 요단을 건너 내가 그들 곧 이스라엘 자손에게 주는 그 땅으로 가라"(여호수아 1:2)

하지만 그 위대한 모세의 후계자인 여호수아는 자신의 제자를 삼지 못하고 죽었다. 갈렙과 같은 동역자는 있었지만 여호수아의 제자로서 뒤를 이어가지는 못하였다. 그리고 암울한 사사 시대가 막이 오른다. 이스라엘 백성들이 하나님을 버리는 악행을 저지르고 만다.

"애굽 땅에서 그들을 인도하여 내신 그들의 조상들의 하나님 여호와를 버리고 다른 신들 곧 그들의 주위에 있는 백성의 신들을 따라 그들에게 절하여 여호와를 진노하시게 하였으되"(사사기 2:12)

제자를 삼아 뒤를 이어가게 하지 못한 것이 이스라엘 전체의 어려움이 되고 말았다.

신약성경은 사도 바울을 빼고 설명할 수 없을 정도이다. 사도 바울의 위대함은 가는 곳마다 교회를 세운 것이 아니다. 그는 어린 디모데를 영적 아들로 삼고 그의 제자로 삼았다. 예수님께서 말씀하신 대로 디모데와 함께 전도하며 말씀을 가르치고 그에게 교회까지 위임했다. 그가 죽기 전에 마지막 서신을 디모데에게 보내면서 그에게도 제자를 삼아 잘 가르치라고 권면한다.

"네가 이것으로 형제를 깨우치면 그리스도 예수의 좋은 일꾼이 되어 믿음의 말씀과 네가 따르는 좋은 교훈으로 양육을 받으리라"(디모데전서 4:6)

제자 삼는 일을 멈추지 말고 계속할 것을 권면하고 있다.

"네가 네 자신과 가르침을 살펴 이 일을 계속하라 이것을 행함으로 네 자신과 네게 듣는 자를 구원하리라"(디모데전서 4:16)

사도 바울은 사역 내내 제자 삼는 일에 몰두했다. 로마서 16장에 등장하는 36명 이상의 사람들은 그가 평생 동안 복음을 전하며 제자 삼은 자들일 것이다. 사도 바울은 위대한 명령(The Great Commission)에 충실하게 순종했기에 위대한 것이다.

예수님은 이 땅에 오셔서 공생애를 시작하시면서부터 제자들을 선택하시고 불러내셨다.

"밝으매 그 제자들을 부르사 그중에서 열둘을 택하여 사도라 칭하셨으니"(누가복음 6:13)

예수님께서는 3년 동안 그들과 동거동락(同居同樂) 하시면서 하나님 나라의 새 질서를 가르치시고 경험하게 하셨다. 그들은 여전히 부족하고 연약했지만 끝까지 포기하지 않으시고 온전한 제자로 세워주셨다. 훗날 12명의 제자가 120명의 제자가 되고, 120명의 제자가 승천을 목격한 500명의 제자가 되었다. 그 후에도 제자는 계속해서 늘어났다.

> "하나님의 말씀이 점점 왕성하여 예루살렘에 있는 제자의 수가 더 심히 많아지고 허다한 제사장의 무리도 이 도에 복종하니라"(사도행전 6:7)

교인들이 늘어난 것이 결코 아니다. 예수의 제자들이 늘어난 것이다. 예수님의 위대한 명령에 사도들이 먼저 순종했기 때문이다.

제자 삼는 사명을 2,000여 년 동안 이어오는 이들을 통해 우리도 예수의 제자가 되었다. 이제 우리 차례가 되었다.

어떻게 해야 하는가?

먼저 우리는 이웃이나 친구에게 예수 그리스도의 복음을 전하고 그들을 교회로 인도해야 한다. 그리고 인도된 자를 제자로 삼아 우리와 같이 제자가 되도록 돕고 섬겨야 한다. 만약 그런 사람이 없다면 교회 안에서 아직 믿음이 연약한 자들을 찾아 제자 삼는 일에 도전하기 바란다.

가장 좋은 방법은 목장(소그룹) 안에서 새 가족이나 연약한 사람을 찾는 것이다. 그런 사람을 가까이 두고 섬기며 교회에 갈 때도 함께 가고 식사도 함께 하는 것이 좋다.

내가 누군가를 제자 삼고자 한다면 가장 중요한 것은 그가 나에게 마음을 여는 것이다. 신뢰의 관계가 되기까지 많은 노력이 필요하다. 그리고 그를 위해 기도해야 한다. 그의 기도 제목이 무엇인지 묻고 기도하라. 자신을 위해 기도해 주는 자를 싫어할 사람은 아무도 없다.

한편, 그는 당신의 언행심사를 살필 것이다. 자신과 무엇이 다른지 탐색하고 예수 안 믿는 사람과 무엇이 다른지 비교하게 될 것이다. 그러므로 우리는 본이 되어야 한다. 믿음의 본이 된다는 것은 중요한 제자 훈련이다.

"그러므로 너희가 마게도냐와 아가야에 있는 모든 믿는 자의 본이 되었느니라"(데살로니가전서 1:7)

그들은 우리의 믿음을 보며 크리스천의 삶을 자연스럽게 배우게 될 것이다. 예수 믿는 사람은 어떻게 말하는지, 어떻게 생활하는지 등을 배울 것이다. 어떻게 예배드리는지, 어떻게 봉사하고 기도하는지처럼 신앙적인 삶도 배우게 될 것이다. 우리는 그들을 특별한 프로그램으로 제자 삼는 것이 아니다. 우리의 삶을 보고 배우도록 이끄는 것이다.

누군가를 제자 삼기 원한다면 교회 안에서 함께 모임을 하는 것이 중요하다. 예배도 함께 드리고 청소나 봉사도 함께 하는 것이 중요하다. 헌금 생활부터 예배의 태도와 봉사하는 자세들을 보고 배우게 하는 것이 좋다. 물론 우리도 연약하여 잘 하지 못할 때도 있다. 하지만 우리가 제자 삼기 위해 노력하는 곳에는 하나님의 도우심이 있다. 그리고 교회 사역 중에 달란트나 은사에 맞는 곳에서 봉사하도록 권면하자. 제자는 보고 배우는 것이다. 그러므로 삶과 신앙은 그들에게 교과서가 되는 것이다.

　이렇게 조금씩 믿음으로 세워지는 모습을 볼 때 우리에게도 보람이 생기고 기쁨이 생기게 될 것이다. 또 한 가지 잊지 말아야 할 것은 언젠가 그가 우리처럼 다른 사람을 제자 삼으려 할 때 도와주는 것까지가 나의 몫이라는 것이다.

> "또 네가 많은 증인 앞에서 내게 들은 바를 충성된 사람들에게 부탁하라 그들이 또 다른 사람들을 가르칠 수 있으리라라"(디모데후서 2:2)

　그리고 우리가 세우는 제자이지만 그는 분명 나의 제자가 아니라 예수님의 제자가 되어야 함을 잊지 말아야 한다. 이것이 바로 위대한 명령을 순종하는 작은 첫걸음이다. 이제 그 첫걸음을 시작해 보기 바란다.

　자, 이제 두 손을 가슴에 얹고 기도해 보자.
　"하나님, 그동안 나는 제자가 되지 못했고
　제자를 삼지 못했음을 고백합니다."
　"이제부터 예수의 제자로서 살아가도록 도와주옵소서.
　그리고 다른 사람을 제자 삼는 것도 가능하도록
　나에게 믿음과 능력을 더하여 주옵소서."

내용 일기

1. 새롭게 깨닫게 된 것은 무엇인가?

2. 그동안 알고 있는 것 중에 다시 확인된 내용은 무엇인가?

3. 그룹 스터디 시간에 지도자에게 질문이 있다면 기록해 보라.

4. 오늘 깨닫게 된 것이 믿음이 되도록 기도하라. 그리고 내일을 위해 기도하라.

5. 진단 점수 기록하기

　　이번 주제를 읽고 자신의 점수는 10점 만점에 몇 점인가? (　　점)

1–3점(위험)			4–5점(위기)		6–7점(분발)		8–10점(건강)		
1	2	3	4	5	6	7	8	9	10

주일 그룹 스터디(Group Study)

1. 함께 경배와 찬양드리기(10분)

매주 제공되는 주제 찬양을 함께 부르며 오늘 모임에 하나님께서 함께해 주시기를 간구한다. 인도하는 지도자와 함께 하는 성도들을 위해서도 중보한다. 이 시간에 각자 정해둔 세 가지의 기도 제목을 하나님께 올려드리는 시간도 함께 가진다.

2. 암송 구절 확인하기(5분)

작은 메모지에 암송한 구절을 적어 제출하도록 하면 시간을 단축할 수 있다. 하지만 소그룹일 때는 한 명씩 돌아가며 암송해 보도록 하는 것이 효과적일 것이다.

3. 복습 강의(40분)

지도자는 한 주간 전제 주제에 대해 정리하며 평신도들이 좀 더 알아야 할 중요한 부분들을 다시 복습시키고 좀 더 깊은 내용들을 언급하며 전제 주제를 짚어 주는 강의 시간을 가진다.

4. 개인 나누기(20분)

두세 사람이 짝을 지어 앉고 한 주간 새롭게 깨닫게 된 것을 서로 나누어 보도록 시간을 준다. 그리고 자신의 진단 점수를

나누고 이 책 마지막 페이지에 있는 진단 도표에 점수를 기록하도록 한다.

5. 질의응답(10분)

한 주간 개인 공부 시간에 갖게 된 질문을 나누는 시간을 갖는다. 모두 나누면 좋겠지만 두세 사람이 대표로 질문하고 지도자는 적절한 답을 주는 방식을 취한다.

6. 마지막 기도(5분)

한 주간 대표 주제를 통해 깨닫게 된 내용이 자신의 삶과 믿음에 도움이 되도록 기도하며 또 시작되는 한 주간의 개인 스터디를 주님께 의탁하며 기도하는 시간이다.

제6부 사명이 이끄는 삶(마태복음 28:19-20)

1. 당신도 선교사이다(사도행전 1:8)

● 우리 모두는 주님으로부터 (보냄)을 받은 사람들이다. 그러므로 우리 모두가 (선교사)이다.

● 성령을 받게 되면 (권능)을 얻게 되고 (증인)의 삶을 살아야 한다.

● "오직 성령이 너희에게 임하시면 너희가 (권능)을 받고 예루살렘과 온 유대와 사마리아와 땅 끝까지 이르러 내 (증인)이 되리라 하시니라"(사도행전 1:8)

● (타문화권)으로 나가는 자들과 (자문화권)에서 (선교)를 지원하는 모두가 선교사이다

● "또 이르시되 너희는 온 (천하)에 다니며 만민에게 (복음)을 전파하라"(마가복음 16:15)

● 선교는 모든 (교회)를 통해 진행되어야 한다.

● 선교사의 삶을 살아가는 세 가지를 기록하라.

① (기도) ② (재정 지원) ③ (선교지 방문)

2. 세계 열방을 품으라(요한계시록 7:9-10)

● 시대마다 세계 곳곳에는 주님의 명령에 (순종)하는 자들을

통해 하나님 나라가 (확장)되어 왔다.

● 하나님의 (꿈)이 나의 (꿈)이 되도록 살아가는 것이 (선교)다.

● "이 일 후에 내가 보니 각 (나라)와 (족속)과 (백성)과 (방언)에서 아무도 능히 셀 수 없는 큰 무리가 나와 흰옷을 입고 손에 종려 가지를 들고 보좌 앞과 어린양 앞에 서서 큰 소리로 외쳐 이르되 (구원)하심이 보좌에 앉으신 우리 하나님과 어린 양에게 있도다 하니"(요한계시록 7:9-10)

● 현재 남아 있는 미전도 종족의 수는 약 (4,800)개의 종족이다.

● "이 천국 (복음)이 모든 민족에게 (증언) 되기 위하여 온 (세상)에 전파되리니 그제야 (끝)이 오리라"(마태복음 24:14)

● 열방을 품는 그리스도인은 하나님의 (거시적인) 비전에 나의 (미시적인) 비전을 연결시켜야 한다.

● 교회의 존재 목적은 (세계 선교)이다.

3. 전도는 은사가 아니라 명령이다(디모데후서 4:2)

● 복음 전파는 예수 그리스도의 (명령)이다.

● "너는 말씀을 (전파) 하라 때를 얻든지 못 얻든지 항상 (힘 쓰라) 범사에 오래 참음과 가르침으로 경책하며 경계하며 권하라"(디모데후서 4:2)

● 우리 모두는 부름받은 예수 그리스도의 (제자)들이다. 그렇다면 우리에게도 (전도)의 사명이 주어진 것이다.

● (전도)는 그리스도의 (향기)를 내뿜으며 시작하는 것이다.

- "우리는 구원받는 자들에게나 망하는 자들에게나 하나님 앞에서 그리스도의 (향기)니"(고린도후서 2:15)
- 우리의 사랑과 섬김의 태도는 그들에게 (이질적)이지만 (매력적)인 것이다.
- 전도는 (하나님), (나), 구원받은 영혼 모두에게 좋은 일이다.

4. 청지기는 부담이 아니라 특권이다(베드로전서 4:10)

- (청지기)란 집을 지키는 자 또는 집을 관리하는 자이다.
- 성경은 이 세상에 존재하는 모든 것이 (하나님)의 것이라고 선포한다.
- "땅과 거기에 충만한 것과 (세계)와 그 가운데 사는 자들은 다 (여호와)의 것이로다"(시편 24:1)
- 인간은 (청지기)로서 하나님의 것을 빌려 (관리)하고 있을 뿐이다.
- "(토지)를 영구히 팔지 말 것은 (토지)는 다 내 것임이니라 너희는 거류민이요 동거하는 자로서 나와 함께 있느니라"
  (레위기 25:23)
- 청지기는 (언어 고백)과 함께 (행동 고백)으로 신앙을 고백해야 한다.
- "각각 은사를 받은 대로 하나님의 여러 가지 은혜를 맡은 선한 (청지기)같이 서로 (봉사)하라"(베드로전서 4:10)
- 청지기는 결국 (주인)이신 하나님 앞에서 (결산)하게 될 것이다.

5. 목장(소그룹)에 소속되고 함께 부흥하라(히브리서 10:25)

● 예루살렘 교회는 (교회 건물)이 없었다. 소그룹으로 (가정집)에서 모였다.

● "날마다 마음을 같이하여 성전에 모이기를 힘쓰고 (집)에서 떡을 떼며 기쁨과 순전한 마음으로 음식을 먹고"(사도행전 2:46)

● 초대교회 성도들은 백성들에게 (칭송)을 받았다. 그들은 이웃을 (구제)했기 때문이다.

● 교회는 (메가처치) 아니면 (메타처치)를 지향한다.

● 우리는 그리스도의 (몸)에 붙어 있는 (지체)들이다.

● "(몸)은 하나인데 많은 (지체)가 있고 몸의 지체가 많으나 (한 몸)임과 같이 그리스도도 그러하니라"(고린도전서 12:12)

● 성도는 (소그룹) 안에서 서로 (연결)되어 함께 (지어져) 가는 것이다.

● "그의 안에서 건물마다 서로 (연결)하여 주 안에서 성전이 되어 가고 너희도 성령 안에서 하나님이 거하실 처소가 되기 위하여 그리스도 예수 안에서 함께 (지어져) 가느니라"(에베소서 2:21-22)

● 우리는 그리스도의 몸인 공동체에 (소속)되어 있어야 한다. 이것을 거부하는 것은 그리스도의 (몸)을 거부하는 것이다.

● 목장(소그룹)으로 모일 때 중요한 세 가지는 무엇인가?
① 모임 참여 ② (교제) 코이노니아 ③ (모임 장소 제공)

6. 제자가 되어 제자를 삼으라(디모데전서 4:6)

● 예수님의 마지막 명령은 (제자)가 되어 (제자)를 삼는 일이다.

- "그러므로 너희는 가서 모든 민족을 (제자)로 삼아 아버지와 아들과 성령의 이름으로 (세례)를 베풀고 내가 너희에게 분부한 모든 것을 가르쳐 지키게 하라"(마태복음 28:19-20a)

- (이미)와 (아직) 사이에 사는 그리스도인의 사명은 (제자)로 살아가는 것이다.

- 모세와 바울의 위대한 점은 그들의 (제자)를 세웠다는 것이다.

- 예수님께서도 공생애를 시작하면서 마지막까지 (제자) 삼는 일에 집중하셨다.

- "밝으매 그 (제자)들을 부르사 그중에 (열둘)을 택하여 사도라 칭하였으니"(누가복음 6:13)

- 제자를 삼기 위해 해야 할 일은 무엇인가?

  ① (후보 선택) ② (기도) ③ 믿음의 (본)을 보이는 것 ④ (보고 배우도록) 함께 하는 것이다.

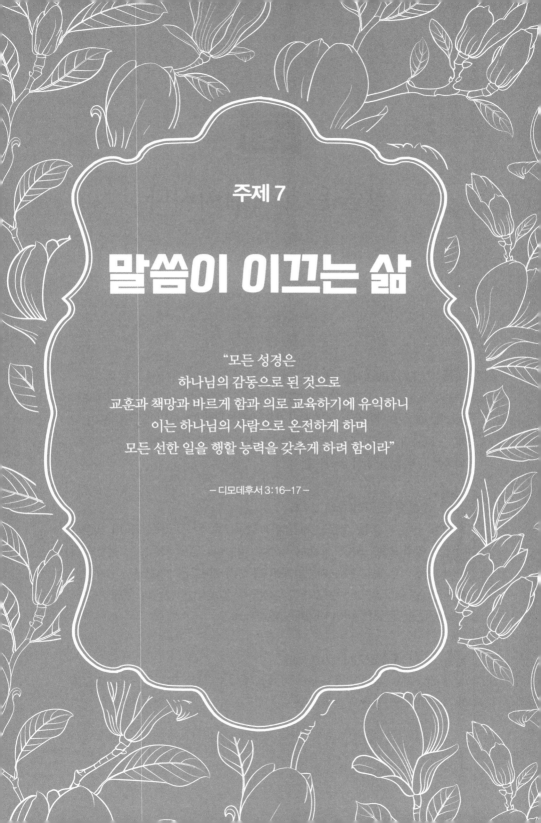

주제 7

말씀이 이끄는 삶

"모든 성경은
하나님의 감동으로 된 것으로
교훈과 책망과 바르게 함과 의로 교육하기에 유익하니
이는 하나님의 사람으로 온전하게 하며
모든 선한 일을 행할 능력을 갖추게 하려 함이라"

— 디모데후서 3:16–17 —

37일차 월요일

말씀은 하나님이시다

 기도하기(소요시간 3분)

오늘도 성령님께서 깨닫게 하시도록 도움을 요청하는 시간이다. 이 주제를 공부할 때 나의 잘못된 신앙과 인격이 바로 교정되며 깨닫게 된 내용이 삶에 큰 도움과 지혜가 되도록 구한다. 그리고 시작할 때 작정한 세 가지 기도 제목을 주님께 아뢰며 올려드린다.

 성경 본문 읽기(소요시간 2분)

● 암송 구절 : "모든 성경은 하나님의 감동으로 된 것으로 교훈과 책망과 바르게 함과 의로 교육하기에 유익하니 이는 하나님의 사람으로 온전하게 하며 모든 선한 일을 행할 능력을 갖추게 하려 함이라"(디모데후서 3:16-17)

● 오늘 본문 : "태초에 말씀이 계시니라 이 말씀이 하나님과 함께 계셨으니 이 말씀은 곧 하나님이시니라"(요한복음 1:1)

 주제 내용 읽기(소요시간 17분)

매일 제공되는 주제 내용을 천천히, 중요한 부분에는 밑줄을 긋고, 필요할 때 책에 메모를 하면서 정독한다.

매일 제공되는 내용의 끝에는 내용 일기와 자신의 상태를 체크하는 표가 있다. 매일 기록하도록 한다.

성경 말씀은 중국어로는 '도(道)'로 번역된다. 중국 노자의 「도덕경」에서는 '도(道)란 실제보다 더 위에 있는 사물의 근본'이라고 설명하고 있다.

'말씀'을 헬라어로는 '로고스'라고 기록하고 있다. 이 '로고스'의 철학적 의미를 사전에서 찾아보면 다음과 같다.

"우주 만물의 변화 유전하는 동안에 존재하는 조화·질서의 근본 원리로서의 이법(理法)이다."

또한 다른 사전에서 신앙적 의미를 살펴보면 다음과 같다.

"하나님의 말씀 즉, 하나님인 예수 그리스도, 우주의 근원인 그리스도를 뜻한다."

성경 말씀에 관한 여러 가지 정의들이 많다. 하지만 성경적 정의가 가장 정확하다고 믿는다. 성경은 말씀 자체가 곧 하나님이라고 밝히고 있다.

"태초에 말씀이 계시니라 이 말씀이 하나님과 함께 계셨으니 이 말씀은 곧 하나님이시니라"(요한복음 1:1)

실로 엄청난 표현이다.

신학자 칼 바르트는 하나님 말씀의 삼중성에 대해 이야기했다.

● **첫 번째는**, 말씀이 육신이 되어 우리 가운데 거하신다
(kai o logos sarx egenato).

"말씀이 육신이 되어 우리 가운데 거하시매 우리가 그의 영광을 보니
아버지의 독생자의 영광이요 은혜와 진리가 충만하더라"(요한복음 1:14)

계시의 말씀으로 우리 가운데 육신이 되어 오셨다는 것
이다.

● **두 번째는**, 예수님의 이야기가 기록된 말씀 곧 성경을 의
미한다.

● **세 번째는**, 이 성경을 풀어 설교하고 선포하는 말씀이다.

이렇게 하나님의 말씀은 예수님으로 오셨고 언어로 기록되
어 있고 오늘날 목회자들에 의해 설교되고 있다.

이런 객관적 계시와 주관적인 역사가 동시에 나타나서 말
씀이 하나님의 말씀이 된다. 이 말씀이 하나님의 말씀이 되는
순간 듣는 사람에게는 구원의 역사가 일어난다. 이것을 좀 더
쉽게 설명하면 다음과 같다.

사도행전 10장에 등장하는 이방인 고넬료를 예로 들어 보
자. 고넬료가 구원을 받는 장면이 묘사되어 있다. 이 놀라운
이방인 구원 사건이 일어나기 위해서 몇 가지 단계가 필요
하다.

먼저 예수 그리스도의 십자가 사건이 있어야 한다.

그리고 성령의 감동이 있었다. 그리고 베드로를 통해 선포되는 말씀이 있었다. 하나님이 원하시면 베드로가 설교하지 않아도 구원의 역사가 있을 수 있다. 하지만 하나님은 그렇게 하지 않으셨다.

계시로서 오신 예수님의 사건과 그것을 감동시키는 성령의 역사와 그 말씀을 선포하는 설교가 만들어 내는 아름다운 하모니 같은 것이다. 성육신하신 예수 그리스도의 사건을 기록한 성경을 풀어 선포할 때 구원의 역사가 일어나고 믿음이 생기는 것이다.

"그런즉 그들이 믿지 아니하는 이를 어찌 부르리요 듣지도 못한 이를 어찌 믿으리요 전파하는 자가 없이 어찌 들으리요"(로마서 10:14)

덴마크의 철학자 키에르케고르는 "하나님의 말씀은 하나님의 연애편지다"라고 표현했다. 그 편지를 읽을 때마다 사랑하는 사람의 얼굴을 보는 것 같이 읽어야 함을 강조했다. 하나님의 말씀은 하나님의 얼굴을 대면하고 있는 것을 믿고 읽어야 한다. 말씀을 대할 때마다 하나님을 대하는 것처럼 해야한다는 것이다.

신학자 칼 바르트는 "하나님의 말씀이 성령 안에서 우리를 기다린다(Word of GOD waits for us in the Bible)"라고 표현했다. 말씀을 읽을 때 하나님을 인격적으로 만나게 된다는 것이다. 말씀 안에는 우리를 향한 약속이 있고 우리를 사랑하시는 증거가 있다. 그리고 무궁한 생명력이 있기 때문이다.

1517년 10월 31일 루터는 95개 조의 반박문을 비텐베르크 교회 문 앞에 게시하면서 종교 개혁의 불을 지폈다. 그 후 종교 개혁의 확장에 구텐베르크의 금속 활자 인쇄술이 큰 몫을 담당했다. 필사본으로 사용되었던 95개 조항을 금속활자로 인쇄하여 많은 양이 유럽으로 퍼져나갔다. 그뿐 아니라 라틴어로 된 성경을 독일어로 번역해 인쇄술로 책을 만들어 반포하기 시작했다. 특정 사제들만 읽고 소유했던 거룩한 하나님의 말씀이 민중들이 사용하는 독일어로 번역 출판되어 반포되었다. 그야말로 혁명이었다.

오늘날 성경은 수많은 나라의 언어로 번역되고 출판되었다. 우리가 살아가는 21세기는 성경이 앱으로 보급되어 핸드폰만 있으면 언제 어디서나 하나님의 말씀을 읽을 수 있다.

중세 이전에는 성경이 없어 하나님의 말씀에 무지했다면 오늘날은 넘치는 말씀의 홍수 속에서도 무지하다. 그 이유는 성경을 하나님의 말씀으로 믿고 받아들이는 사람이 적기 때문이다. 고넬료처럼 하나님의 말씀을 듣고자 하는 사모함이나 간절함이 없다.

"우리는 주께서 당신에게 명하신 모든 것을 듣고자 하여 다 하나님 앞에 있나이다"(사도행전 10:33b)

그는 말씀을 듣고자 했을 때 하나님 앞에 있다고 고백하고 있다. 우리는 간혹 목회자의 설교를 들을 때 이것을 망각하곤 한다. 목회자의 설교를 어떤 사람의 연설쯤으로 생각할 때가 종종 있는 것이다. 칼 바르트가 설명한 대로 선포하는 말씀 곧 설교는 하나님의 말씀이다. 사람의 말이 결코 아니다. 이 말씀을 들을 때 믿음이 생긴다.

"그러므로 믿음은 들음에서 나며 들음은 그리스도의 말씀으로 말미암았느니라"(로마서 10:17)

말씀이 사람의 말로 들리면 그곳에는 어떤 역사도 일어나지 않는다. 하나님의 말씀으로 믿고 받을 때 역사가 일어난다.

"이러므로 우리가 하나님께 끊임없이 감사함은 너희가 우리에게 들은 바 하나님의 말씀을 받을 때에 사람의 말로 받지 아니하고 하나님의 말씀으로 받음이니 진실로 그러하도다 이 말씀이 또한 너희 믿는 자 가운데에서 역사하느니라"(데살로니가전서 2:13)

나는 서울에 있는 교회에서 부교역자 생활을 한 적이 있다. 나에게 주어진 사역 중에는 새 가족 사역이 있었다. 교회로 인도되어 오는 새 가족들은 주일 오전 11시에 따로 모여 새 가족 예배를 드렸다. 최소 4주 동안 참석해야 일반 성도들과 함께 본 예배를 드릴 수 있었다.

나는 새 가족 예배의 설교를 맡아 사역했다. 매주 몇 명씩 계속 교회로 새 가족들이 들어왔다. 전도 팀원들이 새 가족과 함께 예배를 참석했다. 나는 새 가족 사역의 핵심이 복음을 전하는 사역이라고 생각했다. 그래서 설교할 때마다 예수 그리스도의 복음을 중점적으로 설교했다. 하나님의 말씀을 들을 때 성령의 역사가 일어남을 믿었다.

새 가족 사역 팀원들은 늘 함께 이 부분을 기도했다. 예배를 통해 선포되는 말씀을 들을 때 회개와 구원의 역사가 일어나도록 기도했다. 그러자 놀라운 일들이 일어났다. 하나님의 말씀이 선포될 때 흐느껴 우는 자가 생기게 되었다. 한 중년 남자는 바닥에 앉아 어린아이처럼 통곡하기도 했다. 그들은 하나같이 예수 그리스도를 영접했고 신앙생활을 시작했다. 일 년에 약 200명에 가까운 새 가족들이 새 가족 예배를 방문했는데 그중에 예수님을 영접하고 믿기로 한 사람은 70%가 넘었다. 함께 사역하는 모든 동역자들이 기뻐했다.

우리는 하나님의 말씀이 가지고 있는 구원의 역사를 매주 볼 수 있었다. 말씀의 능력을 본 우리는 6주간 일대일로 성경을 가르쳤다. 그 후 영접하는 자들이 더 많아졌다. 교회는 오직 하나님의 말씀이 살아 역사하시는 장소였다. 말씀을 들을 때 성령의 임재가 분명히 있었다.

"베드로가 이 말을 할 때에 성령이 말씀 듣는 모든 사람에게 내려오시니"(사도행전 10:44)

성경이 하나님의 말씀이라는 것을 믿습니까?
믿는다면 성육신하신 예수 그리스도를 구주로 믿는 것처럼 기록된 하나님의 말씀이 정말 하나님의 말씀임을 믿어야 한다. 그리고 선포되는 말씀이 사람의 말이 아닌 살아계신 하나님의 말씀임을 믿어야 한다. 살아계신 하나님의 말씀이 선포될 때, 그 말씀을 묵상하고 읽을 때, 성령의 감동이 있고 역사가 있음을 믿어야 한다. 이것은 버릴 것이 없이 우리에게 정말 유익한 것이기 때문이다.

"모든 성경은 하나님의 감동으로 된 것으로 교훈과 책망과 바르게 함과 의로 교육하기에 유익하니"(디모데후서 3:16)

자, 이제 두 손을 가슴에 얹고 기도해 보자.
"하나님, 그동안 나는 성경을 등한시했습니다.
설교도 마음을 열고 듣지 않을 때도 많았습니다.
이제부터라도 하나님의 말씀은
살아계신 하나님의 말씀으로
믿고 받아들일 수 있도록 역사해 주옵소서."
"말씀을 읽고 들을 때마다
성령의 감동이 있도록 도와주옵소서."

내용 일기

1. 새롭게 깨닫게 된 것은 무엇인가?

2. 그동안 알고 있는 것 중에 다시 확인된 내용은 무엇인가?

3. 그룹 스터디 시간에 지도자에게 질문이 있다면 기록해 보라.

4. 오늘 깨닫게 된 것이 믿음이 되도록 기도하라. 그리고 내일을 위해 기도하라.

5. 진단 점수 기록하기

　　이번 주제를 읽고 자신의 점수는 10점 만점에 몇 점인가? (　　　점)

1–3점(위험)			4–5점(위기)		6–7점(분발)		8–10점(건강)		
1	2	3	4	5	6	7	8	9	10

매일 말씀을 읽고 묵상하라

 기도하기(소요시간 3분)

오늘도 성령님께서 깨닫게 하시도록 도움을 요청하는 시간이다. 이 주제를 공부할 때 나의 잘못된 신앙과 인격이 바로 교정되며 깨닫게 된 내용이 삶에 큰 도움과 지혜가 되도록 구한다. 그리고 시작할 때 작정한 세 가지 기도 제목을 주님께 아뢰며 올려드린다.

 성경 본문 읽기(소요시간 2분)

● 암송 구절 : "모든 성경은 하나님의 감동으로 된 것으로 교훈과 책망과 바르게 함과 의로 교육하기에 유익하니 이는 하나님의 사람으로 온전하게 하며 모든 선한 일을 행할 능력을 갖추게 하려 함이라"(디모데후서 3:16-17)

● 오늘 본문 : "오직 여호와의 율법을 즐거워하여 그의 율법을 주야로 묵상하는도다 그는 시냇가에 심은 나무가 철을 따라 열매를 맺으며 그 잎사귀가 마르지 아니함 같으니 그가 하는 모든 일이 다 형통하리로다"(시편 1:2-3)

 주제 내용 읽기(소요시간 17분)

매일 제공되는 주제 내용을 천천히, 중요한 부분에는 밑줄을 긋고, 필요할 때 책에 메모를 하면서 정독한다.

하나님의 말씀은 우리에게 얼마나 유익한 것일까?

가장 먼저는 우리가 하나님의 자녀가 되어 구원받을 수 있
는 지혜를 얻게 한다.

"성경은 능히 너로 하여금 그리스도 예수 안에 있는 믿음으로 말미암
아 구원에 이르는 지혜가 있게 하느니라"(디모데후서 3:15b)

또한 우리가 하나님의 자녀답게 살 수 있도록 가르치고 교
훈하신다. 그리고 브레이크 없는 자동차처럼 살아가는 우리에
게 책망을 하시고 바르게 갈 수 있도록 이끄신다. 그뿐만 아니
라 하나님 나라와 의를 깨달아 알도록 우리를 교육하신다. 또
하나님의 말씀은 부족하고 연약한 인간을 온전하게 하신다.
그래서 모든 선한 일을 감당할 수 있도록 능력을 얻게 하신다.

"모든 성경은 하나님의 감동으로 된 것으로 교훈과 책망과 바르게 함
과 의로 교육하기에 유익하니 이는 하나님의 사람으로 온전하게 하며
모든 선한 일을 행할 능력을 갖추게 하려 함이라"(디모데후서 3:16-17)

그야말로 피조물인 우리 인간이 하나님의 창조 목적대로
살아가도록 모든 것을 제공하는 것이다. 하나님의 말씀을 떠
나거나 멀리하면 얻을 수 없는 귀한 은혜들이다. 우리가 하나
님의 말씀을 삶의 가이드로 삼는다면 이보다 유익한 것이 없

을 것이다. 그래서 하나님 말씀을 가까이하고, 읽고, 듣고, 지키는 것 자체가 우리 모두에게 복이 되는 것이다.

> "이 예언의 말씀을 읽는 자와 듣는 자와 그 가운데에 기록한 것을 지키는 자는 복이 있나니 때가 가까움이라"(요한계시록 1:3)

여기서 '복이 된다'는 의미는 헬라어로 '마카리오스'인데 이것은 행복을 의미한다. 곧 하나님의 말씀을 가까이하면 인간은 행복한 삶을 살게 된다는 것이다.

시편 기자도 같은 고백을 하고 있다. 시편 1편에 '복 있는 자'라고 시작하는데 이때 표현된 '복'은 히브리어로 '에셰르'인데 이것 또한 행복을 의미한다.

그렇다면 어떤 사람이 행복하다고 고백하는가? 하나님의 말씀을 주야로 묵상하는 자가 행복하다고 고백하고 있다.

> "복 있는 사람은 악인들의 꾀를 따르지 아니하며 죄인들의 길에 서지 아니하며 오만한 자들의 자리에 앉지 아니하고 오직 여호와의 율법을 즐거워하여 그의 율법을 주야로 묵상하는도다"(시편 1:1–2)

시편의 '복'과 계시록의 '복'은 하나님의 말씀을 즐거워하고 날마다 읽고 듣고 행하는 자들의 결과인 것이다.

이 놀라운 하나님의 말씀을 우리는 얼마나 읽고 묵상하는 삶을 살고 있을까? 일주일에 한 번 예배 시간에 읽고, 듣는 말씀이 전부일 수도 있고 다양한 예배 때마다 읽고 듣는 말씀이 전부일 수도 있다. 하지만 어떤 이들은 매일 성경 말씀을 읽고 묵상하는 삶을 산다. 온누리 교회 (고) 하용조 목사님은 생전에 매일 Q.T. 운동을 강조하셨다. 한국 교회에 Q.T. 운동을 보급하시고 가르쳐 오셨다. 이 얼마나 소중한 사역인지 모른다.

이 사역으로 많은 젊은이들이 하나님의 말씀을 가까이하게 되었고 매일 말씀을 묵상하는 자들이 늘어났다. 이 귀한 가르침은 시편 기자를 통해 수천 년 전부터 강조되어 온 것이다. 사도 바울을 통해서도 강조되어 왔다. 하나님의 말씀이 우리 속에 풍성하도록 피차 가르치고 권면하라고 했다.

"그리스도의 말씀이 너희 속에 풍성히 거하여 모든 지혜로 피차 가르치며 권면하고"(골로새서 3:16a)

이 놀라운 하나님의 말씀을 경험하지 못하는 자들이 영적인 어린아이가 되는 것이다.

"이는 젖을 먹는 자마다 어린아이니 의의 말씀을 경험하지 못한 자요"(히브리서 5:13)

하나님의 말씀 없이는 영적으로 자랄 수 없다는 뜻이다.

초대교회 이후 중세로 오면서 수도사들을 중심으로 하나님의 말씀을 묵상하는 경건 운동이 강조되었다.

그들은 네 가지 단계로 하나님의 말씀을 배우고 가까이했다.

● **첫 번째는** '렉시오 디비나'(Lectio Divina, 말씀 읽기)이다. 거룩한 하나님의 말씀을 온 마음으로 읽고 귀에 들리도록 읽는 시간이다.

● **두 번째는** '메시타티오'(Meditatio, 묵상하기)이다. 읽은 말씀을 마음속으로 음미하면서 되새김하는 시간이다.

● **세 번째는** '오라티오'(Oratio, 기도하기)인데 묵상한 말씀을 생각하면서 하나님의 뜻이 무엇인지 묻고 기도하는 시간이다.

● **네 번째는** '콘템플라티오'(Contemplatio. 관상)이다. 이 시간은 신비의 시간으로 잠잠히 주님을 초청하여 주님을 대면하는 거룩한 시간이다. 그 후 그들은 삶 속에서 하나님의 말씀을 적용하고 순종하며 살았다. 이것을 우리는 거룩한 독서라고도 한다.

오늘날의 Q.T.는 이런 거룩한 독서에서부터 비롯된 것이다. 이는 방법의 문제라기보다 실천의 문제이다. 우리는 스스로의 행복한 삶을 위해 말씀 앞에 머무는 시간을 가져야 한다. 바쁜 현대인의 삶 속에서도 시간을 구별하여 말씀을 읽고 묵상하는 자들과 그렇지 않은 자들의 삶이 같을 리가 없다. 말씀은 우리의 영혼과 육신과 혼에 지대한 영향을 미친다. 이 말은 전인격적인 것에 영향을 미친다는 의미이다. 특별히 육체적인 부분에도 영향을 미친다고 말씀하신다.

"그것은 얻는 자에게 생명이 되며 그의 온 육체의 건강이 됨이니라"

(잠언 4:22)

원수 마귀의 입장에서 생각해 보자.

하나님의 사람들을 스스로 무너지고 망하게 하려면 가장 전략적인 방법이 무엇일까? 바로 하나님의 말씀을 멀리하게 하는 것이다. 그래서 원수 마귀는 여러 가지 핑계를 가지게 한다. 바쁘다는 핑계와 피곤하다는 핑계가 있다. "어려워서 무슨 말인지 모르겠다"라는 자도 있으며 아이를 키우는 주부들은 아이들 핑계도 댄다. 읽기만 하면 머리가 아프다는 사람도 있다. 잠이 오고 졸리다는 사람도 있다. 가만히 생각해 보면 누군가가 우리에게 사주하고 있는 것같지 않은가? 나는 그 사주하는 정체가 바로 마귀라고 생각한다. 때문에 마귀의 사주를 극복하면 놀라운 일들이 우리 내면에서부터 일어날 것이다.

우리가 매일 이것을 실천하기 위해 필요한 일곱 가지 단계를 소개한다. 지금 소개하는 방법이 가장 좋다는 것은 아니다. 다만 자신의 사정에 맞게 잘 활용하면 좋을 듯하다. 일곱 가지 단계를 실천하기 전에 우선 시간과 장소를 정해야 한다. 잠들기 전이라든가, 아침에 일어나서, 또는 점심 식사 후 등 가장 실천하기 좋은 시간을 정해 놓고 상황에 따라 변경해도 좋다. 이때 로마서나 요한복음을 먼저 묵상하는 것을 권한다.

- **첫 번째, 경배와 찬양 시간.**

조용히 찬양 한 곡을 부르고 하나님을 높여 드리자. 이 시간을 통해 여러분의 심령이 기경되어 옥토가 될 것이다.

- **두 번째, 기도하기.**

조용히 눈을 감고 말씀을 읽는 시간에 하나님께서 성령의 감동으로 역사하시도록 자신을 의탁하는 것이다. 기도할 때 반드시 은혜가 임한다.

● **세 번째, 말씀 읽기.**

정해 놓은 성경 구절을 조용히 읽기, 작은 소리를 내어 읽기 등을 여러 번 반복하며 중요한 단어 등을 유심히 읽는 것이다.

● **네 번째, 주신 말씀 기록하기.**

말씀을 읽을 때 마음속에 다가온 단어나 어떤 표현 등의 깨달음을 노트에 기록한다.

● **다섯 번째, 행동으로 실천할 것 기록하기.**

노트에 기록된 말씀 중에 구체적으로 실천해야 할 것을 만들어 보자. 유치하거나 위대하거나 상관없다. 이때 중요한 것은 아주 구체적으로 행동으로 옮길 수 있도록 기록하는 것이다.

● **여섯 번째, 다시 기도하기.**

말씀을 통해 실천해야 할 내용이 정리되면 이것을 잘 실천할 수 있도록 하나님께 도움을 요청하는 것이다. 말씀대로 순종할 때 역사가 일어나도록 구해보자.

● **일곱 번째, 말씀 나누기.**

시간이 될 때 목장(소그룹) 모임이나 가족들에게 깨달은 말씀을 나누어 보자. 훨씬 풍성한 말씀이 될 것이다.

매일 실천할 수 없다면 이틀에 한 번 그것도 힘들다면 일주일에 한 번이라도 실천해 보자. 하나님의 말씀은 우리에게 강력한 무기가 되고 세상을 이기는 힘이 될 것이다.

자, 이제 두 손을 가슴에 얹고 기도해 보라.

"하나님, 그동안 하나님의 말씀을 멀리한 저를
용서해 주옵소서."
"이제부터 말씀을 읽고
묵상하는 일을 실천하고자 합니다.
성실하신 주님, 나와 함께 하시고
그 놀라운 말씀의 능력을 맛보아
알 수 있도록 역사해 주옵소서."

내용 일기
1. 새롭게 깨닫게 된 것은 무엇인가?
2. 그동안 알고 있는 것 중에 다시 확인된 내용은 무엇인가?
3. 그룹 스터디 시간에 지도자에게 질문이 있다면 기록해 보라.
4. 오늘 깨닫게 된 것이 믿음이 되도록 기도하라. 그리고 내일을 위해 기도하라.
5. 진단 점수 기록하기
이번 주제를 읽고 자신의 점수는 10점 만점에 몇 점인가? (　　점)

1–3점(위험)			4–5점(위기)		6–7점(분발)		8–10점(건강)		
1	2	3	4	5	6	7	8	9	10

말씀을 배우는데 헌신하라

 기도하기(소요시간 3분)

오늘도 성령님께서 깨닫게 하시도록 도움을 요청하는 시간이다. 이 주제를 공부할 때 나의 잘못된 신앙과 인격이 바로 교정되며 깨닫게 된 내용이 삶에 큰 도움과 지혜가 되도록 구한다. 그리고 시작할 때 작정한 세 가지 기도제목을 주님께 아뢰며 올려드린다.

 성경 본문 읽기(소요시간 2분)

● 암송 구절 : "모든 성경은 하나님의 감동으로 된 것으로 교훈과 책망과 바르게 함과 의로 교육하기에 유익하니 이는 하나님의 사람으로 온전하게 하며 모든 선한 일을 행할 능력을 갖추게 하려 함이라"(디모데후서 3:16-17)

● 오늘 본문 : "주의 손이 나를 만들고 세우셨사오니 내가 깨달아 주의 계명들을 배우게 하소서"(시편 119:73)

 주제 내용 읽기(소요시간 17분)

매일 제공되는 주제 내용을 천천히, 중요한 부분에는 밑줄을 긋고, 필요할 때 책에 메모를 하면서 정독한다.

매일 제공되는 내용의 끝에는 내용 일기와 자신의 상태를 체크하는 표가 있다. 매일 기록하도록 한다.

어느 날 예수님께서는 세리 마태의 집에서 그들과 함께 식사를 하셨다. 그곳에는 세리들과 죄인들이 함께 있었는데 그것을 바리새인들이 보았다. 그들은 예수님의 제자들에게 "너희 선생은 왜 세리와 죄인들과 밥을 먹고 마시느냐?"라고 비아냥거렸다.

"바리새인들이 보고 그의 제자들에게 이르되 어찌하여 너희 선생은 세리와 죄인들과 함께 잡수시느냐"(마태복음 9:11)

예수님은 그 이야기를 들으시고 바리새인들에게 일침을 가하셨다. 바리새인들은 누구보다 하나님의 율법과 말씀을 잘 아는 자들이었지만 영적인 눈이 어두웠고 예수님이 메시아로 오심을 깨닫지 못했다. 그뿐만 아니라 기록된 하나님의 말씀을 제대로 모른다고 책망하시면서 배우라고 지적하셨다.

"너희는 가서 내가 긍휼을 원하고 제사를 원하지 아니하노라 하신 뜻이 무엇인지 배우라 나는 의인을 부르러 온 것이 아니요 죄인을 부르러 왔노라 하시니라"(마태복음 9:13)

예수님께서 그들에게 권면하실 때 인용하신 말씀은 구약성경 호세아 6장 6절이었다. 천하의 바리새인이라도 하나님의 말씀을 제대로 이해하지 못하면 아무 쓸모가 없다.

모세가 이스라엘 백성들을 불러 모았다. 호렙산에서 받은 계명이 돌 판에 새겨 있지만 그것이 무슨 의미인지 알지 못하면 그저 돌에 새겨진 글자에 불과하다. 그래서 모세는 하나님으로부터 받은 규례와 법도를 듣고 배우고 행하라고 강조했다. 그래야 이스라엘 백성을 향한 하나님의 뜻을 행할 수 있기 때문이다.

"모세가 온 이스라엘을 불러 그들에게 이르되 이스라엘아 오늘 내가 너희의 귀에 말하는 규례와 법도를 듣고 그것을 배우며 지켜 행하라"(신명기 5:1)

우리가 성경 말씀을 배우지 않으면 성경책은 한낱 종이에 적힌 글자에 불과할 것이다. 하나님의 말씀인 성경책이 책장에 꽂혀 있는 수많은 책들과 다를 바가 없다는 뜻이다.

모세는 자신이 받은 하나님의 규례와 율법이 자신만 이해하는 것으로 끝나지 않기를 원했다. 그것은 모세에게만 주신 말씀이 아니라 이스라엘의 모든 백성에게 주신 하나님의 말씀이기 때문이다.

모세는 40년 광야 생활이 끝나고 요단강을 건너갈 때쯤 이 부분을 다시 한번 명령한다. 매 안식년에 맞이하는 초막절에는 반드시 모든 백성들이 모여 하나님의 말씀을 낭독하고 듣게 하였다. 그뿐만 아니라 남녀노소와 외국인들까지 모아놓고 하나님의 말씀을 듣고 배우라고 명령한다.

"곧 백성의 남녀와 어린이와 네 성읍 안에 거류하는 타국인을 모으고 그들에게 듣고 배우고 네 하나님 여호와를 경외하며 이 율법의 모든

말씀을 지켜 행하게 하고"(신명기 31:12)

하나님의 말씀이 돌 판에 새겨진 채로 또는 양피지와 파피루스에 적힌 채로 보관만 되어서는 안 된다는 것이다. 그뿐만 아니라 가나안 땅에서 태어날 다음 세대에게도 반드시 이 말씀을 가르치라고 명령한다.

"또 너희가 요단을 건너가서 차지할 땅에 거주할 동안에 이 말씀을 알지 못하는 그들의 자녀에게 듣고 네 하나님 여호와 경외하기를 배우게 할지니라"(신명기 31:13)

오늘날까지 유대인들의 저력은 바로 이것에서부터 나온다고들 한다.

우리는 살아계신 하나님의 말씀을 갖고도 배우지 않기에 하나님의 뜻이 무엇인지 알지 못할 때가 있다. 기록된 말씀을 목회자들을 통해 배우게 되면 하나님의 교훈을 알게 된다. 그뿐만 아니라 그 말씀이 우리에게 위로와 소망을 가져다주며 험한 세상을 사는 동안 승리의 원동력이 되는 것이다.

"무엇이든지 전에 기록된 바는 우리의 교훈을 위하여 기록된 것이니 우리로 하여금 인내로 또는 성경의 위로로 소망을 가지게 함이니라"(로마서 15:4)

하나님은 우리를 창조하신 분이기에 우리 자신을 사용하는 방법이나 주어진 인생을 사는 방법을 누구보다 잘 아신다. 그러므로 그분의 말씀을 배운다는 것은 인생 사용설명서를 배우는 것이다.

"주의 손이 나를 만들고 세우셨사오니 내가 깨달아 주의 계명들을 배우게 하소서"(시편 119:73)

물건을 구입하면 사용설명서가 있다.

물건을 사용할 때 그것을 숙지한 사람과 그렇지 않은 사람 간에는 큰 차이가 있다. 인생도 마찬가지다. 하나님의 말씀을 배우다 보면 자신을 이해하고 스스로에게 주어진 삶을 이해하게 된다. 그뿐만 아니라 내 삶에서 일어나는 사건 사고의 진정한 의미를 깨닫게 된다.

교회마다 성경공부 시간이 다 있다. 장기적으로 진행되는 제자 훈련이나 단기적으로 진행되는 성경공부나 우리에게는 모두 유익하다. 나는 매주 수요일 오전에 수요 성경공부를 진행한다. 눈이 오나 비가 오나 성경공부 시간은 변동이 없다. 누구든지 와서 하나님의 말씀을 함께 배우고 나누는 시간이다. 매주 8~12명 정도가 참여하는데 그 시간이 참 행복하다. 어느 날은 교회를 출석 한 지 얼마 되지 않은 분들이 참석하기도 한다.

하나님의 말씀을 가르치다 보면 참 놀라운 일들을 경험한다. 그 성경공부 시간을 통해 믿음이 자라는 것이 보인다. 하나님을 알아가고 자신의 가치관을 수정하는 일들이 일어난다. 헌금에 대한 오해가 있는 분이 기쁨으로 헌금 생활을 하기도 하고 봉사에 대해 냉소적이었던 사람이 봉사에 참여하기도 한다. 부부간에 관계가 회복되기도 하고 자신이 얼마나 소중한 존재인지를 깨닫기도 한다. 그러면서 기도하는 사람들이 생기고 응답을 체험하는 자들이 간증을 하기도 한다.

나는 하나님의 말씀이 살아 역사하시는 장면들을 계속적으로 보고 있다.

"하나님의 말씀은 살아 있고 활력이 있어 좌우에 날선 어떤 검보다도 예리하여 혼과 영과 및 관절과 골수를 찔러 쪼개기까지 하며 또 마음의 생각과 뜻을 판단하나니"(히브리서 4:12)

그러나 목회를 하다 보면 다양한 성경공부 과정을 개설하고 성도들을 초청하지만 관심을 끌지 못하는 경우가 많다. 목회자는 오랜 시간 신학을 공부한다. 하나님의 말씀을 여러 가지 도구로 분석하고 해석하는 훈련을 받는다. 수천 년 전에 쓰인 하나님의 말씀의 본 의도를 해석하기 위해 많은 공부를 해야만 한다. 자칫 잘못하면 완전히 다른 해석이 돼버리거나 엉터리 해석이 되기도 하기 때문이다.

구약 에스겔서에 '네 그룹'이라는 표현이 나온다.

"그 온몸과 등과 손과 날개와 바퀴 곧 네 그룹의 바퀴의 둘레에 다 눈이 가득하더라"(에스겔 10:12)

어느 이단 집단에서 성경을 가르치는데 이 '네 그룹(Four Groups)'에 대해 설명하며 코미디를 연출했다. 사실 '그룹'은 히브리어로 '케루브'라 하여 하나님의 보좌를 지키는 천사들을 가리키는 단어이다. 성경 많은 곳에서 그룹(케루브)들의 이야기가 나온다. 이것을 네 개의 단체(Group)로 해석하여 가르치니 어떻게 성경을 바르게 해석할 수 있겠는가?

어떤 분은 성경을 가르치면서 언약궤를 만든 재료인 조각목에 대해 다음과 같이 설명했다.

"하나님께서 조각조각 난 쓸모없는 나무들로 거룩한 언약궤를 만들었던 것처럼 우리도 쓸모없지만 하나님께서 귀하게 사용하십니다."

그러자 사람들이 "아멘"을 외쳤다. 굉장히 은혜로운 말씀처럼 들리지만 완전히 틀린 해석이다. 하나님께서 모세에게 언약궤를 조각목으로 만들라고 명령하셨다.

"그들은 조각목으로 궤를 짜되 길이는 두 규빗 반, 너비는 한 규빗 반, 높이는 한 규빗 반이 되게 하고"(출애굽기 25:10)

이때 사용했던 조각목은 조각조각 난 나무가 아니라 아카시아 나무의 종류인 '싯딤나무'를 말하는 것이다. 이처럼 제대로 알지 못하면 엉뚱한 뜻으로 오해하기 십상이다. 그래서 성경공부가 필요하다. 목회자들이나 공인된 성경 전문가들로부터 배워야 바르게 이해하고 바르게 깨달을 수 있는 것이다. 바울도 디모데에게 배우고 확신한 일에 거할 것을 권면한다.

"그러나 너는 배우고 확신한 일에 거하라"(디모데후서 3:14a)

요즘은 이단들이 판을 치는 시대이다. 이들은 자신이 출석하는 교회에서 진행하는 성경공부에 참여하기를 권한다. 하지만 담임목사님이 추천하는 검증된 단체나 기관에서 진행하는 프로그램에 참여하기를 바란다. 친하다고 또는 탁월하게 잘 가르친다고 소문난 곳으로 갔다가는 이단 단체에 발을 들여 놓는 것일 수도 있다.

성경공부는 자신의 목자가 주는 꼴을 먹는 것이 가장 안전하고 은혜로운 것이다. 일반 성도들에게 성경은 어려운 책이 맞다. 하지만 성경은 성령의 감동으로 된 책임을 명심해야 한다.

"모든 성경은 하나님의 감동으로 된 것으로"(디모데후서 3:16a)

그러므로 성령님이 목회자를 통해 바르게 깨닫도록 도와주실 것이다.

배우다 보면 성경에 관한 지식도 늘어가고 이해의 폭도 넓어진다. 갈수록 성경이 재미나고 은혜로워진다. 어느 정도의 시간이 지나면 혼자 Q.T. 시간을 가져도 많은 도움을 받게 된다. 나는 여러분이 성경공부에 헌신하기를 간절히 바란다. 그러면 믿음의 진보가 반드시 여러분에게 있을 것이다.

"내가 살 것과 너희 믿음의 진보와 기쁨을 위하여 너희 무리와 함께 거할 이것을 확실히 아노니"(빌립보서 1:25)

믿음은 하나님의 말씀을 배우고 들을 때 자라는 것이다.

"그러므로 믿음은 들음에서 나며 들음은 그리스도의 말씀으로 말미암았느니라"(로마서 10:17)

자, 이제 두 손을 가슴에 얹고 기도해 보자.
"하나님, "너희는 배우고 확신한 일에 거하라"라고
말씀하셨는데 배우는 것에 헌신하지 못했습니다."
"교회 목사님을 통해 마련하신 성경공부에
최선을 다해 참여하겠습니다.
나를 도와주옵소서."

내용 일기
1. 새롭게 깨닫게 된 것은 무엇인가?
2. 그동안 알고 있는 것 중에 다시 확인된 내용은 무엇인가?
3. 그룹 스터디 시간에 지도자에게 질문이 있다면 기록해 보라.
4. 오늘 깨닫게 된 것이 믿음이 되도록 기도하라. 그리고 내일을 위해 기도하라.
5. 진단 점수 기록하기 　　이번 주제를 읽고 자신의 점수는 10점 만점에 몇 점인가? (　　　점)

1–3점(위험)			4–5점(위기)		6–7점(분발)		8–10점(건강)		
1	2	3	4	5	6	7	8	9	10

40일차 목요일

말씀은 순종하는 것이다

기도하기(소요시간 3분)

오늘도 성령님께서 깨닫게 하시도록 도움을 요청하는 시간이다. 이 주제를 공부할 때 나의 잘못된 신앙과 인격이 바로 교정되며 깨닫게 된 내용이 삶에 큰 도움과 지혜가 되도록 구한다. 그리고 시작할 때 작정한 세 가지 기도 제목을 주님께 아뢰며 올려드린다.

성경 본문 읽기(소요시간 2분)

● 암송 구절 : "모든 성경은 하나님의 감동으로 된 것으로 교훈과 책망과 바르게 함과 의로 교육하기에 유익하니 이는 하나님의 사람으로 온전하게 하며 모든 선한 일을 행할 능력을 갖추게 하려 함이라"(디모데후서 3:16-17)

● 오늘 본문 : "자유롭게 하는 온전한 율법을 들여다보고 있는 자는 듣고 잊어버리는 자가 아니요 실천하는 자니 이 사람은 그 행하는 일에 복을 받으리라"(야고보서 1:25)

주제 내용 읽기(소요시간 17분)

매일 제공되는 주제 내용을 천천히, 중요한 부분에는 밑줄을 긋고, 필요할 때 책에 메모를 하면서 정독한다.

매일 제공되는 내용의 끝에는 내용 일기와 자신의 상태를 체크하는 표가 있다. 매일 기록하도록 한다.

아브라함이 믿음의 조상이 된 비결은 단순하다. 하나님께서는 그에게 본토 친척 아비 집을 떠나라고 말씀하셨다.

"여호와께서 아브람에게 이르시되 너는 너의 고향과 친척과 아버지의 집을 떠나 내가 네게 보여 줄 땅으로 가라"(창세기 12:1)

그때 아브라함은 머뭇거리지 않고 말씀에 순종했다. 어디로 가야 할지 모르는 상황에서 말씀을 잡고 순종한 것이다. 훗날 히브리서 기자는 이것이 아브라함의 믿음이라고 말한다.

"믿음으로 아브라함은 부르심을 받았을 때에 순종하여 장래의 유업으로 받을 땅에 나아갈새 갈 바를 알지 못하고 나아갔으며"(히브리서 11:8)

하나님께서도 아브라함을 축복하고 평가하시면서 순종에 대해 칭찬하셨다.

"이는 아브라함이 내 말을 순종하고 내 명령과 내 계명과 내 율례와 내 법도를 지켰음이라 하시니라"(창세기 26:5)

하나님의 말씀이 우리에게 선물로 주어졌다. 계시해 주신 하나님의 말씀은 장식이 아니다. 순종해야 할 하나님의 말씀이다.

사울왕은 말씀에 순종하지 않으면서 양과 소를 끌어와 제사를 드리려고 했다. 그때 사무엘은 사울왕에게 일침을 가하며 "하나님은 제사보다 순종을 더 원하신다"라고 말한다.

"사무엘이 이르되 여호와께서 번제와 다른 제사를 그의 목소리를 청종하는 것을 좋아하심 같이 좋아하시겠나이까 순종이 제사보다 낫고 듣는 것이 숫양의 기름보다 나으니"(사무엘상 15:22)

이처럼 우리에게 주어진 말씀을 읽고 듣기만 해서는 안 된다. 순종으로 행동할 때 이것이 우리에게 복이 되는 것이다.

"이 예언의 말씀을 읽는 자와 듣는 자와 그 가운데에 기록한 것을 지키는 자는 복이 있나니 때가 가까움이라"(요한계시록 1:3)

예수님의 말씀이 선포되었을 때는 귀신도 순종하고 바람과 물도 순종했다. 창조주이신 예수 그리스도의 말씀은 피조물들이 반드시 순종해야 할 말씀이기 때문이다.

"그 사람들이 놀랍게 여겨 이르되 이이가 어떠한 사람이기에 바람과 바다도 순종하는가 하더라"(마태복음 8:27)

하물며 하나님의 형상대로 지음 받은 우리 인간은 하나님 말씀에 순종해야만 한다.

「나니아연대기」의 작가로 널리 알려진 C.S. 루이스는 "피조물인 인간의 최대 존엄성은 주도권이 아니라 반응하는 것이다"라고 말했다. 피조물인 인간은 창조주 하나님의 말씀에 순종할 때 그 존엄성이 높아진다.

사도 야고보는 특히 말씀에 순종할 것을 강조했다. 말씀을 듣기만 하고 행하지 않으면 자신을 속이는 자와 같다고 했다.

"너희는 말씀을 행하는 자가 되고 듣기만 하여 자신을 속이는 자가 되지 말라"(야고보서 1:22)

우리는 신앙생활을 하면서 수많은 설교를 듣고 살아간다. 요즘 인터넷에는 수많은 설교자들의 설교가 홍수를 이룬다. 그러나 그 말씀을 듣고 고개만 끄덕인다면 우리 자신을 속이는 것이다.

이제는 쇼핑하듯이 설교를 골라 듣는 시대가 되었다. 하지만 선포되는 말씀이 가슴에 와닿을 때 "아멘"으로 고백하고 살면서 실천하는 자들은 찾아보기 힘들다. 야고보는 그런 사람들은 거울로 자신을 보고도 조금 후에 자신의 모습을 잊어버리는 것과 같다고 했다.

"누구든지 말씀을 듣고 행하지 아니하면 그는 거울로 자기의 생긴 얼굴을 보는 사람과 같아서 제 자신을 보고 가서 그 모습이 어떠했는지를 곧 잊어버리거니와"(야고보서 1:23-24)

진정한 복을 경험하기 위해서는 듣고 잊어버리는 것이 아니라 그 말씀을 순종하여 실천하라는 것이다.

"자유롭게 하는 온전한 율법을 들여다보고 있는 자는 듣고 잊어버리는 자가 아니요 실천하는 자니 이 사람은 그 행하는 일에 복을 받으리라"(야고보서 1:25)

행함이 없이 복을 비는 것은 기복적인 미신에 불과하다.
교회 안에도 미신에 빠진 자들이 얼마나 많은가? 생명의 복음을 미신으로 만드는 자가 되어서는 안 된다.

우리는 간혹 말씀을 고를 때가 있다. 내가 마음이 편하고 부담스럽지 않는 말씀에는 반응을 한다. 하지만 불편하고 부담스러운 말씀에는 순종할 마음을 가지지 않는다. 목회자들조차 말씀대로 선포하고 가르치기보다 성도들의 심기를 살피는 경우가 생기게 되었다. 이런 문화가 계속되면 순종이 없는 교회가 되고 사람의 말만 가득한 시장통이 되는 것이다. 하나님의 말씀이 내 마음에 찾아오실 때 "아멘"하며 순종하면 엄청난 유익을 경험하게 된다. 우리가 상상하고 생각하는 그런 부정적인 결과가 결코 아니다.

나는 23살에 스승이신 목사님으로부터 어떤 교회에서 전도사로 섬기라는 요청을 받았다. 그 교회는 한센병 환우들이 모여 사는 마을에 위치하고 있었다. 처음에는 마음이 열리지 않았다. 두렵고 무서웠다. 하나님께 기도했을 때 빌립보서 2장 7-8절 말씀을 주셨다.

"오히려 자기를 비워 종의 형체를 가지사 사람들과 같이 되셨고 사람의 모양으로 나타나사 자기를 낮추시고 죽기까지 복종하셨으니 곧 십자가에 죽으심이라"(빌립보서 2:7-8)

이 말씀을 받은 후 주님을 따라 십자가를 지지 않으면 내 제자가 될 수 없다는 누가복음 말씀도 주셨다.

"누구든지 자기 십자가를 지고 나를 따르지 않는 자도 능히 내 제자가 되지 못하리라"(누가복음 14:27)

주신 말씀대로 순종하기로 결정하고 경주 한센병 환우들이 모여 사는 동네의 교회로 부임했다. 그들은 수십만 마리의 닭을 키우는 양계장이 주업이었다. 닭똥 냄새가 코를 찌르고 구더기들이 길바닥에 쌀알처럼 기어 다녔다. 그때 나는 하나님께 왜 이런 곳으로 나를 보내셨는지 원망했다. 하지만 32년 교회 사역을 하는 동안 그곳에서 가장 많은 사랑을 받았다.

선교 훈련을 떠날 때까지 3년 6개월 정도를 섬겼다. 그분들이 얼마나 따뜻하고 사랑이 넘치는지를 충분히 체험했다. 그들은 믿음에도 신실했다. 불편한 몸으로 고단한 생활을 했지만 기도하는 사람들이었고 순종하는 사람들이었다. 나는 그들의 자녀들을 위한 사역을 주로 담당했다.

지나간 사역들을 돌아 볼 때 가장 신나고 즐거운 사역이 바로 그곳에서의 사역이다. 편견과 오해로 얼룩진 내 생각을 고쳐주었다. 너무 많은 격려와 사랑을 받아 분에 넘칠 정도였다.

선교 훈련을 위해 교회를 사임하던 날을 잊을 수 없다. 마지막 주일 예배 때 인사하기 위해 강대상 앞으로 나왔는데 성도들이 불편한 손으로 노란 봉투를 들고 나와 내 손 위에 하나씩 올려주었다. 예배당 중앙 통로에 줄을 길게 늘어 선 채로 나를 안아주고 인사해 주었던 그 사랑은 아직도 감동으로 남아있다. 하나님께 순종할 때 우리가 생각한 것보다 훨씬 더 좋은 것을 예비하신 경우가 대부분이다.

매 주일 설교를 통해 받는 하나님의 말씀 속에서 거룩한 부담으로 다가오는 말씀이 있다면 눈 딱 감고 순종해 보라. 말씀을 읽거나 들었을 때 행동으로 옮겨보라. 혹시 부담스럽거나 힘들다고 생각되는 것도 믿음으로 순종해 보라. 불순종도 습관이고 순종도 습관이다.

예수님은 가나 혼인 잔치에 어머니 마리아와 참여했다. 잔칫집에 포도주가 다 떨어지고 말았다. 마리아는 예수님께 해결해 줄 것을 요청했다. 예수님은 아직 자신의 때가 이르지 않았다고 거절했지만 어머니 마리아는 하인들에게 예수님께 순종할 것을 부탁했고 물이 포도주가 되는 기적을 맛보게 되었다. 그것은 다름 아니라 무슨 말씀을 하든 순종하라는 것이었다.

"그의 어머니가 하인들에게 이르되 너희에게 무슨 말씀을 하시든지 그대로 하라 하니라"(요한복음 2:5)

무슨 말을 하시든지 그대로 하는 믿음이 있어야 살아 있는 믿음이다. 그런 행함이 없다면 죽은 믿음이다.

"이와 같이 행함이 없는 믿음은 그 자체가 죽은 것이라"(야고보서 2:17)

결국 믿음은 말씀에 순종하느냐, 하지 않느냐의 문제로 귀결된다.

성경 전체는 순종과 불순종의 역사이다. 불순종의 결과는 저주였다.

"네가 만일 네 하나님 여호와의 말씀을 순종하지 아니하여 내가 오늘 네게 명령하는 그의 모든 명령과 규례를 지켜 행하지 아니하면 이 모든 저주가 네게 임하며 네게 이를 것이니"(신명기 28:15)

말씀을 순종할 때는 도우심과 복이 임했다.
"네가 네 하나님 여호와의 말씀을 삼가 듣고 내가 오늘 네게 명령하는 그의 모든 명령을 지켜 행하면 네 하나님 여호와께서 너를 세계 모든 민족 위에 뛰어나게 하실 것이라 네가 네 하나님 여호와의 말씀을 청종하면 이 모든 복이 네게 임하며 네게 이르리니"(신명기 28:1–2)

예레미야는 이스라엘 백성들에게 "여호와의 말씀을 들을지어다"라고 촉구한다.
"이스라엘 집이여 여호와께서 너희에게 이르시는 말씀을 들을지어다"
(예레미야 10:1)

성경에는 '들을지어다'라는 표현이 여러 번 나온다. '들을지어다'는 히브리어로 '샤마'인데 듣고 순종하는 것까지의 의미를 내포하는 단어다. 듣기만 하지 말고 바로 순종하는 신앙을 하나님은 신·구약 전체를 통해 계속 강조하신다.
이제 여러분의 신앙생활에서 듣고 순종하는 것까지 발전하기를 바란다. 작은 것부터 하나씩 실천해 보라. 이전에 경험하지 못한 은혜와 복을 경험하게 될 것이다. 구원은 믿음으로 받고, 성령은 기도로 받고, 복은 순종으로 받는 것이다.

자, 이제 두 손을 가슴에 얹고 기도해 보라.

"하나님, 우리에게 주신 말씀을

귀로만 듣고 끝날 때가 많았습니다.

이제부터라도 말씀에 순종하고 싶습니다.

순종할 수 있는 용기와 믿음을 주시고

순종하는 자들에게 주시고자 약속한

은혜를 경험하도록 역사해 주옵소서."

내용 일기

1. 새롭게 깨닫게 된 것은 무엇인가?

2. 그동안 알고 있는 것 중에 다시 확인된 내용은 무엇인가?

3. 그룹 스터디 시간에 지도자에게 질문이 있다면 기록해 보라.

4. 오늘 깨닫게 된 것이 믿음이 되도록 기도하라. 그리고 내일을 위해 기도하라.

5. 진단 점수 기록하기

   이번 주제를 읽고 자신의 점수는 10점 만점에 몇 점인가? (점)

1-3점(위험)			4-5점(위기)		6-7점(분발)		8-10점(건강)		
1	2	3	4	5	6	7	8	9	10

말씀은 생각하는 것보다 강력하다

 기도하기(소요시간 3분)

오늘도 성령님께서 깨닫게 하시도록 도움을 요청하는 시간이다. 이 주제를 공부할 때 나의 잘못된 신앙과 인격이 바로 교정되며 깨닫게 된 내용이 삶에 큰 도움과 지혜가 되도록 구한다. 그리고 시작할 때 작정한 세 가지 기도제목을 주님께 아뢰며 올려드린다.

 성경 본문 읽기(소요시간 2분)

● 암송 구절 : "모든 성경은 하나님의 감동으로 된 것으로 교훈과 책망과 바르게 함과 의로 교육하기에 유익하니 이는 하나님의 사람으로 온전하게 하며 모든 선한 일을 행할 능력을 갖추게 하려 함이라"(디모데후서 3:16–17)

● 오늘 본문 : "너희가 내 안에 거하고 내 말이 너희 안에 거하면 무엇이든지 원하는 대로 구하라 그리하면 이루리라"(요한복음 15:7)

 주제 내용 읽기(소요시간 17분)

매일 제공되는 주제 내용을 천천히, 중요한 부분에는 밑줄을 긋고, 필요할 때 책에 메모를 하면서 정독한다.

우리가 살아가면서 겪는 일들은 너무 다양하다.

좋은 일만 있는 것이 아니다. 슬프고 아픈 일도 많다. 이런 일들은 사람을 가리지 않고 찾아온다. 개인적으로 경험하는 사적인 영역도 있지만 국가나 단체가 모두 경험하는 자연 재해도 있다.

현재 우리는 코로나19로 인해 전 세계가 팬데믹을 경험하고 있다. 일상이 무너지고 많은 사람이 죽었다. 경제적으로도 가장 힘든 시간을 견디고 있다. 코로나19 퇴치를 위해 전 세계는 백신 전쟁을 벌이고 있다. 백신은 종류마다 조금 다르겠지만 감염 예방 효과가 상당하다. 또 중증이나 사망으로 가는 상황을 확실하게 예방한다고 한다. 그래서 국가들은 백신 접종을 위해 전쟁처럼 작전을 벌이기도 한다.

인생을 살다 보면 바이러스 같은 파괴력을 가진 어려움을 만난다. 질병, 부도, 사고, 낙방, 실직, 결별, 지진, 홍수, 태풍, 화산 폭발, 전쟁 등과 같은 것들이다. 삶의 바이러스를 통해 사랑하는 이들을 잃는 아픔들까지 경험하게 된다. 몸이 바이러스에 감염되면 고열, 오한, 호흡곤란 등의 증상으로 장기 부전이 생기고 사망에까지 이르듯이 삶의 바이러스를 만난 후 절망, 슬픔, 우울, 무기력, 공황장애, 분노와 같은 온갖 부작용이 나타나 우리를 괴롭히기도 한다. 이는 자신뿐 아니라 이웃이나 가족들까지도 전염시켜 불행해지는 경우가 비일비재하다. 결국 자살이나 살인으로 파괴적인 결과를 초래하기도 한다.

몸에 침투하는 바이러스에 백신이 있듯이 삶에 침투하는 바이러스에도 백신이 있을까? 삶을 망가뜨리는 바이러스에 감염됐을 때 마음과 생각에 항체를 형성해 주는 백신이 필요하지 않을까? 힘들고 어려울 때 마음과 생각을 지킬 수만 있다면 얼마나 좋을까?

하나님께서도 지켜야 하는 모든 것 중에 마음을 지키라고 권면하신다.

"모든 지킬 만한 것 중에 더욱 네 마음을 지키라 생명의 근원이 이에서 남이니라"(잠언 4:23)

마음을 지키지 못하면 결국 아무것도 할 수 없다. 그래서 하나님께서는 마음을 지키라고 하신 것이다.

'마음'은 히브리어로 '레브'이다. 이는 마음, 정서, 의지, 이성까지 포함된 광범위한 의미를 담고 있다. 이 마음을 지키지 못하면 결국 인생이 흔들리게 된다. 바람에 흔들리는 갈대처럼 종잡을 수 없는 상태가 되고 만다. 갈팡질팡하거나 우유부단해지기 십상이다. 한 마디로 불행한 삶을 살아가게 된다는 것이다.

마음이 상했을 때 사용할 수 있는 가장 강력한 백신은 하나님의 말씀이다. 시편 기자는 분명하게 마음의 백신인 말씀을 가진 자와 가지지 못한 자를 구분하여 설명한다. 말씀을 가진 자는 시냇가에 심은 나무 같은 사람이다.

"그는 시냇가에 심은 나무가 철을 따라 열매를 맺으며 그 잎사귀가 마르지 아니함 같으니 그가 하는 모든 일이 다 형통하리로다"(시편 1:3)

말씀이 없는 자는 바람에 나는 겨와 같다고 설명한다.

"악인들은 그렇지 아니함이여 오직 바람에 나는 겨와 같도다"(시편 1:4)

이리저리 바람부는 대로 날아다니는 겨와 같은 사람이 되면 얼마나 불행한 인생을 살게 될지 뻔하다. 말씀을 소유하고 가진 자들의 삶은 전혀 그렇지 않다.

시편 기자는 말씀을 가진 자들을 설명하면서 그들은 참 행복한 사람이라고 말하고 있다. 그들은 하나님의 말씀을 늘 사랑하고 그것을 주야로 묵상하는 자들이라고 설명한다.

"오직 여호와의 율법을 즐거워하여 그의 율법을 주야로 묵상하는도다"

(시편 1:2)

말씀 자체가 하나님이시기 때문에 말씀을 가진다는 것은 하나님과 연합하는 것을 뜻한다.

"태초에 말씀이 계시니라 이 말씀이 하나님과 함께 계셨으니 이 말씀은 곧 하나님이시니라"(요한복음 1:1)

얼마나 강력한 말씀인가?

특히 하나님이신 말씀을 소유하고 연합할 때 무엇을 원하든지 그대로 이루질 것이라고 약속하셨다.

"너희가 내 안에 거하고 내 말이 너희 안에 거하면 무엇이든지 원하는 대로 구하라 그리하면 이루리라"(요한복음 15:7)

이 얼마나 감사한 일인가? 마음이 겨와 같아서 바람에 이리저리 날리는 사람과, 마음에 말씀이 있어 무게 중심이 되고 그 말씀대로 무엇이든 이루는 삶은 완전히 다를 것이다.

또한 하나님의 말씀을 가진 자들이 그 말씀대로 행하면 하나님의 친구가 된다.

"너희는 내가 명하는 대로 행하면 곧 나의 친구라"(요한복음 15:14)

그리고 하나님은 친구를 위해서 목숨까지 바치는 큰 사랑을 예고하셨다.

"사람이 친구를 위하여 자기 목숨을 버리면 이보다 더 큰 사랑이 없나니"(요한복음 15:13)

바로 예수 그리스도의 우리를 위한 구속의 죽음이다. 예수님의 죽음은 나의 모든 고통을 대신 짊어지고 죽으신 대속의 죽음이다.

"그가 찔림은 우리의 허물 때문이요 그가 상함은 우리의 죄악 때문이라 그가 징계를 받으므로 우리는 평화를 누리고 그가 채찍에 맞으므로 우리는 나음을 받았도다"(이사야 53:5)

놀라우신 예수 그리스도께서 말씀으로 우리 가운데 계시

는 것이다.

우리는 말씀이 성경책으로만 남아 있지 않게 해야 한다.

그 말씀을 주야로 묵상하고 가까이하면 실로 엄청난 힘을 경험하게 될 것이다. 잠언 말씀을 다시 보면, 말씀을 주의하며 귀를 기울이고 눈에서 떠나지 않게 하며 마음속에 지키라고 교훈한다.

"내 아들아 내 말에 주의하며 내가 말하는 것에 네 귀를 기울이라 그것을 네 눈에서 떠나게 하지 말며 네 마음속에 지키라"(잠언 4:20-21)

'지키라'는 히브리어로 '샤마르'인데 '가시로 울타리를 치다'라는 의미를 가지고 있다. 하나님의 말씀으로 마음에 울타리를 치라는 뜻이다. 그래야만 외부로부터의 방어가 가능해지기 때문이다. 마치 백신을 맞으면 항체가 생기는 것처럼 하나님의 말씀으로 마음의 백신을 맞으라는 의미이다. 그러면 마음과 생각에 항체가 생겨 삶의 바이러스를 퇴치하고 이기는 힘이 생긴다는 것이다.

2019년은 나에게 정말 불행한 해였다.

4월에 아내가 죽고 11월에 사랑하는 딸이 죽었다. 남은 아들과 나는 몸서리를 치며 아파했다. 잠을 잘 수도, 먹을 수도 없었다. 어느 날 새벽 3시까지 잠을 이루지 못하고 뒤척이는데 불현듯 말씀 한 구절이 떠올랐다. 욥의 고백이었다. 욥은 나보다 더 큰 슬픔을 당한 사람이다. 자녀 열 명을 한날한시에 다 잃었고 재산을 다 빼앗기고 몸은 병들었다. 아내는 침을 뱉고 저주하며 떠나버렸다. 그러나 욥은 하나님을 찬양하였고 마음으로 하나님을 원망하지 않았다.

> "이르되 내가 모태에서 알몸으로 나왔사온즉 또한 알몸이 그리로 돌아
> 가올지라 주신 이도 여호와시요 거두신 이도 여호와시오니 여호와의
> 이름이 찬송을 받으실지니이다 하고 이 모든 일에 욥이 범죄 하지 아니
> 하고 하나님을 향하여 원망하지 아니하니라"(욥기 1:21–22)

> 그뿐만 아니라 그는 입술로도 범죄 하지 않았다.

> "이 모든 일에 욥이 입술로 범죄 하지 아니하니라"(욥기 2:10b)

이 말씀이 내 가슴속에서 불처럼 타올랐다. 나는 침대에서 무릎을 꿇고 기도하기 시작했다. 그때 나는 "하나님이 하시는 모든 일은 선하십니다"라고 계속 고백하며 기도하였다. 그 후 마음에 알 수 없는 평안과 감사가 넘쳐나기 시작했다. 관련된 하나님의 말씀들이 꼬리를 물며 기억났고 나의 상태는 완전히 달라졌다. 잠을 잘 수 있었고 정상적으로 식사를 했다. 그뿐만 아니라 교회 사역을 정상적으로 감당할 수 있게 되었다. 그리고 나는 힘을 얻어 책도 집필할 수 있게 되었다.

이 얼마나 놀라운 은혜인가?

하나님의 말씀이 내 마음과 생각에 백신으로 작동한 것이다. 나는 더 이상 슬픔과 절망에 빠져있지 않았다. 부활 소망과 천국 소망이 나의 마음에 불타올랐다. 만나는 모든 사람들

에게 이런 하나님을 간증하게 되었다.

나는 말씀으로 내 삶에 일어나는 일들에 대해 해석하는 능력이 달라졌다. 일어나는 일의 액면 뒤에 있는 역설적인 의미와 뜻을 깨닫게 되었다. 하나님의 말씀은 우리의 생각과 마음을 지키신다. 하나님의 시선으로 스스로의 삶을 바라보고 해석할 때 전혀 다른 결과를 경험하게 된다.

결핍은 새로운 채움의 시작이다.
상실은 새로운 관계의 시작이다.
슬픔은 새로운 관점의 시작이다.
고난은 새로운 성숙의 시작이다.
실패는 새로운 도전의 시작이다.
하나님의 말씀은 우리가 생각하는 것보다 강력하다. 이 말씀의 백신을 맞아보라. 그러기 위해 하나님 말씀을 주야로 묵상하고 가까이해보라. 일상의 삶도 달라지지만 위기를 만났을 때는 말씀의 능력을 더 강력하게 체험하게 될 것이다.

자, 이제 두 손을 가슴에 얹고 기도해 보라.
"하나님, 나에게도 하나님의 말씀의 백신을 허락해 주옵소서."
"하나님 말씀을 늘 기뻐하고 주야로 묵상하며
그 말씀을 배우며 마음에 울타리를 칠 수 있게 해주옵소서."

내용 일기

1. 새롭게 깨닫게 된 것은 무엇인가?

2. 그동안 알고 있는 것 중에 다시 확인된 내용은 무엇인가?

3. 그룹 스터디 시간에 지도자에게 질문이 있다면 기록해 보라.

4. 오늘 깨닫게 된 것이 믿음이 되도록 기도하라. 그리고 내일을 위해 기도하라.

5. 진단 점수 기록하기

   이번 주제를 읽고 자신의 점수는 10점 만점에 몇 점인가? (점)

1–3점(위험)			4–5점(위기)		6–7점(분발)		8–10점(건강)		
1	2	3	4	5	6	7	8	9	10

말씀은 인생을 해석하는 능력을 준다

 기도하기(소요시간 3분)

오늘도 성령님께서 깨닫게 하시도록 도움을 요청하는 시간이다. 이 주제를 공부할 때 나의 잘못된 신앙과 인격이 바로 교정되며 깨닫게 된 내용이 삶에 큰 도움과 지혜가 되도록 구한다. 그리고 시작할 때 작정한 세 가지 기도 제목을 주님께 아뢰며 올려드린다.

 성경 본문 읽기(소요시간 2분)

● 암송 구절 : "모든 성경은 하나님의 감동으로 된 것으로 교훈과 책망과 바르게 함과 의로 교육하기에 유익하니 이는 하나님의 사람으로 온전하게 하며 모든 선한 일을 행할 능력을 갖추게 하려 함이라"(디모데후서 3:16–17)

● 오늘 본문 : "우리가 알거니와 하나님을 사랑하는 자 곧 그의 뜻대로 부르심을 입은 자들에게는 모든 것이 합력하여 선을 이루느니라"(로마서 8:28)

 주제 내용 읽기(소요시간 17분)

매일 제공되는 주제 내용을 천천히, 중요한 부분에는 밑줄을 긋고, 필요할 때 책에 메모를 하면서 정독한다.

매일 제공되는 내용의 끝에는 내용 일기와 자신의 상태를 체크하는 표가 있다. 매일 기록하도록 한다.

우리 삶 속에서 일어나는 일들은 보이는 그대로가 전부가 아니다. 그 일들의 이면을 보면 반전이 있고 하나님의 계획을 알게 된다. 왜냐하면 하나님은 자기 백성의 삶을 인도하시기 때문이다.

"너희의 구속자시요 이스라엘의 거룩하신 이이신 여호와께서 이르시되 나는 네게 유익하도록 가르치고 너를 마땅히 행할 길로 인도하는 네 하나님 여호와라"(이사야 48:17)

그러므로 우리는 하나님의 시선으로 자신의 삶을 해석할 필요가 있다. 겉으로 보이는 것에 집중하기보다 하나님의 뜻을 묻고 보아야 한다.

하나님은 역전의 명수이시고 반전의 드라마를 즐기신다. 너무 쉽게 절망할 필요도, 너무 쉽게 포기할 필요도 없다. 하나님은 자신이 사랑하시는 자들의 삶에 간섭하셔서 그들의 삶을 멋진 작품으로 만들어 가는 분이시다.

"우리가 알거니와 하나님을 사랑하는 자 곧 그의 뜻대로 부르심을 입은 자들에게는 모든 것이 합력하여 선을 이루느니라"(로마서 8:28)

우리는 하나님의 말씀의 가치관으로 인생을 보아야 한다. 그러면 눈에 보이지 않으면서 역설적인, 놀라운 의미를 발견하게 될 것이다.

'역설(Paradox)'의 사전적 의미는 '표면상으로는 말이 안 되는 모순이나 부조리한 것처럼 보이지만 해석 과정을 거쳤을 때 그 의미가 올바르게 전달되고 진술되는 진실'이다.

하나님의 말씀을 삶의 기준으로 삼는 자들에게는 통찰력이 생긴다. 인생의 역설을 읽는 통찰이다.

아래에 말씀이 가져다주는 다섯 가지의 역설적인 관점을 소개한다.

● **첫째, 결핍은 새로운 채움의 시작이다.**

우리는 살아가면서 많은 결핍들을 경험한다. 정서적인 결핍과 물질적인 결핍들이다. 그래서 우리는 결핍으로 인하여 절망하고 포기할 때가 많다. 하지만 하나님의 말씀은 결핍으로 인하여 새로운 채움을 주시겠다는 약속의 사건들이 많다. 결핍 속에서 새로운 채움을 경험하는 것이다. 이스라엘 백성들은 출애굽 이후 애굽 땅에서만큼 풍족하게 먹지를 못했다. 그들은 모세와 하나님을 원망하기 시작했다.

"이스라엘 자손이 그들에게 이르되 우리가 애굽 땅에서 고기 가마 곁에 앉아 있던 때와 떡을 배불리 먹던 때에 여호와의 손에 죽었더라면 좋았을 것을 너희가 이 광야로 우리를 인도해 내어 이 온 회중이 주려 죽게 하는도다"(출애굽기 16:3)

하지만 그 결핍 속에서 하나님의 채움의 은혜를 경험한다. 메추라기와 만나가 날마다 공급되기 시작했다.

"저녁에는 메추라기가 와서 진에 덮이고 아침에는 이슬이 진 주위에 있
더니 그 이슬이 마른 후에 광야 지면에 작고 둥글며 서리 같이 가는 것
이 있는지라"(출애굽기 16:13-14)

우리는 오병이어의 기적을 기억한다. 이만 명에 가까운 사람
들이 모인 벳세다 들판에는 저녁이 되었으나 먹을 것이 없었
다. 하지만 예수님은 아이의 작은 도시락을 통해 모두를 배불
리 먹이고 열두 광주리나 남기는 기적을 베푸셨다.

"그들이 배부른 후에 예수께서 제자들에게 이르시되 남은 조각을 거두
고 버리는 것이 없게 하라 하시므로 이에 거두니 보리떡 다섯 개로 먹
고 남은 조각이 열두 바구니에 찼더라"(요한복음 6:12-13)

이 또한 결핍 속에서 불평하고 걱정하는 자들을 향해 채움
의 은혜를 베푸신 장면이다. 오늘날도 하나님의 백성들에게
동일하게 역사하신다. 결핍 속에서 채움의 역설을 경험하게
하신다.

● **둘째, 상실은 새로운 관계의 시작이다.**

우리 인생은 상실의 연속이다. 사랑하는 연인과 헤어짐을
경험하거나 가족을 사고나 질병으로 잃어버리는 상실도 경험
한다. 시간이 지날수록 우리 부모님들은 우리 곁을 떠나가게
되어 있다. 모든 사람은 죽을 수밖에 없기 때문이다.

"한번 죽는 것은 사람에게 정해진 것이요 그 후에는 심판이 있으리니"
(히브리서 9:27)

하지만 하나님께서는 상실을 통해 새로운 관계 가운데로 우

리를 이끄신다. 룻은 이방 여인으로서 남편을 잃고 어머니 나오미의 고향으로 함께 왔다. 가난하고 불행한 인생이었다. 남편을 잃은 상실이 컸지만 시어머니의 하나님을 마음에 모셔들였다.

"어머니의 하나님이 나의 하나님이 되시리니"(룻기 1:16b)

그 후 하나님은 나오미와 룻을 축복하셨고 고향 베들레헴의 부요한 보아스를 남편으로 허락하셨다. 상실을 그냥 보지 않으시고 새로운 만남 가운데로 이끌어 주신 것이다. 그녀는 다윗의 증조할머니가 되었다.

"이에 보아스가 룻을 맞이하여 아내로 삼고 그에게 들어갔더니 여호와께서 그에게 임신하게 하시므로 그가 아들을 낳은지라"(룻기 4:13)

다윗 시대에 나발이라는 사람이 있었다. 그에게는 지혜로운 아내 아비가일이 있었다. 다윗을 무시한 나발은 하나님의 벌을 받고 죽었다.

"한 열흘 후에 여호와께서 나발을 치시매 그가 죽으니라"(사무엘상 25:38)

지혜로웠던 아비가일은 졸지에 과부가 되었다. 불량한 사람이 남편이었지만 그 시대에 과부로 산다는 것은 쉽지 않은 상황이었다. 하지만 하나님은 다윗의 마음을 감동시켰고 아비가일을 아내로 맞이하게 하셨다.

"아비가일이 급히 일어나서 나귀를 타고 그를 뒤따르는 처녀 다섯과 함께 다윗의 전령들을 따라가서 다윗의 아내가 되니라"(사무엘상 25:42)

남편을 잃은 상실을 통해 새로운 관계로 이끄셨고 졸지에 왕후가 된 것이다.

모세의 죽음 후에 이스라엘 백성들은 큰 충격에 빠졌다. 엄청난 민족의 상실 그 자체였다. 하지만 하나님은 새로운 지도자 여호수아를 그들에게 허락하셨다. 그들은 여호수아와 함께 젖과 꿀이 흐르는 가나안 땅을 정복했고 성공적으로 정착하게 되었다. 하나님은 언제나 상실을 통해 새로운 관계 가운데로 이끌어 가신다. 우리는 이 역설을 경험할 수 있다.

● 셋째, 슬픔은 새로운 관점의 시작이다.

나사로가 죽은 후 가족들은 모두 깊은 슬픔에 빠지고 말았다. 그의 누이들인 마르다와 마리아는 몇 날 며칠을 슬픔 속에서 고통스러워했을 것이다. 아버지처럼 의지한 오빠가 죽고 말았으니 그 슬픔이 얼마나 컸겠는가? 하지만 예수님의 방문으로 초상집이 잔칫집으로 바뀌었다.

"죽은 자가 수족을 베로 동인 채로 나오는데 그 얼굴은 수건에 싸였더라 예수께서 이르시되 풀어 놓아 다니게 하라 하시니라"(요한복음 11:44)

죽음의 그 진한 슬픔이 부활의 환희로 바뀌게 되었다.

예수님이 십자가에 죽으시고 돌무덤에 장사되었다. 제자들은 깊은 슬픔과 두려움에 빠져 있었다.

"이날 곧 안식 후 첫날 저녁때에 제자들이 유대인들을 두려워하여 모인 곳의 문들을 닫았더니"(요한복음 20:19a)

하지만 사망 권세를 이기시고 부활하신 예수 그리스도께서 그들 가운데 찾아오셨다.

"예수께서 오사 가운데 서서 이르시되 너희에게 평강이 있을지어다"

(요한복음 20:19b)

부활하신 예수님은 그들에게 성령을 부어 주시고 그들은 슬픔과 두려움을 이기고 도리어 부활의 능력을 가지는 자들이 되었다. 슬픔 속에서 새로운 관점을 얻게 되는 역설이야말로 세상을 이기는 중요한 무기가 된다.

● **넷째, 고난은 새로운 성숙의 시작이다.**

고난과 어려움 속에서 살면 우리는 원망하거나 분노하게 된다. 하지만 고난을 통해 하나님께서 우리에게 주시는 선물은 크고 많다. 결코 비교할 수 있는 것이 아니다.

"생각하건대 현재의 고난은 장차 우리에게 나타날 영광과 비교할 수 없도다"(로마서 8:18)

우리가 당하는 어려움을 통해 우리는 성숙한 신앙과 인격을 갖추게 된다.

"다만 이뿐 아니라 우리가 환난 중에도 즐거워하나니 이는 환난은 인내를, 인내는 연단을, 연단은 소망을 이루는 줄 앎이로다"(로마서 5:3-4)

나는 신당을 차려둔 새어머니와 9년을 한 집에서 살았다. 새어머니는 밤 12시만 되면 가부좌를 하고 앉아 이상한 기도문을 낭독하며 신접한 행동들을 했다. 그때마다 나는 가위눌림을 경험했다. 그런 일이 있을 때마다 고통스러웠지만 그 경험은 나를 기도할 수 있는 믿음의 사람으로 훈련시켰다. 그리고 나는 영적 전쟁이 가능한 그리스도의 용사로 훈련되어 갔다. 고난 속에서 기도하고 고난 속에서 하나님을 예배하는 법을 배우게 된 것이다.

"너희 중에 고난 당하는 자가 있느냐 그는 기도할 것이요 즐거워하는 자가 있느냐 그는 찬송할지니라"(야고보서 5:13)

다윗도, 사도 바울도 모두 고난이 키운 인물들이다. 고난의 액면만 본다면 고통과 절망이지만 고난 속에 피어나는 열매를 본다면 우리에게 유익이라는 것을 알게 된다. 나는 우리 모두가 고난 속의 역설을 바라볼 수 있기를 바란다.

● **다섯째, 실패는 새로운 도전의 시작이다.**

하나님의 사람들이라고 늘 성공하는 것은 아니다. 우리는 직장에서 부여받은 프로젝트에 실패할 때도 있고 진학이나 취업에 실패할 때도 있다. 어떤 사람은 사랑에 실패하고 또 어떤 사람은 결혼생활에도 실패한다. 하지만 이 모든 것은 실패로만 끝나지 않는다.

실패로 인해 절망하고 우울증에 빠지며 심각한 트라우마로 삶 자체가 불행해지기도 한다. 어떤 사람은 실패의 아픔을 감당하지 못해 스스로 목숨을 끊는 경우도 있다. 하지만 말씀을 가진 우리에게 실패는 새로운 도전의 시작일 뿐이다. 바울은 목숨을 걸고 복음을 전했다. 하지만 그는 당시 유대 총독이었던 벨릭스에 의해 감옥에 갇히게 되었다.

"이태가 지난 후 보르기오 베스도가 벨릭스의 소임을 이어받으니 벨릭스가 유대인의 마음을 얻고자 하여 바울을 구류하여 두니라"(사도행전 24:27)

하지만 이 일은 아그립바 왕에게 전도할 수 있는 기회를 주었다.

"아그립바가 바울에게 이르되 네가 적은 말로 나를 권하여 그리스도인이 되게 하려 하는도다"(사도행전 26:28)

그뿐만 아니라 유대인들이 늘 바울을 잡아 죽이려 했으나 죄수의 몸이 되어 로마 군인들이 바울을 지키는 꼴이 되었다. 그리고 알렉산드리아호를 타고 로마에 입성하게 되었다.

"석 달 후에 우리가 그 섬에서 겨울을 난 알렉산드리아 배를 타고 떠나니 그 배의 머리 장식은 디오스구로라"(사도행전 28:11)

비록 죄수의 몸이 된 것은 복음 전파의 실패처럼 보였으나 그 일을 통해 안전하게 로마에 도착했다. 그리고 죄수의 몸이지만 그곳에서 안전하게 복음을 전할 수 있도록 군인들을 사용하셨다. 틈만 나면 바울을 죽이려는 유대인들을 가장 효과적으로 막는 방패가 된 것이다.

"우리가 로마에 들어가니 바울에게는 자기를 지키는 한 군인과 함께 따로 있게 허락하더라"(사도행전 28:16)

그는 꿈에도 그리던 로마에서 마음껏 예수 그리스도의 복음을 전할 수 있었다.

"바울이 온 이태를 자기 셋집에 머물면서 자기에게 오는 사람을 다 영접하고 하나님의 나라를 전파하며 주 예수 그리스도에 관한 모든 것을

담대하게 거침없이 가르치더라"(사도행전 28:30-31)

바울의 구속은 실패처럼 보였으나 하나님은 새로운 도전의 길로 이끄셨다.

나는 그림을 공부해 디자인과에 지원했으나 보기 좋게 떨어지고 말았다. 합격 여부를 알아보기 위해 대학 사무실에 전화를 걸었는데 불합격이라며 전화받는 직원이 위로를 건넸다. 하지만 나는 그때 대학 낙방 감사 헌금을 하나님께 드렸다. 그 헌금을 들고 기도했던 목사님의 당황하시던 모습이 아직도 생생하다. 그 후 나는 신학교에 지원하게 되었고 목회자가 되었다. 부족한 사람이지만 2022년 현재 33년 동안 하나님의 교회를 섬기고 봉사하는 특권을 누리고 있다. 우리 그리스도인에게는 실패가 결코 실패가 아니다. 새로운 도전으로 가는 과정에 불과하다. 때문에 실패의 역설을 경험하기를 원한다.

이와 같이 하나님의 말씀을 가진 자들에게는 새로운 관점들이 생기게 되어 있다. 세상 사람들은 이해하지 못하는 역설을 경험한다. 그 가운데서 간증이 생기게 되고 믿음이 자란다.

나는 우리 모두가 하나님의 말씀이 이끄는 삶을 살아가기를 원한다. 말씀이 이끄는 삶은 결코 망하지 않는다. 세상을 이기는 힘이 이곳에서부터 난다. 말씀이 이끈다는 것은 주께서 우리를 돕는다는 것을 의미한다. 두려움이 사라지고 세상을 이기는 믿음이 생기는 것이다.

"그러므로 우리가 담대히 말하되 주는 나를 돕는 이시니 내가 무서워하지 아니하겠노라 사람이 내게 어찌하리요 하노라"(히브리서 13:6)

결핍은 새로운 채움의 시작이다.
상실은 새로운 관계의 시작이다.
슬픔은 새로운 관점의 시작이다.
고난은 새로운 성숙의 시작이다.
실패는 새로운 도전의 시작이다.
이 역설을 말씀과 함께 체험하기를 소원한다.

자, 이제 두 손을 가슴에 얹고 기도해 보라.
"하나님, 나는 나의 삶 속에 일어나는 일의
액면만을 보고
하나님을 원망하고 절망할 때가 많습니다.
이제부터라도 말씀이 나의 삶을 이끌어 주옵소서."
"진정한 역설을 경험하는 삶을 살아내도록
인도해 주옵소서."

내용 일기

1. 새롭게 깨닫게 된 것은 무엇인가?

2. 그동안 알고 있는 것 중에 다시 확인된 내용은 무엇인가?

3. 그룹 스터디 시간에 지도자에게 질문이 있다면 기록해 보라.

4. 오늘 깨닫게 된 것이 믿음이 되도록 기도하라. 그리고 내일을 위해 기도하라.

5. 진단 점수 기록하기

　이번 주제를 읽고 자신의 점수는 10점 만점에 몇 점인가? (　　　점)

1–3점(위험)			4–5점(위기)		6–7점(분발)		8–10점(건강)		
1	2	3	4	5	6	7	8	9	10

주일 그룹 스터디(Group Study)

1. 함께 경배와 찬양드리기(10분)

매주 제공되는 주제 찬양을 함께 부르며 오늘 모임에 하나님께서 함께해 주시기를 간구한다. 인도하는 지도자와 함께 하는 성도들을 위해서도 중보한다. 이 시간에 각자 정해둔 세 가지의 기도 제목을 하나님께 올려드리는 시간도 함께 가진다.

2. 암송 구절 확인하기(5분)

작은 메모지에 암송한 구절을 적어 제출하도록 하면 시간을 단축할 수 있다. 하지만 소그룹일 때는 한 명씩 돌아가며 암송해 보도록 하는 것이 효과적일 것이다.

3. 복습 강의(40분)

지도자는 한 주간 전체 주제에 대해 정리하며 평신도들이 좀 더 알아야 할 중요한 부분들을 다시 복습시키고 좀 더 깊은 내용들을 언급하며 전체 주제를 짚어 주는 강의 시간을 가진다.

4. 개인 나누기(20분)

두세 사람이 짝을 지어 앉고 한 주간 새롭게 깨닫게 된 것을 서로 나누어 보도록 시간을 준다. 그리고 자신의 진단 점수를

나누고 이 책 마지막 페이지에 있는 진단 도표에 점수를 기록하도록 한다.

5. 질의응답(10분)

한 주간 개인 공부시간에 갖게 된 질문을 나누는 시간을 갖는다. 모두 나누면 좋겠지만 두세 사람이 대표로 질문하고 지도자는 적절한 답을 주는 방식을 취한다.

6. 마지막 기도(5분)

한 주간 대표 주제를 통해 깨닫게 된 내용이 자신의 삶과 믿음에 도움이 되도록 기도하며 또 시작되는 한 주간의 개인 스터디를 주님께 의탁하며 기도하는 시간이다.

제7부 말씀이 이끄는 삶(디모데후서 3:16-17)

1. 말씀은 하나님이시다(요한복음 1:1)

● "태초에 (말씀)이 계시니라 이 말씀이 하나님과 함께 계셨으니 이 말씀은 곧 (하나님)이시니라"(요한복음 1:1)

● 말씀의 삼중성을 무엇인가?
  ① 예수 그리스도 ② 기록된 말씀 ③ (선포되는 말씀)

● 구원의 역사는 계시로 오신 (예수 그리스도)의 사건과 그것을 감동시키시는 (성령의 역사)와 말씀을 (선포하는 설교)가 만들어 내는 아름다운 하모니다.

● "이러므로 우리가 하나님께 끊임없이 감사함은 너희가 우리에게 들은 바 하나님의 말씀을 받을 때에 (사람)의 (말)로 받지 아니하고 (하나님)의 (말씀)으로 받음이니 진실로 그러하도다 이 말씀이 또한 너희 믿는 자 가운데서 역사하느니라"(데살로니가전서 2:13)

● 설교는 (하나님의 말씀)이다.

● "그러므로 믿음은 (들음)에서 나며 (들음)은 그리스도의 (말씀)으로 말미암았느니라"(로마서 10:17)

● 성육신하신 예수 그리스도를 믿는 것처럼 (기록된) 하나님의 말씀이 정말 하나님의 말씀임을 믿어야 한다.

2. 매일 말씀을 읽고 묵상하라(시편 1:2-3)

- 성경은 우리가 하나님의 자녀가 되어 (구원)받을 수 있도록 (지혜)를 제공하신다.

- "또 어려서부터 성경을 알았나니 (성경)은 능히 너로 하여금 그리스도 예수 안에 있는 믿음으로 말미암아 (구원)에 이르는 (지혜)가 있게 하느니라"(디모데후서 3:15)

- 말씀은 피조물인 인간이 하나님의 (창조 목적)대로 살아가도록 모든 것을 제공한다.

- "이 예언의 말씀을 (읽는 자)와 (듣는 자)와 그 가운데 기록한 것을 (지키는 자)는 (복)이 있나니 때가 가까움이라"(요한계시록 1:3)

- 하나님의 말씀은 (주야)로 (묵상) 하는 자는 행복한 자들이다.

- 하나님의 말씀 없이 (영적)으로 (자랄) 수 없다.

- Q.T. 일곱 가지 순서를 기록해 보라.
  ① 경배와 찬양 ②기도 ③ (말씀 읽기) ④ 기록하기
  ⑤ (실천 목록 기록하기) ⑥ 다시 기도하기 ⑦ 나누기

3. 말씀을 배우는데 헌신하라(시편 119:73)

- 하나님의 말씀을 제대로 (이해) 하지 못하면 아무 (쓸모)가 없다.

- 성경 말씀을 배우지 않으면 (종이)와 (글자)에 불과하다.

- "모세가 온 이스라엘을 불러 그들에게 이르되 이스라엘아 오늘 내가 너희의 귀에 말하는 (규례)와 (법도)를 듣고 그것

을 (배우며) 지켜 행하라"(신명기 5:1)

- 하나님의 말씀은 (인생 사용 설명서)이다.
- "주의 손이 나를 (만들고) 세우셨사오니 내가 깨달아 주의 계명들을 (배우게) 하소 서"(시편 119:73)
- 성경공부는 (출석)하는 교회 목사님에게 배우는 것이 (최선) 이다.

4. 말씀은 순종하는 것이다(야고보서 1:25)

- "(믿음)으로 아브라함은 부르심을 받았을 때에 (순종)하여 장 래의 유업으로 받을 땅에 나아갈새 갈 바를 알지 못하고 나아갔으며"(히브리서 11:8)
- 하나님은 아브라함을 축복하시며 (순종)에 대한 칭찬을 하 셨다.
- "이는 아브라함이 내 말을 (순종)하고 내 명령과 내 (계명)과 내 율례와 내 (법도)를 지켰음이라 하시니라"(창세기 26:5)
- 계시해 주신 성경은 (장식)이 아니다. (순종)해야 하는 하나님 의 말씀이다.
- 행함이 없이 복을 비는 것은 (기복)적인 (미신)에 불과하다.
- 구원은 믿음으로 받고 성령은 기도로 받고 복은 (순종)으로 받는다.
- 불순종도 (습관)이고 순종도 (습관)이다.
- "이와 같이 (행함)이 없는 믿음은 그 자체가 (죽은) 것이라"
  (야고보서 2:17)

5. 말씀은 생각하는 것보다 강력하다(요한복음 15:7)

- "모든 지킬 만한 것 중에 더욱 네 (마음)을 지키라 생명의 근원이 이에서 남이니라"(잠언 4:25)
- 마음의 (백신)으로 가장 탁월한 것은 하나님의 (말씀)이다.
- 말씀 자체가 (하나님)이시기 때문에 말씀을 가진 자는 하나님과 (연합)하는 것이다.
- "너희가 내 안에 거하고 내 (말)이 너희 안에 (거하면) 무엇이든지 원하는 대로 구하라 그리하면 이루리라"(요한복음 15:7)
- 말씀은 (마음)과 (생각)을 지킨다.
- '지키다'라는 히브리어는 (샤마르)이다. 이것은 가시로 (울타리)를 친다는 의미이다.
- 말씀은 (일상)의 삶도 변화시키지만 (위기)의 순간에 더 능력을 드러낸다.

6. 말씀은 인생을 해석하는 능력을 준다(로마서 8:28)

- 삶에 일어나는 (이면)을 보면 (반전)이 있고 하나님의 (계획)을 알게 된다.
- 우리는 하나님의 (시선)으로 자신의 삶을 해석할 필요가 있다.
- "우리가 알거니와 하나님을 사랑하는 자 곧 그 뜻대로 부르심을 입은 자들에게는 모든 것이 (합력)하여 (선)을 이루느니라"(로마서 8:28)
- 삶의 다섯 가지 역설에 대하여 기록하라.

① 결핍은 새로운 (채움)의 시작이다

② (상실)은 새로운 관계의 시작이다.

③ 슬픔은 새로운 (관점)의 시작이다

④ (고난)은 새로운 성숙의 시작이다.

⑤ 실패는 새로운 (도전)의 시작이다.

● 하나님의 말씀을 가진 자들에게는 새로운 (관점)들이 생긴다.

진단 도표 그리기

　매일 매긴 점수는 6일 동안 점수를 합산하여 각 주제의 선 위에 점으로 마크를 해보라. 7주가 끝나면 7가지의 주제에 대한 점이 찍혀 있을 것이다. 그 점들을 이어 도형을 만들고 그 도형 안에 빗금을 쳐서 더 잘 보이도록 해보라.

　자신의 강점은 어떤 영역인지, 자신의 약점은 어떤 영역인지 확인하고 부족한 영역의 발전을 위해 더 노력해 보자. 건강하고 균형 잡힌 신앙과 삶이 되도록 말씀이 이끌어 가는 삶을 살기를 원하라.

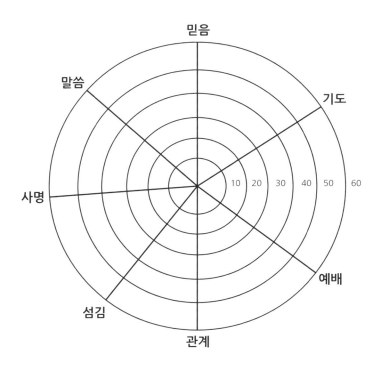

망망한 바다 한가운데서 배 한 척이 침몰하게 되었습니다.
모두들 구명보트에 옮겨 탔지만 한 사람이 보이지 않았습니다.
절박한 표정으로 안절부절 못하던 성난 무리 앞에 급히 달려 나온 그 선원이
꼭 쥐고 있던 손바닥을 펴 보이며 말했습니다.
"모두들 나침반을 잊고 나왔기에… "
분명, 나침반이 없었다면 그들은 끝없이 바다 위를 표류할 수 밖에 없을 것입니다.

우리는 삶의 바다를 항해하는 모든 이들을 위하여
그 나침반의 역할을 하고 싶습니다.
우리를 구원하신 위대한 주 예수 그리스도를 널리 전하고 싶습니다.

"하나님은 모든 사람이 구원을 받으며
진리를 아는 데에 이르기를 원하시느니라"
(디모데전서 2장 4절)

42일간 말씀이 이끄는 삶

지은이 │ 최성열
발행인 │ 김용호
발행처 │ 나침반출판사

제1판 발행 │ 2022년 3월 1일

등　 록 │ 1980년 3월 18일 / 제 2-32호
본　 사 │ 07547 서울특별시 강서구 양천로 583
　　　　　 블루나인 비즈니스센터 B동 1607호
전　 화 │ 본사 (02) 2279-6321 / 영업부 (031) 932-3205
팩　 스 │ 본사 (02) 2275-6003 / 영업부 (031) 932-3207
홈　 피 │ www.nabook.net
이　 멜 │ nabook365@hanmail.net

일러스트 제공 │ 게티이미지뱅크

ISBN　978-89-318-1635-8
책번호 다-2113

값은 뒤표지에 있습니다.